薛仁明———

著

教養不藏

中華書局

图书在版编目（CIP）数据

教养不惑/薛仁明著. —北京:中华书局,2025.9（2026.1
重印）. —ISBN 978-7-101-17305-5

Ⅰ. G78

中国国家版本馆 CIP 数据核字第 2025GG6550 号

书　　名　教养不惑
著　　者　薛仁明
封面题签　杜忠诰
策划编辑　李　猛
责任编辑　杜艳茹
特约审读　徐　涛
封面设计　周　玉
责任印制　陈丽娜
字体支持　仓耳屏显字库
出版发行　中华书局
　　　　　（北京市丰台区太平桥西里 38 号　100073）
　　　　　http://www.zhbc.com.cn
　　　　　E-mail:zhbc@zhbc.com.cn
印　　刷　河北新华第一印刷有限责任公司
版　　次　2025 年 9 月第 1 版
　　　　　2026 年 1 月第 2 次印刷
规　　格　开本/880×1230 毫米　1/32
　　　　　印张 13¼　插页 2　字数 280 千字
印　　数　6001-9000 册
国际书号　ISBN 978-7-101-17305-5
定　　价　88.00 元

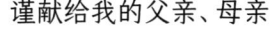
谨献给我的父亲、母亲

目　录

篇二　回身一望

篇三　明白之教

礼乐文明大屋顶之下〔大陆版自序〕

十二年前,《教养,不惑》在台出版,以婕姊弟仨都还小。后来,此书的读者初初见了薛朴,总不免诧异,怎么一下子长这么大了?!

2020年,中华书局简体版面世,改名为《养出元气满满的孩子》;因为反应不恶、销路也还行,这回中华书局遂有改版、更名之议,除了增加与修订我部分稿件之外,也让姊弟仨分别都写了文章。

这些文章有点意思。

当初《教养,不惑》出版时,肯定无法预见十二年后他们确切的样貌。但通过这些文章,看到了眼下他们对爷爷奶奶的亲、对娘亲的敬爱、姊弟间的相知互信还多有调笑,以及寻常日子里的相对踏实与安稳。此书责任编辑李猛读后言道:"见文如见人,或安静懂事,或真挚动人,或活泼有力,总之都是他们该有的好样子。"

李猛见过他们，估计，不只一回。李猛清楚他们现在的样貌，也清楚这些文章的真假虚实。因为他的清楚，我才有脸面与胆气应承中华书局出版与改版的提议。至少，这书不丢人、也不至于耽误人吧！

自从2014年开始，我给许多家长以及各式各样的教育圈子上课，深知眼下不论体制内或体制外、标榜中国或西方的诸多教育理论究竟迷惑了多少家长、耽误了多少孩子！家长常常愈是学历高、愈关心教育、愈接触了各种教育理论，大概率地，就愈容易掉进漩涡，弄得自己身心俱疲，孩子也变成了或"丧"、或抑郁、或反逆，最终只能充满挫折地感慨：奇怪，现在孩子咋就这么难教了？！

是的，"大道废，有仁义"，老子之后两千五百年的我们"全新"的困境是："礼乐文明废，有众说纷纭的教育理论。"说是"全新"，乃因我父母在年少之时，礼乐文明完整如千百年来，因此，不需要任何教育理论，也没受哪种教育理论的影响，他们一直就是性情平正、安详敦实。事实上，中国人历来因为有礼乐文明大屋顶的护佑，当然不需要、因此就没有那么多所谓的教育理论。

换言之，礼乐文明大屋顶的崩塌，乃新近之事，不过就这几十年吧！现在回想起来，我算是沾了边；年幼时礼乐文明虽说稍有毁损，可仍大致完好，所以小时候不必让父母费啥心思，也就有了根基。但后来台湾的礼乐文明逐年动摇，个人主义靡然成风，偏偏我又不仅读了书、还真心爱读书，于是就被书里诸多凌乱的气息搅得凝滞淤堵、困顿难解。从此，我一年年被拽着，一步步远离了礼乐文明的大屋顶，郁闷、惶恐、难受，休了学，寻寻觅觅，每回以为找着了，后来却发现其实不是。兜兜转转，直到好大年纪了，才真弄明白：中国文明的根本是礼乐文明，只有在礼乐文明的大屋顶之下，中国人才能避得了风雨、度得过劫难，才能承接祖宗、受祖宗庇荫，也才可以儿是好儿、女是好女。

从现在的角度来看，十二年前写的《教养，不惑》还是在儒释道着墨太多，并没有真正将礼乐文明根本处彻底捋清，但至少，的的确确已经往礼乐文明的大屋顶一步步挪靠了。正因有这一步步地挪靠，即便前几年以婕姊弟仁先后都遇到了一些波折，但在礼乐文明大屋顶的护佑之下，也都平安度过了。期盼此书改版发行之后，也有助于更多的家庭往礼乐文明大屋顶一步步挪靠，日子能一天天变得安稳信实、亮堂欢喜。

乙巳年（2025）元宵，薛仁明于杭州

回身一望〔台湾版自序〕

1993年，当完兵，我只身东来，参加台湾偏远地区教师甄试，随即介聘到台东县立池上中学，直至2010年，离开了学校。

前后这十七年，经历了教改的如火如荼，也眼见教改的灾祸绵延。那灾祸，至今毫无止遏，依然发酵扩散中。现今的台湾教改，不折不扣，就是祸延子孙。

我以前常对学生说，你们是人在祸中不知祸。我又常说，眼前虽是凶多吉少，但只要心头明白、有了准备、脸上又没苦相，那么，依然可能度灾解厄，依然可以吉人天相。

2000年年底，长女以婕出生，一年四个月后，又有次女允和，再三年，则是小儿薛朴。

家中有三个小孩，常常是苦不堪言，但更多乐不可支。常有朋友问道，三个孩子怎么养得起？我笑着说，一只熊猫固然难养，三只放山鸡倒不费事。我自己从小不补习，大二之后，凭自己挣钱，也没向家里伸手要过钱。我很清楚，养放山鸡，不需花费太多。

之前，《联合副刊》登载了《小子，何莫学夫诗！》，几天后，张晓风女士请助理代致"衷心羡慕"之意；那篇文章所谈，无非是我省下了幼稚园学费，让薛朴在"无何有之乡、广莫之野"用极简净的方式学习，说白了，其实也就是像只放山鸡学会自己觅食罢了！

1982年，我初三，不知因何缘故，对诸多理所当然之事，忽地都起了反逆之心。又两年，南一中高二，整个人开始心焦神灼、惶惶难安；从此，遂长期困顿，久久不知如何安身立命。

因这大惑难解，我遂进了台大历史系，待了四年，所得有限，盖因现今大学，本非解惑之地，这怨不得人。台大四年，我像那走远了的放山鸡，兀自啄啄觅觅，独个儿找切切于心的解惑之道，因此，我念着儒释道三家的生命之学，试着找回自己熟悉的文化记忆。那时，既不打算出国留学，也没真正介入最火热的政治社会运动，萦绕心头的，其实是我自己的民间出身，与后头的中华文化根源；这和满校园的"新马""解构"与"后现代"，以及台大最根柢的"自由主义"，显然，都格格不入。

那一波波的浪潮，虽说热闹喧腾，但与我实在关联不大，也搔不着我的困惑之处。于是，我这不合时宜之人，遂远走他乡，来到了台东池上。

这回，可真走远了，池上到台北五小时，去高雄四个钟头，每次有朋友来，都说，真是远呀！在这迢遥之地，平常我独自一人，一边教书，一边念书。

我念的书其实不多，也不贪，就只念该念的书；不必理会所谓学术，也不用管什么时潮。总之，念书就只是念书，正如生活就只是生活，那是与自身素面相见，那是孔子所说的"为己之学"。

从此，我开始将习染多年的浮词浪语，慢慢一一扫落，也将长期牵挂的诳思绮想，渐渐开始涤尽。从此，在虫鸣蝉喧的学校宿舍里，我得了空，便静静读着古书，看着传统戏曲，听着民族音乐，除此之外，喝茶、写字、盘腿坐榻榻米上。从此，在学校看着那些乡下小孩，到街上看市景与乡民。

往街上的途中，有大片稻田，稻田尽头，两座青山苍郁绵长，上头则有湛湛蓝天。稻浪天光，掩映在云影之间，我多年的浮躁不安，于是稍歇。

几年后，我安身于这块纵谷平原，也和自己的文化基因更加榫卯相合。愈榫卯相合，愈对我那未曾上过学、也不识字的父母亲衷心感激。他们让我在台湾民间天生地养，他们安稳信实的无言之教，使得我日后虽有困顿，却只需回头转身，便有汲取不尽的源头活水。因这活水，我看着自己，看着旁人，再看着这个时代，渐渐都有种新鲜与活气。

我终于明白，所谓教育，只不过是明白之人使人明白；所谓教育，只不过是走在前头的那人一派气定神闲，于是，后头之人一个个也跟着神清气爽，如此而已！

在学校的后面几年，我看着学生一届届素质低落，并不同情(他们自己不争气)，也不焦急(小孩就是让大人急坏的)；我的教法愈来愈简单，连板书都写得少；只不疾不徐，啜口茶，坐在椅子上，高高兴兴地上着课，开开心心地与学生觌面相见。

后来，学生写毕业心得，有人说我"很有元气"；有人言不雅驯，直接写"看你很爽"。我静静看着，无甚回应。若真要说，可能，也仍是那老话："眼前虽然凶多吉少，但只要心头明白、有了准备、脸上又没苦相，那么，依然可能度灾解厄，依然可以吉人天相。"

　　　　　　壬辰年（2012）五月，薛仁明于台湾池上

篇一

好儿好女

小子，何莫学夫诗？——薛朴"留学"

昔人有言，好的政治，要如衣鞋系带；带子系得好，却不觉得有带子。

教育，不也如此？

2012年9月，薛朴刚上小学。早先，我笑着提过几回，教他甭去学校，继续在家陪陪我，如何？他没答应，只因两个姐姐都在上学，理所当然，他也该去才是。

这事，我本信口说说，多是虚问；但闻听他的应答之后，还是笑着装得有些失望。

其实，他上不上小学，我无可，无不可。台湾制式的学校教育，当然问题重重；尤其教改以来，更是每下愈况。

教改三十多年，恰好，前头十几年，我都在基层学校待着，因"躬逢其盛"，故深知其弊。然而，毕竟我住乡下，托"城乡差距"之赐，这儿学校，还勉强算是波澜不惊，作意无多。不像城市里，自教育主管部门以降，各级学校焦躁浮动，难得清安；整天会议无穷无尽，成日活动没完没了。结果，大人带头，个个浮躁忧郁，真不知，又该如何教出心平气和的下一代？

本来，所谓学习，就是有样学样；教育，也不过是树立一个个的人格典范罢了！台湾的下一代，说来可悯，亦是可怜；因为，在成长过程中，能看得到的自在安然的榜样，着实，已然不多。

教育之要，"简静"二字。大人朗然清安，小孩才可能吉祥止止。今天教育之崩解，部分原因，正是被大人急坏的。小孩还没变坏，大人就先急出了躁郁症。结果，愈急越坏，愈坏越急。

在这急成一片的躁郁时代里，令人格外想念"简静"岁月里的天清地宁，也让人怀念"简静"时日中人应有的自在与安然。

话说回来，我这儿乡下，虽说没有台湾数十年前依然可见的那种简静，但相较于都市，还是淡泊宁静许多。这儿，学校没有成日举办活动，也不太要求家长参与配合；学校与家长，多少，仍可相忘于江湖。有这份相忘，就好。早些年间，我夫妇二人多半轮流请假，偶尔均有上班，家中小朋友因此也得上学；那时，一向选择的，就是那种最不标榜，最"没特色"，最可与之相忘的托儿所。

这种托儿所，学费低廉，于我，更是相宜。但半年多前，过完春节，我还是没让薛朴继续上托儿所。究其原因，当然是可以省下虽不算多但毕竟仍是一笔数目之学费；反正，我多半在家。另一个重要原因，则是，我想自己也来，教上一教。

说要教，其实大言不惭，因为，也没什么可教。美其名在家"留学"，说穿了，也多半只是他在自学。

那半年，每天七点过后，用毕早餐，小朋友洗了碗，有时也擦过地板，又与南部的阿公阿嬷讲完电话，等姐姐再上了学，多半，我便先与薛朴外头溜达一圈。早上鸟儿多，花草香气也浓；一圈转回，神清气宁，便开始"留学"；意即，我做我的事，他看他的书。

头一两天，很不习惯；因为，较诸两位姐姐，薛朴以前极少阅读。早先在家，他竟日抡枪舞棒；一枝木剑，半截竹棍，已然舞弄了一两年，尚且把玩不尽。这会儿，真要偃武修文，他实实不惯；于是，凭藉着注音，盯着书本，才念了十分钟，便昏昏欲睡，呵欠连连。

所幸，小孩心性柔软，最可勉而学之；才稍稍勉强，三天过后，他已然可以安坐半个小时。又数周，常常我事情稍告段落，忽觉四下悄然，转头一看，只见他专注读着书，连理都不理我。我望了一望时钟，倏忽，已然过了两个小时。

他看书，我鲜少闻问。通常是，抬头一望："今天念哪一本书？"他回："《封神榜》。"我应："噢，好！"另日再问："现在又看哪一本？""《隋唐演义》。""噢，好！"改日，"《西游记》"，"噢，好！"说来惭愧，除了"噢，好！"我似乎也变不出其他字眼。

于是，好几个早上，我们父子遂各自安坐，彼此相忘。屋

薛朴在家"留学"，多半也是他在自学。

内寂寂，唯外头鸟声，新透纱窗，依然婉转。又隔数日，我心血来潮，突然又再问起，他依然回说《西游记》，"怎么又是《西游记》呢？""因为，嗯——《西游记》很好看呀！"

是呀！《西游记》的活泼，《西游记》的万千变化，最可读之不尽。但是，薛朴更爱看的，还另有一册，曰：《中国笑话全集》。我不让他老看，但每回，若一声不响，闷着头，目不转睛盯着书本，猛不防地，乍然连声咯咯或是呵呵又偶尔哈哈，那么，准是又与此君相晤；笑罢，他还言道，下午要讲给姐姐听。

读书读乏了，他说要"练武功"。所谓"练武功"，多半是他看京剧学来的套式；抡枪舞棒之外，还练翻滚，也学劈腿。动作都不地道，我也没能力指导，反正他乐着呢！久而久之，倒也还有些架势。此外，他也"骑马"，老从客厅厨房两处跑；手拿竹棍，权充马鞭，边跑边垫步；垫步时两手紧握，如握缰绳；起跑时，还先喊个，"驾！"

"驾"累了，时近中午，他嚷饿。我做中饭。除了米饭，通常荤素两菜，多半，还有一汤。吃饭之事，他多少遗传我，因出身寒微，故而好养。尝到菜，便喊："好好吃喔！"啜口汤，又嚷："好好喝喔！"如此二菜一汤，其实清简；但因神旺，便胜似佳肴丰馔。

饭毕，我们到外头闲步。

那时春天，中午不热，故可以外头散步许久。说是散步，其实，也还是我走我的，他走他的；我看我的，他玩他的。虽然偕行，多半时刻，也依然是相忘。走走停停间，他蹲在路边许久，"看啥？""看蚂蚁。"

"大的小的？""大的！"

"好不好看？""好看！"

又一会儿，树上有攀木蜥蜴，有墨绿，有宝蓝；菜园里有蝴蝶，有白，有黄，有凤蝶；阴雨天，路边蜗牛多；近夏时日，偶尔路上有碾过的蛇尸；水圳边，有个大池子，里头鱼极多，有只大鸟，会忽地从池中飞起，双翅展开，三尺有余；每回奋然起飞，薛朴都好大一声："哇！"

散步途中，稻田多，菜园多，果树也不少。过完年，梅花早已开过，先是李花，随即又有桃花；春风桃李花开后，不久又青梅累累；梅才转黄，桑葚就新红乍紫。而后，李子熟后桃子熟；桃熟甚香，颗颗绿底透红似胭脂。过阵子，莲雾花开，龙眼花开，有群蜂飞舞；再下来，盛开时犹似昙花的火龙果，也初初新有花意。于是，夏天到了。

如此一路观瞧，沿途顾盼，虽赏之不尽，但也终该转回家去。下午功课，是看京剧。薛朴年纪虽小，却颇有戏龄。从孙悟空看到赵子龙，又从武戏晋入了文戏；这回，他开始看杨延辉，也听诸葛亮。偶尔，我陪着看；多半，仍是他自己找光盘放。

那阵子，他看《四郎探母》，最常是头折《坐宫》，看着看着，学裴艳玲哼了起来："我好比笼中鸟有翅难展，我好比虎离山受了孤单……"我遂言道，等这个唱段学会了，就比以前的《三家店》《甘露寺》又晋了一级，"你知道为什么吗"？他思忖了好一会，总算答道："因为——比较难唱呀！"

接着，他也看了孙岳的《坐宫》。我问道："喜欢哪个杨延辉？""都喜欢。""有什么不一样？""裴艳玲比较好看，现在这个(孙)比较好听。"结果，他继续学唱，却依然学着裴艳玲。后来，他看《空城计》，头一回，嚷着无聊！再一回，静静看着不讲话。隔阵子，我听着杨宝森的历史录音，他过来问："听什么？"我答："《空城计》呀！"他应："真的？"遂抢着看戏词，也要听；结果一听，也说要学。我笑道，如果把《空城计》的摇板和慢板也都学会，那就是真正的高手了；"知道为什么吧？！""因为——这个超难唱的！"

同样难的，是他背唐诗。看完京剧，我要求也背段书。他背书晚，姐姐同此年纪，早已腹有诗书；薛朴这"一介武夫"，却几乎才刚刚开始。头一天，要他背诗，简直痛不欲生！闷着头半个小时，哭丧着脸，直说背不起来。我笑着说："你不是很会背戏词吗？""因为戏词很简单呀！"我只好说："唐诗也不难啊！"

确实不难。三天后，他就进入状态了。有时挺快，转眼工夫，便已琅然成诵；偶尔较慢，磨蹭了许久，都还原句踏步。但总之，已不再边读边哭了。于是，他先五绝，后七绝；先五律，再七律；一路背将下来，便也五古、七古了。

背久了，再看京剧，听到戏词，会突然惊呼："这好像唐诗喔！"而白天看花，晚上望月，也偶尔会乍然想起了某些诗句。

更有趣的是，听戏听久了，自然他跟着唱；但背诗，明明几个月前才刚刚哭过，却忽有一天，兴致满满，说他也要做首诗。

"喔——，你要做诗？"结果，只听他口中喃喃，很认真念了三句，又戛然而止，问他，再来呢？停了半晌，答道："我忘记了！"

答问

家庭才是教育的基地

张　岩(曾任教师)：现在有些寄宿学校，尤其森林小学，会规
　　　　定一律住校，甚至常常出现晚上小孩哭着求家长带
　　　　回，校方依然坚持这个住校的规定，他们的理由是，
　　　　"住校的形式可以降低孩子在森小的学校教育和家
　　　　庭教育间适应的落差。"您怎么看？

薛仁明："人本"之所以曾"打动"了那么多人，有个重要的原
　　　　因，是他们很擅长理论，有着一套听来非常言之成理
　　　　的严密理论。就我所知，有许多人对"人本"不以为
　　　　然，甚至心存反感，但面对那套理论时，却常哑口无
　　　　言，毫无招架之力。这套严密的理论，一来使得"人
　　　　本"面对任何教育现象时，都可以振振有词，甚至是
　　　　咄咄逼人；二来也让"人本"完全确信，自己深具正当
　　　　性，且立于真正的道德制高点。

　　　　这第二点，如果讲白了，就是他们觉得自己都是对
　　　　的。既然完全都对，挞伐起违反他们理念的基层教师
　　　　与一般家长时，就会毫不留情，格外"义正辞严"，充
　　　　满了自居正义的杀伐之气。也正因如此，即使孩子半
　　　　夜哭闹着要回家，他们仍然"自反而缩，虽千万人吾

往矣"地继续秉持理念，坚持学生必须住校，那理由也就可以是"住校的形式可以降低孩子在森林小学的学校教育和家庭教育间适应的落差"。

这"落差"代表什么？这不就是说一般的家庭教育是不良的，是与森林小学的"教育理想"有显著差距的，因此，只好透过住校这种隔离的形式，来改造小孩，来尽量缩小差距吗？

"人本"因理论严密，所以理念"纯净"。在这"纯净"的理念下，他们看所有的老师、家长，多半不堪，也多半是荼毒小孩的，因此，都难以信任。正因这纯净的理念，使他们觉得，即使牺牲家庭（当然他们不觉得是牺牲），也在所不惜。

"人本"为了"纯净"的理念可以牺牲一切的这种理路，就可以恍然明白，当初那一套理论严密的"理想"，确实可以震慑许多人，也可以"感动"无数"有志之士"的。

但是，如今回头一望呢？

西方自从工业革命之后，因产业急遽膨胀，各国政府为了迁就产业，遂以"解放"劳动力为名，鼓励家庭成员投入职场，不断削弱家庭，让社会无限制地凌驾于家庭之上。从此，资本主义乃至于今天人人称颂的"福利国家"，都是以"个体自由"或"社会进步"为由，慢慢地将国家社会之手伸进家庭，一点一滴，逐步弱化家庭。老实说，像目前的许多家庭，孩子从一出生，便往托育中心送，然后，再交给托儿所、幼儿园，傍晚又到安亲班，等上了小学，甚至像森林小学索性就要小孩住校，结果，社会的力量，早已取代了绝大部分的家庭功能。

事实上，一旦家庭功能不彰，若还高谈教育，都必定是缘木求鱼、痴人说梦；这也是为何台湾不断高喊改革，教育却逐年败坏的根本原因。家庭，才是文明的根本；家庭，才是教育的基地。如果不恢复以家庭为教育之主体，任何的教育讨论，都只是徒费唇舌。

我教十几年书之后，最大的心得是：当小孩离开家庭，来到学校，都早已是"准成品"；能量再强的老师，都只能在家庭教育的基础上，做些极其有限的增强或修补；有时，学生教得似乎不错，说穿了，也只是沾他家庭的光罢了！家庭是主，学校是辅；家长是教育之主力，老师充其量只是个协助者。老师固然不可妄自菲薄，却也不该妄自尊大。若存心要彻底"改造"学生，老实说，那都是妄念；妄念才是所有不幸的根源。如果动辄轻蔑家庭，误以为自己的教育理念才是唯一的正确，必得将小孩从家庭带开，以便隔离改造；这种喧宾夺主，这种本末倒置，其实，才是教育真正的最大乱源。

二丫头读《三国》

二十来年前，我曾带着几个中学生读《三国演义》。

他们程度不差，也极知此书之好；但是，读着读着，总觉吃力；稍无督促，便常中断；若无引领，更难以卒读。

这窘困，我完全感同身受。这窘困，肯定也见诸许多人且愈来愈多人身上。

三十多年前，我读《三国演义》，年纪相仿，困境相似。那时，我一个人读，读着读着，处处皆如路障，七颠八倒，坎坷非常；我几番挣扎，是否该就此打住、索性放弃？后来，终究勉强翻完；其实，完全就是跳着读；每回一跃，动辄数页。尤其遇到诗，更是一概不看；因为，对于诗，我完全没辙。

对诗的束手无策，我是一直延续到大学毕业。当时读《红楼梦》，十首诗中，少说也跳过八九首。现在想想，实在可笑；不读书中之诗，我还夸口读完《红楼梦》了呢！

那时年少，《三国演义》也就这般匆匆翻过，囫囵吞枣，略见仿佛罢了！真说读出了什么，回头一想，是该脸红的。而后，稍长，不时听闻，前人多有年幼即熟读《三国演义》者。

于此，我当然自叹弗如，也明知可能。但是，总觉得这事，距今迢遥，恐已日益邈远。然而，到了最近，那迢遥之距，倏地消失，瞬间，竟成了眼前之事。

就在那阵子，是我家里的三个小朋友，每晚临睡前，俱抱着罗贯中原文的《三国演义》，厚厚一本，翻闲书似的；未必逐回逐字读，但分明看得比我当年，比我那些中学学生，甚至比现在的许多大学生，都来得既轻松、又愉快。

本来，我只尝试要他们读一两回，后观其效；孰料，他们却几乎真成了习惯。尤其二丫头允和，已经连续好多个晚上，总要看个几十分钟，才肯睡觉。

我问她，从第一回开始读吗？她点头称是。"现看第几回了？""四十三回。"我再问她："如果读到诗，会跳过去吗？"她说："不会。""你读得懂吗？"她很认真地答道："有些懂，有些不懂。"某天，我看她一边读着，还一边拿纸笔抄着，便不免好奇，问道："抄啥？"她说："抄诗呀！"

抄诗？

允和当时小学四年级，在校成绩平平，记忆力不好，功课

平时迷糊的阿和读《三国》、唱京剧却是一心一意，认认真真。

老忘记带，东西更经常丢三落四，因此，还被处罚了好几回。

有一次，她写语文功课，写着写着，忽抬头问道："爸——正确的成语应该是'天生丽质'？还是'丽质天生'？"我说："都可以。"隔一会儿，我问她："阿和，你是'天生丽质'还是'丽质天生'？"她嘻嘻两声，只是傻笑；我接着笑说："你是'天生迷糊'啦！"

"天生迷糊"的她，其实散漫；读书、写字、工作，一概从"懒"；因这毛病，也不知挨了多少骂。相较于姐姐与弟弟，她背诵既慢，读书写字又容易分神；常常一愣，便发呆许久。但这回，读起原文的《三国演义》，较诸那些程度好上许多、年龄又大了不少的中学生，她却读得一心一意、津津有味。

你道，这是为何？

这些中学生，和三十年前的我，自幼所受的语文教育，多半相侔。我父母亲不识字，家里又书册全无，自然，也就没什么家学渊源。学校教啥，我也只能学啥。托白话文运动之"赐"，我当时就读的小学，可是从不教文言的；甚至，连唐诗都不背。小学六年级，有次朝会，抽到我台上背诵课文；还记

薛朴学写毛笔字。

得，那题目是《不要怕困难》，讲英国海军上将纳尔逊的故事。

十二岁之前，我就只念了这样一篇篇的大白话。真头一回读文言，头一次背古诗，那时，已然是初中一年级了。初中才开始接触文言，对多数人来说，其实，都已为时过晚。盖因念白话既久，便成惯性，更成习气；人总好逸恶劳，习于简单轻松的白话文，乍看文言，自然多有不适；于是，嫌难畏阻，心生排斥；既有个排斥之心，又焉能学好？至于古诗，更是如此。

小孩直觉佳，音节韵律感尤强；他们但凡经常诵诗，自然妙韵天成。一旦过此年纪，音律迟钝，直感不再，语文课那种分析式的古诗读法，不仅事倍功半，更会让读诗变成了苦事一桩。况且，中学功课重，英数理化，早占大半时间；再者，我素非聪颖，更非一学便会之人，如此一来，文言也好，古诗也罢，自然就学得七零八落了。

于是，即便《三国演义》只是精练白话，最多，也只能算是浅显文言；然而，对于我等，仍属艰涩非常，依旧是千难万阻，苦不堪言。至于书里头大量的诗句，就更别提了。

阿和呢？

阿和天生散漫，不算聪颖，又非好学之人；认真说来，实在不是一个读书坯子。怎么办？学习之事，贵在一个"兴"字；尤其小孩，存个欢喜之心，生根发芽，来日总是可长可久。

学习难免要有勉强，但勉强过度，就一定变成了填鸭，也必然会揠苗助长、适得其反。所幸，她上有大姐，下有小弟；于是，可一淘打闹、一淘游戏，更可一淘学习。

换言之，她虽天生稍有不足，那么，就后天多多熏陶吧！

所谓熏陶，无非就是耳濡目染。譬如我偶尔写写书法，她总老盯着看；我平常写文章，她也一旁逐行读；在家吃饭，播放音乐，久而久之，她也对《春江花月夜》《月儿高》这些古曲耳熟能详；即便读《三国演义》，也是她看着儿童改写版，却觑得我案上的《三国演义》满满是字，与之不同，因此才心生好奇的。

然而，终究说来，真论熏染之力，我还是远远抵不上她的两个姐弟。

他们姐弟三人，都爱看《三国演义》电视剧。我家里不看卡通，也一向不玩电玩，于是，一块儿观看此剧，遂成了他们莫大娱乐。

每回看个一集，总可以议论纷纷，然后又笑声连连。姐弟仨先是旧版，从去年开始，又将新版逐集看过。新旧相较，不论是曹操、刘备，抑或是关羽、赵云，他们皆各有好恶，也多有点评；三人争论起来，即使谬悠荒唐，也煞有意思！待新旧俱已看过，故事愈加熟稔，他们就愈加地观之不倦。

多少年来，中国人从小到大，自幼至长，正是这般地读

《三国》、说《三国》，读之不尽，说之也不尽。好的东西，一定耐看；绝好的东西，更可毕生反复读之。这通于他们看京剧。京剧剧目愈是熟悉，就愈可百看不厌；尤其骨子老戏，那动人的折子，好听的唱段，总想反复听之、反复观之。

这看似重复，其实，是每回每次，皆可领略出一些新意思，又可咀嚼到一点儿新滋味。这样的每回新意思，每次新滋味，就是禅宗所说的，"日日是好日"。

京剧戏词精练，介于文白之间；唱词近诗，尤其讲究音律。凡此，对小孩的语文，裨益颇多；对其性情之陶冶，更有潜移默化之功。戏曲原是国风遗韵，也是温柔敦厚之诗教的无声不歌与无动不舞。

阿和于此，本无甚兴趣；早先她姐弟常看，弟弟尤其是个戏迷，至于她，多半只是一块坐着，然后画着她自己的画儿（她爱画，也画得挺有意思）。但坐着坐着，熏染既久，一回两回，她也抬头看看，侧耳听听；看久了，听熟了，耳濡目染，竟也跟着萧何这般对韩信念了起来，"将军，千不念，万不念，不念你我一见如故"。念完之后，也见她边走边哼，哼起了《大登殿》王宝钏唱段："唯有女儿我的命运苦，彩球单打平贵男；先前道他是个花郎汉，到如今，他端端正正、正正端端，驾坐在金銮。"

熏染一久，有了兴味，戏目就随之宽广。早先，他们最熟悉的，尽是《群英会》与《龙凤呈祥》这种《三国》戏，接着，则开始又看《红鬃烈马》。

一回周三，中午放学，我问二丫头下午做啥？她说，要与弟弟合抄一段《武家坡》戏词。结果，姐弟俩边看边抄又边唱，一个薛平贵，另个王宝钏，一段快板，两人对咬得乐不可支。我原在楼上读书写稿，却闻听楼下阵阵嬉闹；无奈，只好稍稍停歇，伸伸懒腰，听听那楼下的笑声朗朗，再伴着断断续续的京胡的高亢与亮烈。

之后，姐弟仨每回出门，总要像唱儿歌又好似流行歌一般，哼哼唱唱，信口哼个几段京剧唱腔。他们边哼边玩，边玩边闹，同时，以前也会猜猜《三国》人物的名与字，最近，忽又变成了唐诗大赛。

背诗，原也是姐姐与弟弟的擅长。大姐背得快，也背得多；小弟则这半年急起直追，颇有后来居上之势。他们商议，先背《兵车行》，而后《琵琶行》，一人一句，轮流更替。每回轮到阿和，总结结巴巴，嗫嚅一阵；姐弟枯等不及，便抢着背了去。几次被抢了背，二丫头有些懊恼，便开始不太言语。再过一会儿，《琵琶行》已了，接着《长恨歌》登场。这晌，不知为何，开头才三两句，姐弟忽然有些短路，都吞吐了起来；反倒阿和顺畅非常，看两人接不上来，干脆就抖起了威风，一路斩将搴旗，如入无人之境，连珠炮般，愈背愈快，愈背愈得意，一口气，就把《长恨歌》背完了。

呵呵！当"天长地久有时尽，此恨绵绵无绝期"念罢，语初落定，这时，东邻西座悄无言，一旁姐弟，竟都静默非常，满脸诧异。

随后，有天晚上，阿和新背完一首七律，对我言道，待《唐诗三百首》整本背完，接着，她要续背《老子》《庄子》。闻听此言，我多少有些狐疑：她这懒散之人，怎么突然就好学起来了呢？遂问道："噢——你怎么想到要背《老子》《庄子》？""因为，姐姐背过了呀！"

是呀！见贤思齐也好，不甘示弱也罢，这晌，她有这个兴头，肯定就是件好事！但凡在兴头上，小孩学啥都快，学啥都好玩。懂得的，好玩；不懂的，更好玩。她读唐诗，岂会在意懂或不懂？早先她背过的《论语》，现在打算要读的老庄，又岂能懂得多少？甚至，他们姐弟熟稔非常的新旧版《三国》电视剧，果真又理解了其中多少曲折？但是，这可一点儿都不打紧。

真要说，在意懂多懂少，那纯粹是大人的问题；小孩一向不受此困，他们可从来就没这个问题。对他们而言，凡事但须兴致盎然、意趣非常，足矣！更何况，这些都是他们来日可以反复咀嚼，更是滋味无穷的好东西哩！

别的不说，你瞧！眼下这二丫头，每天晚上就这么边读边抄，拥着那本厚厚的《三国演义》，她，可乐着呢！

答问

学好自家文化

怀　仁：海外中文教育一向跟随国内的潮流，所以十九世纪和二十世纪初的海外华人中文教育，都是传统的读经教育为主；在这样的教育下，移民四五代之后的海外华裔子弟依然乡音未改，可以舞文弄墨者亦不鲜少。

然而，随着国内教育风潮突变，海外中文教育亦步亦趋，走到今天，改简体，教白话，在华人传统深厚的东南亚地区情况还稍好，在新移民聚居的美国、英国和欧洲各地，这样白话文的教育结果是：海外华裔子弟参加十年中文学校学习后，仍然是文盲、半文盲。

因此，自客居海外以来，我只听说过不会读中文书的华裔子弟，不要说原版《三国演义》，就是少儿版《三国演义》，也未见得有千分之一的海外学童可以硬着头皮读下去。因此讨论孩子读《三国》这个题目，对绝大多数海外华裔父母来说，确实有点天方夜谭的感觉。

作为一名海外华裔母亲，我居然可以参与讨论"孩子读《三国》"这样的奢侈话题，纯属意外。十几年前，我们举家从美国转至英国，再到德国定居，那时，我曾经带着刚过周岁的女儿小春子参加本地的华人宝宝聚会。其中一半的孩子，特别是混血华裔儿童，已经基本不说中文；剩下的纯中国家庭子弟，又有一半中文发音不标准，更不要说认识几个中国字了。

而小春子呢？也真值得庆幸，当时七岁的她，不仅是标准的中英德三语儿童，三语发音标准，而且中文早就可以阅读无论繁体还是简体的纯文本书籍——当然，童书为主，但是那些被海峡两岸阅读机构归类为九岁十岁儿童读物的科普和历史书籍，她也同样爱不释手。虽然，还没有开始看原版《三国演义》，但是少年版《西游记》已经读得滚瓜烂熟。于是，原版《三国演义》这样的事情，也早晚是水到渠成的事情了。

这一切，完全是拜儿童读经之"赐"。因为，春子是当代欧洲华人社会里第一批开始读经的孩子。从四岁正式读经，每日大约一小时而已。如今中文经典熟读了几万字，同时中文诵读、认字、阅读水平都一同水涨船高。——当然，发这个感慨，也是因了读到您文中一句"托白话文运动之'赐'"。阿和有幸生薛家，家庭中给予她许多潜移默化的古典文化熏陶，然而这在此时代竟是不多了。

薛仁明：有时想想，你旅居海外，却这般坚持孩子的教育，个
　　　　中甘苦，恐怕是今日两岸长居自家文化母土之人，都
　　　　很难如实体会的吧！

不过，也正因艰辛，有些感受，可能就比别人真切。
譬如你所说的，如果不从经典背诵下手，"海外华裔
子弟参加十年中文学校学习后，仍然是文盲、半文
盲"；只因不同的学习方式，结果竟可以如此天差地
别。就这点而言，两岸因占了地利之便，反而习焉而
不察，很难有如此强烈之体会。但是，对你而言，这
却是一个最切身、最根本的文化存续问题。

我想到我有个学弟，是马来西亚华侨，平日满心满
口，尽是中华文化。就我所知，因当地政府排华，反
而激起他们的文化危机意识；也因此，马来西亚华侨
对中华文化的情感多半比两岸华人都炽烈许多。对
他们而言，正同你一般，文化，完全不是缈远之事，
而是再真实不过的切身问题。

我这学弟，早先来台就读大学，之后，便一直住在台
湾；他看着台湾持续的"去中国化"，可能比谁都还
痛心。

三十几年前，台湾虽然有些文化的纠结，但毕竟仍是
华人文化圈里最具中国文化底蕴的地方，但是，随着

一波波"去中国化"的浪潮，那文化之优势，早已迅速流失。十几年前，我还在学校教书时，就多次感慨：曾几何时，台湾的教育，在白话文运动与"去中国化"气氛下，竟可以如此倾多年之力然后教出了一群"文盲"与"半文盲"。我看着底下的"文盲、半文盲"，有时也只能笑着摇摇头。真要认真说他们，其实没用；毕竟，他们不过是大环境下的一个个泡沫。而台湾现在的教育，如火如荼的"教改"，也就是一个大泡沫罢了。

老实说，眼下台湾的教育，并还没走到真正的谷底。即使像马英九那么有文化情怀的人，其实，也不太能阻挡得住台湾教育之颓势。单单一个高中语文课本，也不过是增添几篇文言文，便已费尽了九牛二虎之力；这般"去中国化"之氛围，短期内都还是会笼罩全岛。这气氛未散，教育之倾颓，就在所难免。

虽说如此，台湾毕竟文化底蕴深，有识之士依然甚多；有心的老师、有心的家长，与其成日焦急，与其整天忧心，不妨先未雨绸缪；在台湾制式教育必然还要继续败坏之际，先帮下一代打些底。

八分之一大于一

乔玉光先生是蒙古族，也是业师林谷芳先生的多年老友。

多年前的一个夏天，他们二人于内蒙古再次相逢，自然一阵欢喜；待相互问讯之后，其实也多是闲话家常。

聊着聊着，乔先生忽然感慨，当初只生一个孩子，现在想想，总觉得是个遗憾。林老师接腔，是呀！家里有两个小孩，彼此就可以有个制衡。说罢，又指着我言道："他有三个小孩。"乔先生一听，微微诧异，我于是笑着说："三个就可以合纵连横呀！"

这是玩笑，但也有几分实情。

话说，二十来年前，刚刚结婚，逢人问起生育打算，我每每笑说："生十二个！"

这回答，当然没人当真；如此一说，别人也懒得再问。但是，若有人较真，继续追问，我也只好老实招认："希望能多生几个，少说，三个吧！"

后来，果真生了三个。这又和我的父母亲多少有些关联。

老人家想抱孙子，天经地义。这尤其是华人的文化基因。有此基因，华人于是瓜瓞绵延，生生不息。

有一回，我在台北搭车，计程车司机是六十来岁的大爷。途经敦化北路，林荫道上蓊蓊郁郁，但见路旁有一妇人，推着娃娃车，迎面而来；司机深深望了一眼，然后，转头言道："你知道吗？到了我这年纪，最希望的，就是有这样的孙子可以抱抱！"

我当然知道。

自年少以来，我好几个重大的人生抉择，都没让二老称心；他们常用闽南话说我，"大主大意"。但作为长子，我很明白，他们渴望抱孙；我也清楚，这事对于他们，更对于我自己，可能比什么都重要。因此，那年八月，我和内人开始交往，一看合适，十一月订婚，十二月更马上结婚。速度之快，快到内人来不及"心理准备"。

婚后数年，夫妻难免龃龉；每回争吵，她总要数落我，当初都没让想清楚就糊里糊涂嫁进门了！

以婕作为家中第一个第三代, 刚出生时, 真是集"三千宠爱在一身"。

呵呵! 有些事儿, 可真不能事先完全想清楚的。

譬如结婚, 譬如生子。

于是, 来年十二月底, 长女出生。

长女才出生, 我的老同事萧春生老师题字相赠, 曰, "三千宠爱在一身"。果然, 作为家中头一个第三代, 二老的欣喜, 岂止非常! 事实上, 不仅欣喜, 他们简直兴奋!

内人生了长女后, 在我茄苳老家住了好一阵子; 那晌, 假日我回茄莲，返抵家门后，总得枯等半个小时，还未必轮得到我这当爹的抱抱女儿。总是家父先抱，家母再抱，然后内人，接着又是孩子的叔叔与婶婶；他们口中念道，先抱一下就好；然后，个个爱不释手，也个个忘了我这爹已然一星期没抱过闺女了。

早抱晚抱，并不要紧。要紧的是，我每周这么一趟，回家坐在客厅，忽然像个旁观者：看他们这般疼爱，固然是好；天伦之乐，和和熙熙，孰曰不宜？但这疼爱，显然，有些过了头。我感觉他们的亢奋，已处在一种发烧状态，离该有的平常之心，实在遥远。

家里一群大人，围绕着一个婴儿团团转；但凡孩子一哭，他们东慌西张；孩子一病，他们手忙脚乱。尤其家父，自我懂事以来，看他一向淡定；岂知才有了孙女，性情一变；以前从不说人是非，但这回却连续数落了某位邻居，就只因那人弄哭了他的孙女。更别说，小孩一旦生病，夜里才微微发烧，他便急忙慌张，催着要送医院、要挂急诊。老人家疼爱孙子，虽说天经地义，但如此反应过度，当然是宠溺太甚。

我劝了几回，但完全没用。不劝还罢，真劝了，有时反倒愈演愈烈，完全适得其反。深知无效之后，也只好另谋他图。

我还向内人提了几回，初初她隐约有感，却不甚在意。于是，孩子一天天长大，知觉渐增；全家人的宠溺，对其性情之影响，也逐日可见。

那会儿，才六个月大的娃娃，竟已骄纵出某些乖戾之气；襁褓中的娃娃，已清楚感觉得到：所有的不如意，但凡哭闹，爷爷就会"乖乖顺从"。一旦"擒住"了爷爷，她便可恣意而为。

如此情状，我在一旁，看得心惊。此时，内人也瞿然警醒，急急问道："怎么办？"

我只回答："赶快生第二个！"

六个月下来，我非常明白，理性说服的力量，其实有限。若真劝不动，与其徒耗口舌，不如从根本形势改变起。

是的，形势比人强。若一味迷信理性，只会让自己进退失据；若老爱强调沟通，也难免无以为继。多言无益，只有"量变产生质变"，形势改变了，一切才可能翻转。换言之，唯有赶紧生第二个，到那时，一家子的大人，不仅二老，还包括内人，甚至也包括我，真正的平常之心，才庶几可得。

因此，又十个月后，二丫头出生。这回，萧老师依然题字相赠，曰："也好！"

来这"也好"，可真是好！二丫头出生没多久，大女儿便开始激烈地大调适。人生的调适，愈早愈好；副作用既小，受益也深。

这时，她一岁四个月，都还算早。从"三千宠爱在一身"，开始得和"也好"妹妹平分关爱，甚至，不时还需稍让三分。隔阵子，离开茄苳，一家四口都回到了池上。

那时，"也好"身子孱弱，经常生病；一发烧，三十九度起跳，动辄四十度，呕吐更尤其厉害。我夫妻照料未及，大女儿就得一旁帮办。竟日忙乱中，碗筷甚至无人洗涤，狼藉一堆；内人没辙，只好试着教她洗碗。

站在椅子上，大女儿颤颤巍巍，当然洗不干净；但是，也只能将就着。这时，她未满两岁。

从此，她性情大变。

过了这段调适期之后，原有的乖张，已然隐去；照料妹妹的当下，也真正成了大姐。大姐开始分担家务，开始照顾别人；在这样的形势下，一天天变化，变得温婉，变得忠厚。于是，她生命有了第一次的大翻转。

暑假过后，内人销假，返校上班，带着大姐也同住教员宿舍。至于二丫头，则由茄苳二老照顾。说是照顾，其实也是陪陪二老。此外，我始终觉得，小孩有段时间长住茄苳那样的老聚落，是会终身受益的。

照料弟妹的当下，隐去了乖张，以婕真正成了大姐。黄华安摄

　　茄苳是个三百多年的老聚落，要不亲戚，要不邻里，往来极为频密。打从襁褓起，小孩就在大人怀里，静听家常，最有人世之安稳；然后，再由大人相继接手、轮流抱着，那人情之温厚、风日之闲静，自然会沁入婴孩的心魂深处。这对小孩性情之帮助，比起幼教专家吹嘘的种种方法，都来得更真实，也更深切。

　　更何况，这样的老聚落，最懂得敬天与畏人。

　　台湾学校的品德教育之所以愈是推行、学生愈坏，正因为他们始终执着于西方观念，从不知回返中国几千年来敬天畏人的古老传统。事实上，只有回到自己的老传统，才可能获致真正的新生命。

茄荙祭祀繁盛，别的不讲，单单每天清晨，家母先到家中三楼，向神明、祖先敬奉清茶，然后，再带着孙女，缓缓走到庙里，一级级楼梯，拾级而上，先上香礼拜，后喃喃祝祷。在这样的袅袅馨香中，她们祖孙的每一天，都可以既深稳又清扬；岁岁年年，日日如新，一如那天天初升的朝阳新亮。

二丫头住茄荙，虽然甚好，但溺爱的问题，却仍难免。较诸大姐，那宠爱，其实不遑稍让。所幸，她发育慢，不似姐姐早熟；因此，宠溺之影响，不算太甚。但等稍稍长大，还是多有问题。

她天生会撒娇，没事总像麻糬般黏在爷爷怀里；爷爷一开心，啥事都依她。她依赖心又重，啥事都要二老代劳。到头来，二丫头竟成了不折不扣的千金二小姐。这当然不行。她不能让人老呵着、老护着。

于是，她的小弟薛朴出生。

那时，她已满三岁。因为年纪稍长，面临"失宠"的心理调适，比起大姐，其实困难许多。小弟薛朴出生，不仅大人重心纷纷他挪，连大姐也无心旁顾。依赖成习的二丫头，顿时失落；直至如今，她与小弟仍经常多闹矛盾；姐弟间合纵连横，她总落居下风。因此，她失衡甚久，动辄哭闹。但哭闹之"成效"，其实有限。山不转，路转；路不转，人转；她也只能慢慢调整自己了。

然后，问题就又转到了薛朴。认真说来，薛朴上有大姐、二姐，这时，还另有堂哥、堂姐，换言之，他已是家里头第五个孙子，二老理应一片平常之心了才是。但其实不然。一则二老认定薛朴是长房长孙，总是另眼相看；二则薛朴天生喜气，特别讨二老欢心；第三，也最要紧的，薛朴住茄萣最久，他连续住了整整一年有半。

在那一年半里，他几乎是整个街坊的中心。每天但凡爷爷抱着，或是奶奶牵着，刚刚走出屋外，街坊中"阿朴"之声，便此起彼落，不绝于耳。

左邻右舍要不轮流着抱，要不走过来轻拧一回，要不就笑脸照他一眼。若到庙里，不论识与不识，也都喜滋滋地望他摸他；这喜滋滋，与庙里袅袅馨香中的深稳清扬，格外相称。薛朴的喜气与可爱，除了源于天生，也受益于那一年半的人气熏染，更感染自街坊邻里的笑语清和。

这一年半里，薛朴人人抱着，人人疼着，当然，二老也不时宠着。几年下来，我夫妻早有默契：但凡宠溺不算太过，我们多半就不甚言语；待来日回返池上，再慢慢调整吧！于是，日后薛朴回到池上，就等于自天上坠落到人间。

三个孩子与爷爷奶奶在一起。

所谓人间，无非就是俗话所说，"不如意事常居十之八九"。

譬如吃饼。

茄莄有种"白香饼"，裹着麦芽，有面粉香，很爽口。

薛朴但凡想吃，二老立刻递他圆圆整整一块。他通常咬了两口，丢下不吃，便径自玩去。隔会儿，又嚷着吃饼，二老拿起方才咬过的那块，他睨了一眼，摇摇头。于是，爷爷奶奶赶紧又拿新的一块，圆圆整整。这回，依然只吃一两口，便又撝开。如此这般，一天数回。

待他回返池上，形势丕变。薛朴若想吃饼，内人噘嘴要他找我；找了我，呵呵，可从没完整一块！头一回，就剥了半块，他自然是摇摇头；我说："不吃，拉倒！"他哭了起来，我当然毫不理会。

隔一会儿，忍不住，又想吃；我便剥了四分之一给他；薛朴看了一下，又摇头；我笑着说："你不吃喔？"再过一晌，他回心转意，低声说想吃；这回，我就只拿八分之一块饼；他熟视之，停了半晌，伸手便拿；这时，我反倒缩手不给。

要拿，得先闭眼，再拍手，然后原地转个三圈。依此"程序"，完成了"仪式"，于是，我才将这八分之一小小一块的饼儿递交给他。

他双手拿着，小心翼翼，然后，细细咀嚼，慢慢吃完，那滋味之绵长，即使再小的饼屑也毫不放过；这时，薛朴一脸清和，很认真地说："好好吃喔！"

小惩大诫

合度之体罚，乃正正堂堂之事。

体罚只要是心平气和，只要适度，不仅没错，而且应该；不仅应该，且在这惑乱颠倒的时代里，还必须理直气壮地公开表述。

《易经》有句话说："小惩大诫，乃得其福。"

上回，读小一的薛朴，因忘了带餐具，老师要他暂用学校的备用餐具。他不肯，即使百般劝说，不仅坚持不肯，还哭闹起来。老师无奈，遂打了电话，问我能否送餐具过去。我当场回绝，且说，薛朴若不拿备用餐具，午餐可以不让他吃。

后来，薛朴妥协，吃了饭，当然是用了学校的餐具。但是，回家后，依然遭我打了三下手心；不是因为忘了带餐具，而是因为任性耍赖、不听劝告，更是因为当众胡闹、一错再错。

如果，像薛朴这样犯错，老师家长一看，觉得实在离谱，应该予以体罚。可同时却又因时下的种种理论、专家各样说法，遂犯踌躇，甚至自觉理亏；即使处罚了，也心怀忐忑，怀疑自己是否耐心不够？别人诘问了，也觉得站不住脚，像犯了什么错似的。如此这般，就意味着，教育已出问题了。

如果，小孩犯严重错误，老师平心权衡，给予了合度体罚，这时，教育行政机构横加干涉，甚至还依"法"处分；而后，媒体又落井下石，不遗余力地大加挞伐。如此这般，便意味着，教育已然病入膏肓。

多年前，内人带着大女儿看病，到了诊所，小儿薛朴不知体谅，又哭又闹，惹得候诊室内一阵骚然。内人先是哄着，安抚了一回，又劝慰了两回，岂知薛朴不识好歹，愈闹愈凶。内人气恼不过，遂将他带到骑楼，结结实实，用手打了两下屁股。这时，有位时尚女子恰好经过，衣衫楚楚，端端然停下脚步，一脸严肃，正色言道："这位太太，你这样的行为是不对的！"

哇！

如此自以为正义，不禁让我想起了这些年来许许多多的教改人士，譬如"人本"（案："人本教育基金会"是台湾引进西方教育理念最有影响力的团体）。

二三十年来，台湾教改人士秉持崇高的"使命"，不断大声疾呼，以"救救孩子"为名，推动了教改工程。他们的慷慨痛陈，曾经备受支持，曾经屡获期待。因此，他们掌控了话语权，也垄断了论述权。从此，他们以正义之姿，不断指责教师与家长；又怀着强烈的优越感，以启蒙者的姿态，扮演了教育政策的指导者。

于是，三十年下来，教改大纛，所向披靡；然而，也就这三十年，他们勾勒的美梦，而今变成了噩梦；他们的教育理想，也成了教育的灾难；他们以"救救孩子"为名，却一步步毁掉了新世代的未来。

而今，这些"满怀理想"的教改人士，与那自我感觉良好的官员学者，依旧觉得，教改的"未竟其功"，纯粹因为家长与教师的顽固与颟顸。然而，不论是"顽固"的家长，抑或"颟顸"的教师，他们站在第一线，每天真实深刻地面对教改"成果"，每天受这"教改土石流"的冲击，完完全全，另一番点滴在心头。

他们不仅看到日趋凌乱的校园秩序、日益不堪的教室管理，而且，还成天听闻校园霸凌，也不时听说某某教师受辱，甚至被殴。凡此种种，他们的委屈，他们的切身之痛，他们的濒临绝望，又岂是那高谈理论、自诩有爱心的教改人士所能感同身受？

教改人士一向擅长理论，总爱援引西方概念；他们的理论严密，自成一套完整系统；他们滔滔不绝，其实，一般人难撄其锋。这些理论，乍听之下，似乎都对；而且，因大家惯于对西方谦卑，面对"国际化"这样的字眼，也容易就被震慑住。

别人如何，姑且不论；单单说我自己，刚教书那晌，就曾经很信服这些教育理论。结果，愈是相信，愈死心塌地服膺，我却愈深感无力；于是，我不免纠结，不免狐疑，不免陷入了所谓"理想与现实"的挣扎。所幸，我自己乡下出身，民间的底气一直都在；我幼时所受的熏陶，更始终未曾忘怀；再加上，我接触儒释道三家甚早，多少有了些自觉。因此，就只糊涂了一小段时间，直觉不对，回过神来，便彻底转身了。

回过身后，我仍在基层学校待了许久，于是，很清楚地看到整个教育往崩坏的方向疾奔而去。二十几年前，台湾教育主管部门风风火火，酝酿着"九年一贯制"，勾勒了美丽的教育愿景。有一回，我应邀到东华大学师资培育中心演讲，当时就曾断言，"九年一贯制"只会使教师不胜其扰、学生程度也逐年下降，除此之外，别无帮助。而后，"十二年制"登场，助长贫者愈贫富者愈富，且加剧城乡差距，且让教师家长日益无所适从的另一场灾难，也即将开始。但是，若论对于下一代的真正伤害，"九年一贯制"也好，"十二年制"也罢，仍远远比不上严禁体罚。

教改人士总说，体罚会造成人格扭曲。这话不算全错。因为，过度暴烈的恶性体罚，确实会伤害孩子心灵。这就好比，暴饮暴食，必对身体不利；这又好比，用药过猛过烈，也必会伤身毁体。但是，不管如何有弊有害，饮食与药物，终不可废。体罚一事，其实相同。饮食固应节制有度，药物亦须谨用慎使，至于体罚，问题也只在于如何拿捏分寸，如何适时与适度；若能做到"小惩大诫"，那自然就吉祥止止。但是，若不分青红皂白，便贸然严禁，那就跟废饮食、禁药物一样，完全是荒谬与错乱。

问题之关键，本在于体罚的合度：一则心平气和，无有盛怒；再则符合比例原则，让小孩心服口服。若能如此合度，依照我在学校的经验，学生其实都能接受，且多半能从中受益。如此合度之体罚，不仅维系了团体该有之秩序，对小孩的人格与学习，也是利多于弊；不但无损于身心健康，反倒增加了心灵容受度；有此容受，便不易自我中心，更不易性情乖戾。

换言之，不仅不会扭曲人格，反而会有所帮助。我以前教书，便清楚感受到，家长愈是标榜在家不体罚，他们小孩性情乖戾、自我中心的比例反倒愈高。性情最好的小孩，通常是成长于管教最合度，既不太过也无不及的家庭。

再者，教改人士又总说，体罚只能有短暂的吓阻作用，不能有根本性的改变。此话诚然。因为，不管是体罚，或是奖励，或婉言相劝，或循循然说理，总之，任何的教导方式，究极说来，都只能是一时之效，都极难有根本之改变。

事实上，真要根本改变，谈何容易？那除了建基于长期积累，还有待于时节因缘，更尤其有赖于执教者强大的生命修为。凡此诸事，岂能率尔达成？别说体罚，其他的任何方式，也都断乎难臻此境。

教育，本积累之事；任何有效的方法，但凡合宜，即使只是一时之效，都不该偏废。任何手段，都应全面权衡，更该因人而异、顺时而变。较诸其他手段，对于大部分的年幼者、无知者、轻率蛮横者，体罚这方式，特别可收戒惧之效；"小惩大戒"，孩子若能知所戒惧，便多有敬畏，多有虚心，来日进一步改变，也才庶几可能。若因难收根本之效，便轻率言废，那么，若非浅薄无知，就只是好高骛远、不切实际了！

遗憾的是，教育主管部门全面禁绝了体罚。从此，固然免除了校园内少数恶性体罚之弊，却招来了全面秩序之荡然。结果，今天中学的教学现场，管理日趋瘫痪；休说基层教师充斥着无力之感，即便是那高唱爱心的教改人士，真让担任班主任或训导人员，恐怕，也多会望而却步吧！更别说，那层出不穷的师生冲突、霸凌事件，早已让校园宛若原始丛林。

这时，教师与学生，人人但求自保；班主任与行政人员，也不时相互卸责。至于教育主管部门，因迫于舆论，也只能四处举办各种"友善校园""反霸凌"等活动。但是，这些活动，其幼稚，其可笑，其荒谬错乱，连学生都觉得匪夷所思，直说那是现代版的国王新衣！

就这样，台湾教育部门一边高举"严禁体罚"，一边掩耳盗铃；一边满口爱心，一边又将教育推向绝境。问题是，身为教师与为人父母者，又岂能坐视不管？即使再如何悲观，又岂能完全绝望？事实上，台湾社会赞成适度体罚者，一直就如同主张维持死刑者，从来，都是社会真正的多数。

只不过，他们的声音一直被压抑，一直隐而未显罢了！另一群人，虽掌握了话语权，垄断了论述权，但是，他们毕竟仍是少数！而今，因为不愿意绝望，因为起码的公道，隐性的台湾必须发声，沉默的多数也应该表态，但凡赞成合理管教的你我，都有责任明明白白、理直气壮地公开表述：体罚乃正正堂堂之事，我们赞成适度体罚！

【后语】

我三个小孩，都曾经打过手心或是屁股。薛朴因为是么子，幼时阿公阿嬷也宠溺较久，再者，小男生通常又较不懂事，因此，他使性蛮横的情况也最多。早先两三年，常一不高兴，便乱摔东西。只要他生气时摔东西，我们夫妻就必定予以处分。一般说来，三个小孩都是幼时体罚得多；等渐渐长大之后，就罚得少。像大姐自小学三年级起，其实已极少打她了。

我这三个小孩，既非伶牙俐嘴，亦非多才多艺，更算不上聪颖过人。但是，他们平常过得挺快乐。他们的性情不错，虽说原有些任性，但现都改了许多。出门在外，都算有分有寸。尤其他们都有着旧式小孩的天真与可爱。那回，我带妻小向一位文化界前辈拜年。后来，他说我孩子养得好；接着，又叹息说道，台北已经很难看到像这样的小孩了。

答问

神清气爽的老师，才是教育之根本

王淑皇(初中教师)：当霸凌事件闹得沸沸扬扬时，有些老师就说，那些"人本"的人为什么都不讲话了？对于学生霸凌、甚至殴打老师这些事，"人本"不是应该也要出来表示一些意见吗？为什么平常校园里只要发生个什么事，"人本"就一定会出来说三道四，而媒体还会引述得像是最高权威似的？

薛仁明：媒体重视"人本"，其实很"合理"。因为他们的后头，是有着相同的理论根源。

我有个朋友，和"人本"有渊源，曾在森林小学(编者注：它是以英国夏山学校Summerhill School为范本，建立的旨在激发孩子潜能，强调因材施教，以孩子的自由、快乐、自我实现为教学理念的学校)教过书。他说，"人本"很长于论述，有着一套很完整的严密理论，因此，森林小学的老师只要教学出了状况，这套理论就会让他反射式地自我怀疑：是不是自己对"人本"这些道理理解得还不够透彻？是不是自己的技巧犹有不足？是不是自己还没办法真正将心比心？因这种种原因，所以，小孩才会这样……说到最后，结论就是，老师得再加强自己的理论、能力与技巧。

乍听之下，这似乎很有道理；外表看来，这也是老师虚心、懂得自我反省；怎么看，似乎都是件好事。但深入一点看，这其实是一种自我禁锢，把自己禁锢在一套理论的封闭系统里，然后，动弹不得，连怀疑也不敢，最后，则是连挣脱的能力都没了。结果，老师只好在这封闭系统里自我催眠，愈来愈困惑，也愈来愈无力。

理论向来动人，但理论也常常会桎梏人。

今天讲句老实话，面对"人本"，尽管你非常不以为然，但他们那套理论，你有办法反驳得了吗？你读一读，也会觉得蛮有道理的，对不对？麻烦就在这里。当年修习教育学分时，你会觉得那些教育理论有问题吗？如果不会，今天的"人本"，也只不过是将这套理论发展到极致罢了！

换言之，被理论禁锢的，其实不只是那些森林小学的老师，从台湾教育部门官员，到许多教改人士，再到我们绝大部分的老师，只要是接触了那些教育理论，或多或少，都会被紧紧掐住，只不过大家不自觉罢了。我们读的教育理论，说白了，就是西方的教育理论，再准确地说，其实就是美国式自由主义与资本主义逻辑下的教育理论；这套理论的根源，与台湾媒体背后的运作逻辑，完全是同个系统。既然同个系统，他们当然要找"人本"，当然要重视"人本"的意见。

今天，除非我们回过头来，在自己的文化传统里，找到自家教育的想法，找到合适自身的教育方法与理论，先从一己，再扩而大之，最后，完全取代那套桎梏台湾教育的美式教育理论，否则，我们绝大多数的老师，都只会如同那些森林小学的老师一样，愈来愈困惑，也愈来越无力。

王淑皇：上学期我们学校的霸凌事件，层出不穷，甚至还有两个老师被打，而且，老师被打了，却完全不能还手。如果是路人被打，还有还手的权力，但当老师的，则完全没有还手的权力。那个老师很清楚，一还手，他就完了。那个老师为什么被打？不就是因他想教这个学生呀！他如果完全放弃这个学生，随他吵闹，上课反正就带过念过，当个麻木不仁的老师，反而可以不必担心被打，薪水照领。结果，那种还抱有热情的积极敢冲的老师，变成是最容易出事的老师！校园里大部分的老师，则是比较消极了；很明显，一年比一年消极。至于教育部门签字反霸凌的那些方式，对小孩会有帮助吗？小孩都只是心里窃笑：你们大人在搞什么？

薛仁明：小孩当然都知道，众目睽睽，他们看得可清楚呢！

王淑皇：应该有人要讲出来。小孩都只觉得是笑话一场，难道小孩智商有那么低吗？反霸凌宣示要大家在宣示单上签名，然后发给每个人一张纸，上面写着不喜欢如何如何，再揉成一团，一起往垃圾桶丢。这不是低估孩子的智商吗？

薛仁明：不是他们低估小孩的智商，而是我们高估了教育部门的能耐与作为。

像反霸凌活动这种荒谬错乱的闹剧，当然应该指责，也可以气愤地批评教育主管部门昏愦。但是，在这件事上，我真正读到的，却是一种无奈——彻头彻尾的无奈，由上到下、从教育部门到老师再到学生、集体的无奈。

怎么说呢？教育主管部门现在内忧外患，老早就自顾不暇；即使真想有所作为，也都会有心无力。他们内部的根本病灶，是被"人本"那套理论挟持；在"严禁体罚"的政策下，早已注定校园秩序要彻底崩溃，然后，霸凌四起。换言之，只要教育部门继续捧着"零体罚"这神主牌，校园问题就必然不断恶化：这完全不必用任何学理讨论，事实自然会证明一切。

教育部门的外在问题，是现在台湾这种"民意"（当然只是"某些人"的"民意"）至上、"立委"独尊、媒体独霸的民粹生态下，他们绝大部分的作为，都只能是被动的。老实说，每天有那么多的"民意"压迫着，他们能怎么办？他们自然以应付、尽量不出事为原则。在这样的环境下，真正有想法、有气魄的官员，反而难以生存，也显得很不合时宜。我相信，像这种昏愦的反霸凌活动，在教育主管部门的内部讨论中，一定有人不以为然。但是，正如你所说，在校园里，"抱有热情的积极敢冲的老师，就是最容易出事的老师"，最后，"校园里面大部分是比较消极的"，其实，教育部门官员的处境也是一样的。我很能体会他们的无奈，也很清楚，这样集体无奈的结果，常常就是只能做些毫无气力的无聊之事。

这样的无奈，自然会蔓延到学校里的行政人员。你单单看行政人员每天要花多少时间开那些毫无意义的会议！老实说，他们只不过是照章行事，照着毫无气力的教育主管部门的规定来做事罢了！行政人员被班主任怨恨，多少是有些无辜，也非常无奈；他们如果变得很有气魄，也一定只会更"容易出事"，而且，行政系统里的层层节制，也容许不了多有气魄！结果，行政迫于无奈，只好请班主任要求学生配合，然后大家合演一出荒谬闹剧；大家都知道无聊透顶，大家都知道于事无补，但也都只能有气无力地配合。最后，当然是班主任摇头、学生嘀咕，但老实讲，行政人员心里也不会好受到哪儿去。

王淑皇：对呀！所以讲到最后，大家都变得很无奈。

薛仁明：也正因如此无奈，我们每个人的修为，反而就显得更为重要。同样是无奈的环境，毕竟，有的人依然活得很好，有人甚至还酝酿改变的可能，可是，更多的人就只能整天消极抑郁。这之间的差别，当然牵涉到修为。

老实说，环境虽说无奈，虽说让人不舒服，但这样的大环境并没有让每个人内在的自由彻底消失掉，显然，还没那么严重。毕竟，我们还是有着相当的自由的可能，所以，上回我在文章里说，"人在江湖，身不由己"，多半时候，只是个说词；真正的关键，仍在于我们自己；在某个程度内，我们都还是可能翻转，可以幡然转身的。

十几年前我离开学校。还记得，教书最后的那五六年，经常提醒自己（需要提醒就意味着有时还是会犯，哈哈）：年纪不轻了，得将自己有限的能量聚焦起来，别再浪费时间于抱怨与发牢骚，别再虚掷光阴于不平与厌恶；教育主管部门的所作所为，即使是倒行逆施，暂且就由他去吧！能相应不理的，就不理；能敷衍的，就敷衍；真不得已，那就做，做完，就算了！我期待自己能做到这点："做完，就算了！"心平气和地看它起起落落，甚至心平气和地看教育主管部门胡作非为。总之，就是尽可能地不为所动；因为不动，所以每天还可以回过身来聚积能量，还可以元气饱满地走进教室，更可以让自己日子过得滋滋润润，没有半点苦相。我相信，只要自己没苦相，就有可能翻转得了形势。

更早时候，曾有一位比我年长十几岁的老同事杀气腾腾地要找我辩论，辩教育理论；我看着他，只笑了一下，没任何回应。对我而言，保持沉默，纯粹是为了培元固本，为了长久之计。我很明白一件事：真理，从来就不是愈辩愈明；你单单看之前席卷全台的蓝绿争论，消耗了多少人的时间与精力，便可知道，那些无谓的论辩是多么浪费生命！

当然，真正该说的话，还是得说，但是，一则得看对象，二则得等时机。在时机成熟之前，我们都必须沉得住气。前阵子，我《"零体罚"与台湾教改》以及《体罚乃正正堂堂之事》发表之后，听说有学校的老师将文章贴在办公室与教室的布告栏，效果似乎不错。我听了挺开心，再回头一想，今天有了这机缘，可写写这些文章，总比当年和人家争论得面红耳赤然后各执己见好一些吧！

又譬如，在眼下的台湾，写这本书，似乎有些不合时宜；但反过来说，也正因不合时宜，这本书才更有意思。这本书有多少人看，当然不得而知，但今天确实有许多老师很苦闷，受了不少委屈；有更多的家长非常彷徨，充满困惑。如果，其中有些人看了这书，产生了某些翻转，心头明白了一些，这也总比整天愤愤不平、焦虑不安好多了吧！

教育，最早的原点是修行。所谓修行，是学会在各式各样的环境下安顿自己。台湾今天的大环境当然不好，但老实说，历史上大部分的时代也都好不到哪儿去。你想想：历史上有多少个时代可让人完全堂堂正正、可真正让人为所当为呢？很少吧！每个时代，都有其难题，因此，每个人也都得学会在很难尽如人意的环境下安身立命。现在有许多人迷失了自己，有很多人心浮气躁，有更多人纠结郁闷，这固然是时代使然，但其实也是他们的修行尚有不到之处。在这样的时代里，我们必须比以前更柔和、更安静，每有横逆，不妨就想想韩信当年街上受辱之时他是怎么样的一番心情，纵使眼前吃了点亏，但是，来日方长，我们的气如果绵绵不绝，如果既匀且长，终有一天，还是可以使得上一些力，依然可让形势翻转。

换言之，在大家都非常无奈的环境下，自身生命之安稳，反而才是最要紧的一件事。这不仅是徐图未来的根本之道，同时，也是对孩子最大的身教，更是最彻底的人格示范。

凭良心讲，孩子将来的生活处境，恐怕，都只会比我们现在更加不堪；以前我常对学生说，千万别"人在祸中不知祸"；以他们将来处境之险恶，真要修得生命之安稳，其难度，只会比我们现在更高。但是，今天他们正在成长，正在学习，如果放眼望去，大人个个愁眉苦脸、焦虑难安；他们遍寻四处，怎么也找不着真实的学习典范，那么，你叫他学谁？你又要他学什么？如果我们无法以身作则，无法成为生命安稳的典范，无法让孩子看到纵使举世滔滔、依然可以活得清爽明白，那么，现在我们整天为教育焦虑，成日替孩子的未来担忧，你会不会觉得：其实，这完全是本末倒置了呢？

游春涉险——关于阅读

茄萣，渔盐之地。我家晒盐，但乡人多捕鱼。海上讨生活，风涛险恶；尤其隆冬捕乌，最是年度盛事，也最要在天寒风疾之时浪头上拼搏。因此，讨海人剽悍。

剽悍之人，说话必音节铮铮。幼时，我爱听讨海的大爷讲话；说是讲，其实是嚷。他们打着赤膊，一身黝亮，尽是海风日晒之气；一开口，便常来个"三字经"（案：台湾人爆粗口多是三个字，故而被戏称"三字经"），有时单字，有时五或七字，有时更长。总之，声洪气足，很是响亮！话说一半，又来一句；煞尾之时，再补一回，总要如此这般，才算"曲终奏雅"。

后来我读中学，听老师讲解文言文，才知道乡人说话，亦同古文，讲究个发语词、语助词，最后，还有个语尾助词。无怪乎起承转合间，每见抑扬顿挫。虽说粗俗，难登大雅，但那时听来，仍觉沓然爽利，字句铿然。

小学毕业之前，虽不地道，更不响亮，但是，我也说粗话。首先，乡风如此，有样学样；另外，家里不太管；再者，能学的，其实也不多。幼时寒微，父母亲又没上过学，故而除了课本参考书，家中其实环堵萧然，全无书册。学校当然稍好，但也仅止于稍好；教室前头，有儿童读物箱，薄薄几册童书，早已翻到熟烂。

直至毕业前夕，学校初初有了图书室，内除熟烂的儿童读物之外，倒新添厚厚的《中华儿童百科全书》前两册。费了许多个下课，我一字一句，都细细读过了，视若珍宝。但是，除此之外，再别无他书。

所幸，还有报纸。班上有普通话日报，但翻了一翻，似乎不甚有看头。结果，四年级之时，邻居订了《中华日报》。

《中华日报》是台南地区第一大报，我每瞅着隔壁大哥早上拎着三张报纸进入屋外的旧式厕所，许久之后，又见他悠然捧着那叠报纸缓步而出，状似满足，更一脸轻松。

民间之人，向来松散，也多半自在。在乡下，左邻右舍的厅堂，但凡没关，都算是半开放空间；通常，随意而入，信步而出。有时他们聊天，我或立或坐，就一旁听着；有时他们看电视，我时站时坐，也一旁瞧着；偶尔厅堂无人，我进去呆坐一会，傻乎乎又走了出来。

四年级之后，最常到供着朱府千岁①的邻居厅堂坐着。那尊朱府千岁，袅袅香烟，一脸黝黑；神座旁，一根狼牙棒，一把宝剑。但我最在意的，是桌上那份《中华日报》。

那时看《中华日报》，真是波光潋滟，浩瀚无边。从头版头条，到内页小启，怎么看，怎么新鲜。小学四年级的学生，哪懂？但是，正因懵懂，才好看至极。字多不解，词亦不解，内容当然更不解；但我一路读，一路揣度，甚至也不揣度，单单看着，单单读着，如游春，如涉险，沿途多有唐突，却皆成景致。每每看罢，顿觉豁然，更觉舒坦。

于是，我几乎天天去看朱府千岁，更天天去读《中华日报》。读了，纵有不明，既不找人问，也不找人谈。但是，无妨。从小，"囝仔郎有耳呒嘴"（案：台湾谚语，要小孩多听少说），很习惯听大人讲话，也爱听。但凡不知，就存心底，在心上，过了又过，极久之后，乍然明白，那乐的！听便听，本无须发问，更无须发表意见。听话本身，早已圆满俱足。那时上学，就只听课，从不发问，其实，最有种天清地宁。

似懂非懂间，从各式消息到国内外新闻，我读着《中华日报》，有种清宁，更极有乐趣。那种新鲜有趣，很像看着父亲赌四色牌：数人围坐，我只站父亲身旁静观，从不言语，很快，就学会了；较诸小学之前便已熟悉的象棋，那另有一番趣味。但

①五府千岁之一，为闽台一带的汉族民间宗教信仰。

是，相较之下，报纸的趣味，恐怕更大，更多，也更长久。

直到小学六年级，原籍广西年近六十的班主任，到了教室，偶尔也会拿份报纸，谈些重大新闻，稍事评论。

这会儿，我像是突然遇到了知音；头一回听到有人谈我默默看了两年、猜了两年、也拼凑了两年的这些新闻。我极专心听着，每回听讲，都像解开了惊人秘密；于是，原来有些模糊的揣测，或对，或错，总之，都清晰了起来。

我注意到，老师手持之报纸，其色泽，其质感，似乎皆有不同。他有时拿《联合报》，有时带《中国时报》；听说，那是两大报。我则直觉，较诸素来熟稔的《中华日报》，那确实另有一种气派。

忘了是什么机缘，后来，我竟先后得以翻阅了两大报。拿在手上，仔细捧读，虽只三张，却沉甸甸，更胜珍宝。对这薄薄三张，不仅深具好感，甚至，心生崇敬。

不久，我小学毕业。那年毕业考，不知为何，试卷不仅没有明确范围，还增添了几题时事题目，结果，难倒了不少素来成绩优异之人。托平日读报之赐，我傻乎乎考了个全校第一名。第一名有何要紧，其实我未必清楚；但早先在同年级七个班里，我们班老在末两名徘徊，班主任每提起考试，总多丧气；结果，毕业考后，他显得特别精神，很是意气风发。

我父亲似乎也高兴。他平常不太管我，几乎不问学校之事；甚至月考考差了，我偷拿印章盖成绩回条，他也不甚闻问。但后来，他不仅参加了毕业典礼，且又与老师校长会了餐；餐毕返家，不掩得意，还向邻居多说了好些典礼会餐之事。

或许正因他高兴，于是，我才刚要进中学，便陡起胆气，向父亲请求，家里订报。他说，到邻居那儿看，不也一样？我回答说，是要订不同的报纸。结果，父亲答应了每个月花一百五十元，为我一个人，订了一份新报纸。

新报纸，新生活。从此，不管学校功课多重，每天，总得花半个小时，将报纸里里外外细读一遍；尤其副刊，几乎篇篇都看。

许久之后，我才明白，当年的两大报，都颇带文人色彩；不同于其他报纸，也迥异于今日各报，那是文人办报。我当时年少，依然懵懂，报上内容也多有未明；但是，我隐约感觉到报纸的后头，有股精神力道。

因此，才上中学不久，我便与小学乍然远离了。首先，不看卡通不翻漫画了，忽然觉得，那有啥好看？！其次，旁人的热闹起哄，也顿失掺和之兴趣，总得瞧瞧，心头过过，才可算数。最后，我自幼所习，一直讲到小六的粗口，也忽然不说了；不是好或不好，只是，于我并不相宜。

而后，光阴荏苒，四十多年忽地又过。那一日，内人言道，现今学生，明明从小就有阅读运动，但不知为何，遇到较繁复之叙述，多半却步，便反射式地排斥，连试都不愿一试。我说，这系因他们从小习于浅阅读，惯于迎合；只读懂的，只看成人迁就于他的所谓儿童读物与儿童节目。一旦习惯了轻松容易，当然要排斥费神难解。现今的阅读运动，学生自然欢喜，也似乎养成了他们的阅读习惯；但这种习惯，长久看来，却未必是好。

内人听我言罢，便问道，那如何才不算是浅阅读？我指着六岁的薛朴说，譬如他看京剧，哪会全懂，但分明有着好感；再譬如他们姐弟读《三国演义》，又好比古人幼年读经，更好比我们童稚时听大人讲古，甚至只是闲话家常；凡此，都只懵懂，却都有助于小孩开向一个可向往之未知。

现今小孩最欠缺的，其实是那一个可向往的未知。他们对这个世界，少了份虚心，因此就失去了兴味。内人听了，忍不住反问："小时候，你也从不看京剧，没读《三国》，更未背经书，那又如何？"我笑着说："读报呀！我小时候看报纸，多有不懂，但可认真可有趣呢！"

【后语】

有个朋友姓周，夫妇在五分埔开服饰店，皆忠厚质朴之人。上回，我在他店里闲聊，谈及小孩的教育，他夫妇俩皆感慨，也纳闷：现今的小孩，花在学习的时间愈来愈长，怎么，程度却愈来愈差？

他们有两个小孩，一小六，一小四，除了学校上课，外加补习，回家再写功课，常常到了临睡之前，都还写不完。仔细算来，每周花在学习的时间，实在不少，学习的"分量"，也远比周先生当年读书多了许多，但是，为何成效却如此不彰？

我才听罢，便说，他们这辈还不只是学习时间长，学习的花样才更繁多。但见教育专家不断研究新花样，学校老师也不断变出新方法，图书馆更是不断增添新图书；更尤其，教育部门现今大张旗鼓、震天价响地推行"阅读运动"，最是热闹非常。但所有努力的结果，却只有一个：学生的程度愈来愈差。

这些年来，所谓的"阅读运动"，真是风风火火。许多的社会名流，为了下一代未来，费心思、耗气力，不辞辛劳，四处大肆推广。教育部门总绾其间，结合了各级学校、图书馆以及书商，不论"亲子阅读""儿童阅读"，任何一种活动，无不热闹喧腾。尤其在学校里，排阅读课、写学习单，老师一边安排、又一边鼓励，竭尽所能，都是希望能让孩子养成阅读的"好习惯"。

这投入之时间，不可谓不多，孩子阅读的数量，也实在惊人；但是，下一代整体的语文程度，却不见提升，反倒年年滑落。问题的核心，就是在于他们的"浅阅读"。"浅阅读"只有数量的累积，却无法有能量的聚焦。这样的"阅读运动"，貌似造福小孩，实则贻祸后代。教师与家长，可不慎哉？

戏迷薛朴

小孩不听话，免不了要处罚。家家户户，种种的处罚方式，自然林林总总，但若说起薛妈妈处罚薛朴的法宝，那可真算稀罕。

十几年前，见过薛朴的人，多说他可爱。但在家里，其实淘气，又爱哭，而且经常和二姐斗嘴斗得没分没寸。（刚刚薛朴经过，看到此段，还贼贼地说道："爸，不是有句成语说'家丑不可外扬'吗？"）有时胡闹过头，恼火了他妈妈，这时，便会听到厉声一喝："薛朴！从今开始，不准你看戏！"

闻听此喝，一如焦雷轰顶，只见薛朴立时气丧委顿，啥话都说不出，啥胡闹也闹不下去。

看官，这一喝，威力竟然如此之大；这"不准看戏"，竟也成了薛朴最大的罩门。你道，这又为何？

话说，薛朴当时读小学二年级，有回写着功课，有道造句，题目是"（　）有（　）、有（　），最（　）还是（　）"，但见薛朴傻乎乎地盯着作业本，一声不响，埋头苦思，许久，才用他歪歪斜斜的字体，忽小忽大，就这么写了两行：

（京剧里）有（花脸）、有（小生），
　　但我最（喜欢的）还是（文武老生）。

嘿嘿！有这样的写法吗？没错，薛朴正是这么个戏迷。若用现代的话来说，他不折不扣，就是个戏曲发烧友。

薛朴还没读幼儿园大班，那回，我骑单车载他一块理发，他理了个光头，一脸清爽；理完后，换我，他坐在一旁的藤椅上，无所事事。老板娘为了打发他，便打开电视，问道："弟弟，要不要看卡通？"我在理发椅上别过头说："他不太看卡通；如果有京剧，他爱看！"老板娘言道："现哪有京剧？"我回说："不然，布袋戏或歌仔戏也行。"

老板娘调了频道，总算找到杨丽花歌仔戏，薛朴遂安安静静、极专注地看着。待我也理完发，结了账，老板娘笑着说："怎么有小孩那么乖的？"停了半晌，她忍不住又啧啧言道："哪有小孩这么爱看歌仔戏的？还看京剧哩！"

呵呵！作为戏迷，薛朴一半是天生，一半是熏陶。从小生病，若是恹恹无气力，但凡妈妈抱着看戏，精神总会好些；若是哭闹，乍听丝竹锣鼓声，多少也就和缓了下来。

在家里，反正耳濡目染，多的是戏曲，再加上我们若有似无地引领，几年下来，他便从京剧入手，也算得上文武昆乱不挡；啥戏都爱看，也啥戏都爱听。不论文戏，或是武戏；也不管是古典剧种，抑或是地方戏，反正，只要是传统戏曲，他就有办法看得忽忽入神。

作为二年级的戏迷，他的生活，实在比一般同龄儿童丰富而有趣。平日中午放学，除了写写功课、背背书（《唐诗三百首》已背过六回，《论语》四遍，当时正背着《史记·高祖本纪》；附带一提，看戏曲对他的背书帮助很大呢）、做做家务（洗碗、洗菜，晾衣、折衣，扫地、擦地）等正经事之外，纵使姐姐尚未放学，他独个儿的玩意可仍多着啰！譬如到院子里看草木虫蚁（可看好久）、窝在楼上看书（除少年版《杨家将》《济公传》之外，他还读《西游记》的原文，这也受益于戏曲）。

当然，他最大的乐趣，仍和戏曲脱离不了干系。只要有一支竹棍，几叠榻榻米，便能优游自在于一方天地：可耍把式，可练劈腿，可试翻滚，有天，他正学"朝天蹬"。玩累了，更喜欢的，则是到楼下看盘片。通常他自己找、自己放，熟门熟路；反倒我有时找张盘片，还得扬声一问："阿朴，那块DVD放哪儿了？"

这些盘片以京剧为主，旁及昆曲、越剧以及河北梆子；前阵子，他还常看叶青的歌仔戏。一年级的暑假，薛朴和姐姐住台南的茄苳老家，每晚，他们仨陪阿公阿嬷看歌仔戏。

原先，我还准备了河洛剧团的演出录像，但一家老小，却只钟情于叶青，很快地，便把数十集的《红鬃烈马》全数看完。看罢，薛朴意犹未尽，便将光盘又带回我们住的池上乡下，但凡没事，就再看个一集，解馋似的。

若要说《红鬃烈马》，他更熟悉的，恐怕还是京剧。

京剧的版本甚多，他尤其爱听周信芳的《平贵别窑》与杨宝森的《武家坡》。我们平日在家吃饭，总听音乐；以前曲目由我取决，一向就是琵琶、古琴或者京剧、昆曲等轮流着听。那阵子，薛朴开始抢着要播放盘片；倘顺利"得逞"，他总挑那几个"爷们"：余叔岩、周信芳、杨宝森等人之录音。这几位京剧史上熠熠生辉的老生大师，在薛朴口中，全像成日厮混、哥儿们似的。

有一天，听着一个唱段，薛妈妈问何人所唱，薛朴回答，余叔岩。接着，马上又说，"余叔岩的嗓子叫作'云遮月'"。薛妈妈诧异问道："什么是'云遮月'？""余叔岩的声音不太响亮，还有一点沙哑；他把这种沙哑的声音掺进他的唱腔，就叫作'云遮月'。"听罢这话，薛妈妈一脸狐疑，怎么听怎么不对劲，这时，但见薛朴贼贼地又说道："没有啦，这是我在书上看到的啦！"

至于《红鬃烈马》的王宝钏，他印象最深刻的，无疑是顾正秋。顾正秋是台湾的京剧青衣祭酒，她的演出录像，举凡《锁麟囊》《汾河湾》《文姬归汉》，等等，薛朴都爱看，但真要说反复观之、喜之不尽的，仍是这出《薛平贵与王宝钏》。

这戏不仅他自个儿爱看，连两个姐姐也不时"共襄盛举"；常常是三人边听边唱、边看边笑，热闹得很。最可怪的是，薛朴与他二姐，有时刚刚斗嘴，还怄着气，才隔半晌，两人勉强坐在一起，戏看着看着，竟然就一个薛平贵、一个王宝钏，一人一段，两人对咬，开开心心，又唱了起来。

这样的对唱，有时在餐桌，有时在房间，更不时在行走的路上。他们平日三人走路上学，常常就是这么哼着、唱着，一路有歌声。不过，薛朴唱来唱去，不外乎就和两个姐姐玩玩，但上回的元旦假期中，他却与珈后阿姨也唱了起来。

这珈后阿姨，姓刘，名珈后，专攻青衣，是国光剧团的青年旦角演员。一天上午，我到台北的大安读经学园，与几位老师、家长谈谈戏曲对文化的影响，也商请珈后到场示范。那时，只见珈后唱着《白蛇传》里《断桥》的唱段："你忍心将我害伤，端阳佳节劝雄黄……"这刚烈而柔婉的音声才一扬起，满座端然，原本房间里读经的小朋友也纷纷探头而出。

至于薛朴，站在后头的椅子上，满脸兴奋，两眼放光。他一边听着，一边哼着，半句也没落下。珈后唱罢，大家反应热

薛朴唱京剧。

烈，我提起薛朴刚刚的模样，众人遂要他也来一段。迟疑了一会，薛朴竟说要和珈后阿姨对唱。珈后一听，当下说好，于是，一人一段，两人对咬，就唱起了《武家坡》唱段。

这回唱薛平贵，薛朴算得上威风凛凛，因为，一旁这王宝钏，音亮声烈，可厉害呢！

中午过后，我们转往内湖，前去戏曲学院看戏。这天，是朱民玲专场。

朱民玲是戏曲学院京剧团的中生代当家旦角，也是薛朴的"师傅"（十几年前，在我池上家楼上，由业师林谷芳先生主持，薛朴曾向朱传敏、朱胜丽、朱民玲等三位京剧演员敬茶"拜师"）。于是，我们一进剧场，便先去后台看望薛朴的"师傅"，这时，但见朱民玲正上着妆，不好太过打扰；稍事招呼后，便回转座位，静候开场。

待锣鼓一响，开了戏，薛朴一脸专注，坐得笔直。这天朱民玲贴演《勘玉钏》，是出荀派戏。这戏就故事而言，其实一般般，但对演员来说，表演的空间却是极大；在京剧这种以演员为中心的表演体系里，是出好戏。朱民玲这戏挥洒甚多，前演青衣，后扮花旦，一人分饰二角；前后的人物转换，非常准确。整出戏唱做俱佳，演得极有水平。尤其前半出演俞素秋在灵堂那场，恼恨决绝之际，不论声腔掌握，或做工拿捏，都很有些角儿的风范；较诸大陆剧团那些梅花奖得主，其实毫不逊色。

朱民玲和孩子们
难得的合照。

　　这出两个多小时的戏，小朋友仨看得津津有味，薛朴尤其
聚精会神。待演出完毕，我们都起立鼓掌。散场后，薛朴恋恋不
舍，嚷着要再看他"师傅"。到了后台，我夸祐谊(朱民玲本名)演
得极好；祐谊很开心，穿着戏服，还特别抱着薛朴，拍了合照。

　　待回池上后，薛朴仍念念不忘，于是，便在学校联络簿的
日记里，记着他的台北之行："星期六下午我去戏曲学院看我
师父的戏，我师父先演青衣，后演花旦，真是厉害。"隔天，他
老师写了评语："好棒的假期！"

文化水土，好儿好女

有一回，我到北一女中讲座，谈孔子。有学生提问：现今是全球化时代，譬如中国人谈孝顺，其实，西洋人也一样知道要尊敬父母；讲来讲去，不就是个普适价值吗？既然是普适价值，何必要特别标举孔子？又何必特别标举中华文化呢？

我笑着说，中国人的孝顺与西洋人的尊敬父母，看是相似，实则是两码子事。

举个例说，我有个相识十来年的老友，自幼生长于美国，是个白人；后来，他长住台湾，也皈依佛教，受东方文化影响颇深。那一年，因父亲年迈，他回返美国，在乡下陪老父。住了好阵子，要离美返台；老父送他到机场后，便伸出手来，紧紧握着，很感激地言道："谢谢你回来看我！"

我对着学生说，这就是中西差异。

对中国人而言，子女探望父母，乃天经地义。正因天经地义，父母不可能与你握手，更不可能感激言谢！万一，现在他们突然伸手致谢，那么，你将作何反应？你当然会诚惶诚恐，急急摇头，是不？由此可知，两者虽有相似，但更有差别。中西之文化差异，比大家想象的，可能都来得大许多。

换言之，若与西方人相较，我们的身上，的确有着很不一样的文化基因；不明白这些基因，就无以了解自己。如果整天高喊"普适价值"，却从不明白，更不珍惜自身文化的独特性，初初之时，似乎无碍；待时日一久、年纪渐长，满脑子的"普适价值"与骨子里的"文化基因"，一显一隐，就难免彼此扞格、相互矛盾；这时，也不免要纠结，更不免要有愈来愈多怎么也厘不清的困惑了。

现今台湾，正是如此纠结、如此困惑。数十年来，显性的台湾，整天"全球化"，竟日"普适价值"；但在同时，价值之错乱混淆、社会之光怪陆离，却也年甚一年。

如此错乱混淆，反映在教育，于是，年轻一代从小习于"多元"价值、高谈"与国际接轨"，但同时，却又日益彷徨、日益心智空洞化。这样的彷徨与空虚，最后导致了忧郁。台湾的忧郁症患者，遂逐年年轻化，现在还不时听闻，连小学生也忧郁！

怎么办？

诗人杨泽曾对某位美食作家言道，人过中年，尽可能要少吃外来的料理，应设法回归幼时熟悉的饮食方式，否则，身体会受不了的。

说得好。

请容我稍作解释：人在中年之后，身体渐衰，脾虚胃弱；幼时之饮食，脾胃最为熟悉，故于身体也最没负担，最是合宜。若至此年纪，仍一味寻新猎奇、广吃滥食，那么，就难免要自召戕害了。

同样地，人在青春期之前，更尤其该饮食在地化。盖年幼之时，发育犹未完全，脾胃柔嫩，仍需温养滋润，重在一个"养"字。中医说"脾土"，一方水土，养一方人；食材与饮食方式，既然在地，便与脾胃多能调和，故可养人，也最合适于孩子的成长。

身体如此，那么，精神呢？

精神上，不更该"养"吗？

尤其小孩，打从开始有了觉识（甚至早在娘胎时），其所见所闻，不管是行为，抑或是言语，便时时刻刻全面吸收着文化讯息（语言从来不只是工具，后头必蕴含一套完整的文化系统）；这些讯息一点一滴渗入，就变成了他们隐性的文化基因。待渐渐长大，他们的教育，他们的环境熏染，若植根于这不自觉的文化基因，扎得深，契得紧，与心灵深处的记忆相伴相印，那么，在如此调和滋养下，他的生命才会有底气，也才能安稳厚实。

眼下的小孩，"聪明伶俐"，似乎什么都懂。但细细一看，又总觉得少了些什么。事实上，他们最欠缺的，不正是一份底气、一份安稳厚实吗？

当今多少父母，为了让孩子"多元"学习，为了让孩子"赶上时代"，不辞奔波，不畏劳苦；但如此焦急忙碌，结果呢？孩子固然"多才多艺"了，但离生命该有的安稳厚实，却也愈离愈远了。孩子若无法安稳，待稍稍长大，焉能不浮躁？又焉能不忧郁？

可怜天下父母心，有多少的家长，殚精竭虑，唯恐将来苦了孩子。岂料，费尽心思，却换来了一张张都还没长大就已忧郁满布的脸；岂料，苦心安排，却让孩子走进了无边无际的彷徨与空虚。

安稳厚实，才是重点；文化基因，才是根本。"君子务本，本立而道生"，小孩在身心安稳之前，都应该浸润在自家的文化传统里；浸润得深，浸润得久，他的底气才足。有此底气，等长大后，不管是学习外语，或是接触多元文化，甚至行走于五光十色的花花世界，因其根基深稳，故可知分辨、有拣择、懂取舍，即使暂有混淆，只需稍一回神，仍能慢慢琢磨出身心安顿的平衡之道。

深契于自己的文化基因，才可能有真正的身心安顿。奠基于自家的文化基础，所谓"多元"，也才可能是真正的枝繁叶茂。大家都希望孩子好，也希望为孩子打下良善的基础，但问题是，打怎么样的基础？

那一天，我看到我二丫头桌上有本书，随手一翻，遂读到其中有段话："是哪里生长的人，就该喝哪里的水……孩子们多喝点家乡的水，底子厚了，以后出门在外，才会承受得住异乡的水土。"

是的，水是故乡甜，因为，它最养人。

【后语】

以前的学制里，孩子进了初中，才开始学习英语。这是对的。

自从高喊国际化之后，初学英语的年纪不断提早，但是，很吊诡，结果却两头落空：一方面，小孩的中文素养急遽低落；另一方面，他们的英语程度竟也缓步下降，平均的英语程度，其实还不如以前进初中才开始学习的上一辈。

但是，这样盲目地提早学习外语，最大的后遗症，却不在此；价值错乱导致的空虚彷徨，才是致命之伤。

只要是文化底气还明显不足之前，愈早学习外语，对孩子生命安稳之戕害，就可能愈大；几年前，甚至流行全英语的幼儿园，那个中伤害，恐怕，难以估量。

语言是文化系统的载体，是最强大、也最重要的载体。学习任何外语，必然会接收到后头的文化讯息。不管是否自觉，只要耳听口诵，语言后头的文化讯息，就一定汨汨而入。真正有心的家长，切莫将语言小看成只是单纯的一种表达工具，也切莫低估不同文化系统的混淆对孩子的斫毁。

更不能小觑的，是孩子看的迪士尼卡通、翻译绘本以及翻译小说，更尤其是电玩游戏与电子音乐，还有好莱坞电影。那排山倒海般的威力，连大人都很难抗拒得了；那背后强势的文化讯息，也几乎渗透到我们的生活四周。如果家长不以为意、也无力拣择，让小孩的成长环境完全暴露于此，那么，等有一天，惊觉小孩已逐步空洞化，这时，恕我直言，多半已来不及了。

黄仁宇与宅男

现代人强调自我，但渐渐地，却没有了自己。

上回，与高中老友吃饭，他带儿子一道前来。席间，除了用餐，他那初中刚毕业的孩子，没声没响，不插嘴，不议论，也未必听着我们说话。唯一可见者，是始终专注玩着手机。

老友感慨，年轻一代，就是如此，除了手机、计算机，身旁世界，不闻不问，无感无趣。结果，电子用品伴随长大的这每个人，几乎都成了同一个样。发型、服装、语言，尤其是神情，都像极。有好几回，他远远望着一群年轻人身影，都以为儿子置身其中；真要近前一看，方知错认。

唉！怎么都那么像了呢？！

是的，有史以来，从没一个时代，像现代这么爱标榜"个性"、"独特"与"自我"；但标榜了半天，也从没一个时代，如现代这般单一、同质而无趣。全世界各大城市，都市样貌，早己逐年一致；全球所居的大楼公寓，样式也如出一辙；举世所穿的衣物，日益相似，华人更成了一个没有自己服装的民族；所有的生活习惯，都已逐渐"美"化：吃麦当劳，喝可乐，听摇滚乐，看好莱坞电影，再一块儿用iPhone。

其中，年轻人，最是相像。因为，他们都有个能量超强的老师，名唤"资本主义"。资本主义之拜物教，"教"会了他们许多"硬道理"：譬如，为了买iPhone，可以不惜与父母吵架，因为，买了iPhone，便可追求"个性"；又譬如，为了听演唱会，可以漏夜成群排队，因为，那是追寻"自我"；再譬如，数万人听摇滚乐，集体催眠式地摇头晃脑，整齐划一地挥舞荧光棒，他们都说，摇滚精神，就是"反叛"！

匐匍在这拜物教下，年轻人被调教得异常驯服。他们似乎很有"想法"，却极轻易受欺被瞒。他们满嘴"个性"，实则乖顺非常；满口"叛逆"，却毫无反抗的能量。他们勇于向父母顶嘴，怯于对流行质疑。资本主义透过种种的流行语汇，渗透他们生活每个角落，再挟其庞大的洗脑能量，将他们驯化成一个个的宅男与宅女。从此，有手机、有计算机，有影视歌手、有运动明星，足矣；身旁周遭，不管人情物事，抑或天光云影，甚至一草一木，他们是既无兴味，亦无感觉；真让他们看了，也多半只能像动物呆视般地漠然。

这漠然，让拜物教的年轻信徒，变成了众口一声，千人一面。于是，不管他们如何表现"自我"，不管如何标新立异，终至面目模糊，最后，则是完全没有了自己。

年轻人失去自己，当然是成人造就出来的。成人世界，编造了一堆美丽说辞，不仅瞒却年轻一代，也欺骗了自己。你瞧！除了那些商业文案之外，有一帮知识分子，受西方个人主义影响，不也人人相竞标榜"独立思考"？但可怪的是，这些"独立思考"者，"独立"了半天，仔细一看，却好像也都同一种"思考"。不仅"思考"雷同，他们竟连神情也极像，多是纠结甚深，多是忧郁难解。唉！怎么都那么像了呢？！

我想起了黄仁宇。三十几年前，我读台大历史系，当时黄仁宇风靡台湾知识界，我虽说读书不算太少，但多半时候，其实也是人云亦云。于是，因他叙述之"宏大"，观点之"新颖"，兼又人人喊好，自然，也轻易被慑服了。

我虽隐隐觉得不对，但又哪有能力予以厘清？那得等到离群索居十余载之后，我做学问，终于有了自己的方式，不再受时潮摆布，也不再受学院左右。同时，看人观世，甚至读书，也开始有种朝阳初起般的明亮感。从此，我总算才过了受骗之年纪；于是，我再看年轻人的高喊"自我"，再看知识分子的标榜"独立思考"，乃至于黄仁宇"新颖"的"宏大"叙述，都不免感慨！

黄仁宇的史学，是将庞大的中国历史材料纳入资本主义的唯物史观，以其高明的叙事手法，恰好迎合了两岸务求经济发展、亟盼追上资本主义"先进"国家之急躁心情。因此，他反复强调的"数目字管理"，便人人奉为圭臬。但是，当资本主义真正深化之后，大家也才会逐渐明白：所谓的"数目字管理"，其实，就意味着标准化，就等同于规格化。"数目字管理"，固可造就物量之勃发，但也扼杀了生命之自由。

眼下台湾的"数目字管理"，确实略胜一筹；但也因此，台湾标准化更彻底，规格化也更甚；亦因如此，台湾宅男宅女比例更高，年轻人生命丰姿萎失于电子产品中，于是更虚无，更面目模糊，更千人一面。

看人观世，开始有种朝阳初起的明亮感。

台湾年轻一辈，其实不乏聪明才智，更多良善温厚之人，但是，在这三十多年标准化、规格化过程中，在物化社会浸润下，逐渐失去了自己，也丧失了有感有兴的生命力。反观海峡对岸之大陆，近些年来，奉全球化之名，也迅速踏上标准化、规格化之途，黄仁宇著作更在神州大地新红乍紫，"数目字管理"的"理想"，骎骎然翘首可盼。

在一片发展的"硬道理"下，在知识分子热切期盼中，我竟想起了台湾一个个宅男干枯漠然的身影。此时此刻，这般联想，虽说有些煞风景，但有识之士，当不以我为河汉！

【后语】

许多家长将手机等"三C产品"视为安抚小孩吵闹的"镇定剂"，小孩一旦染上这三C之瘾，其后果，即使不是"不堪设想"，至少也是"难以收拾"。

十几年前，乔布斯是信息产业界的"神"，却也是让许多孩子愈来愈面目模糊、生命愈来愈没气力的"魔"。产业界歌颂他，这无可厚非，但是，文化界、教育界也一窝蜂地吹捧乔布斯，这种不知本末、尽失分寸，正是孔子当年骂子路的"贼夫人之子"！

答问

避免"标准化"和"规格化"

李志鹏(现任职中国社会科学院)：我以前总是以为更年轻的
　　一代应该比我们那代人更善于独立思考，但现在渐
　　渐发现他们之中见解庸浅的并不少，反而存在另一
　　种类型的"人云亦云"，随流行而"人云亦云"，即你
　　所说的"单一、同质"，包括趣味在内。

薛仁明：台湾更明显。数十年来台湾号称多元，其实却比以前
　　更日益一元化。看来吊诡，随着信息的急遽发达，未
　　必促成了多元发展，其实反而更容易单一化。这是因
　　为信息愈是发达，商业逻辑就愈有能量将强势的单
　　一价值无限放大，进而将其他的东西逐渐边缘化。

李志鹏：这种表面的多元实际上把一切都"相对化"，是另一
　　种"一元化"。

薛仁明：这种表面的多元，确实是将一切"相对化"，然后再将
　　资本主义的主流价值透过无孔不入的讯息管道，强
　　化成无可撼动的唯一价值。资本主义，成了多元假象
　　背后唯一的一元。你看之前乔布斯去世，很多人都如
　　丧考妣似的；那些如丧考妣的，许多还是最喜欢标榜

"独立思考"的知识分子呢！台湾综艺节目有种模仿秀，向来什么人都模仿，但那次有个模仿乔布斯的，却引起了一阵挞伐；这模仿者，顿时像是罪大恶极似的。在台湾的"多元社会"中，作为资本主义的代表人物，乔布斯变成了神，几乎不能被质疑，更不能被取笑。

台湾教育数十年来强调多元，整天高喊全球化与本土化，好像无所不包、兼容并蓄，后来结果是什么？一个是庸俗化，另一个，就是空洞化。一切都"相对化"之后，意味着所有的价值系统都必将崩解；崩解后，人要不物化，要不就是虚无化，最后只能追求感官层次的乐趣。所以你才会看到台湾年轻人交际网站的"脸书"，最多的内容是啥？吃喝玩乐。

李志鹏：我对台湾不了解，听你一说，似乎两岸的年轻人愈来愈趋同。

薛仁明：其实是全世界的年轻人都愈来愈趋同。

李志鹏：真是"全球化"了！兄所说"年轻人失去自己""是成人造就出来的"，道中要害。为什么倡导"独立思考"，反而造成"同一种思考"。

薛仁明：因为倡导"独立思考"，本来就是某种特定文化脉络下的一种思考。

李志鹏：是何种文化脉络？

薛仁明：西方资本逻辑下的自由主义。

李志鹏：是否就是你所说的日益走向"标准化""规格化"的
　　　　"自由主义"？我认为这种自由主义实质上是一种"伪
　　　　自由主义"。

薛仁明：那的确是一种"伪自由主义"；那是一种让资本扩充
　　　　与膨胀无限自由，然后迫使人日益标准化、规格化的
　　　　"伪自由主义"。

李志鹏：用马克思的用语来说，这是一种人的"异化"。今天
　　　　这种"标准化""规格化"不仅充斥资本市场、产业世
　　　　界，而且蔓延到教育与科研中。许多有识之士都痛感
　　　　其弊，认为今天之所以再无大师，根因在于这种"标
　　　　准化""规格化"逻辑下的学术研究与教育评价体系。

薛仁明：只要是"标准化""规格化"，就必然是全面性的，不
　　　　可能只局限在产业界，因此，教育与科研，就都难逃
　　　　此劫。正因是全面的，所以连那些高喊独立思考者也
　　　　都"规格化"了起来，都变成我讲的，"独立"了半天，
　　　　仔细一看，却好像也都是同一种"思考"。不仅"思
　　　　考"雷同，他们竟连神情也极像，多是纠结甚深，多

是忧郁难解。

这种"规格化",即使是最爱标榜"创意",每天进行"颠覆"的当代艺术,也不能免;你看他们尽管外表千变万化,但骨子里,其实也差不多就是同一种论调。

篇二

回身一望

祖父祖母，皇天后土

有位小学老师，曾在报上读了我那篇《两岸读经》，后来，参加我的讲座，遂提请愿闻其详。我回答说，读经虽然重要，但有同样紧要、甚至更为紧要者，譬如说，祭祀。尤其台湾南部祭祀虔盛，不妨就常带学生，尤其让自己的小孩，多去拜拜吧！

话说，十几年前，每隔两个月，我都带着妻小，偕家中二老，到台中一趟。去台中，是为了看林医师，林医师诊脉精绝，临证察机，常能治病于未发。我三个孩子，尤其家中二老，都有赖林医师善加调护。

早先，由于舟车劳顿，颇费周章，加上台湾老大爷特有之执拗，因此，对于这趟远门，家父一直意兴阑珊，总说不去；而后，屡经孙儿撒娇托请，央求再三，他先是勉为其难，渐渐地，也不复抗拒，便成了习惯。于是，两月一回，倒也几无间断，如是数年。但这回，却是家母说她不去。

台湾的老太太多半行事平和，甚少偏执，总能随遇而安。家母亦然。但这回我劝说半晌，她不去总仍不去。你道为何？盖当天乃我祖父之忌日也。家祖父去世，至今四十余载，忌日当天，家母年年祭奠，未曾稍怠；即使这回，我劝她台中回返后过午再拜，她也不肯，言道，忌日之祭，唯能上午。

　　家母平日随和，但遇到祭祀之事，却从不苟且，毫无马虎。这般对祭祀之慎重，非独独我母，盖遍在于岛内四处也。《左传》有言，"国之大事，唯祀与戎"，台湾民间祭祀不辍，每每视为头等大事，其实，都通于昔日之朝廷，皆上古礼乐遗绪也。

　　数千年来，正因祭祀如此虔敬，才培养出一代代清和之人。尤其乡下老妪，常常年纪愈长，愈是和悦；愈到晚年，愈是静定。她们多半不识字，自然也未曾读书；经典里头的圣贤之道，通常也无甚听闻。但是，较诸许多饱学之士，她们生命之安稳信实，她们性情之清朗健旺，不仅毫无逊色，甚且犹有过之。何以然？盖因她们在中国文明的礼乐之中，日日行之，日日由之；虽说未必知其理，未必明其旨，却具体真实地在行仪之中点点滴滴变化了自身，更形塑了性情。

　　这样的礼乐文明，祭祀是关键。除了祖父，每年祖母之忌日，家母也同样祭奠奉飨，未曾或断。我从未见过祖母，母亲也未尝亲见；事实上，早在我父亲年幼之时，祖母便已因病逝世。去世至今，忽忽已逾一甲子矣。几十年来，岁岁年年，忌日有儿媳祭奠，清明有儿孙坟前扫墓，逢年过节则与列祖列宗同飨盛馔，即使平日，也晨昏一盏清茶与三炷馨香。这般的馨香袅袅，遍在于台湾乡间各地，于是，世人皆曰，台湾民风淳朴，台湾人情厚实。

祭祀，是对历史的报恩。中国文明不仅说感恩，更重视报恩。父母恩重，故中国文明标举一个"孝"字。"孝"是报父母之恩，祭祖则将孝思延伸，跨越了幽冥，使之绵亘，使之久远，辽辽无尽，犹如青山千万重。

祖先之外，中国人也祭圣贤、拜仙佛，答报他们遗泽后世、惠及万民；此外，各地还奉祀历朝人物，其中，有成者，有败者，但不管如何，历史总因他们而铮铮然有响有亮。

我老家渔村，寺庙特多，祀奉妈祖最盛，一来答报昔日渡海来台护佑之恩，二来感激年年风涛但海上行船终仍一切平安。二十多年前，内人怀长女，临分娩数周，天天挺着大肚子，走到金銮宫，步上层层阶梯，向妈祖娘娘敬谢礼拜。

离我家最近的庙宇，则是太阳殿，主祀日月星君；我家中三个小孩，都是才刚会走路，便爬上一级一级楼梯，去向"太阳公公"合掌顶礼。他们口中的"太阳公公"，其实就是崇祯皇帝明思宗；盖当年明末遗民，渡海来台，始终思念先主，不忘故国也。

祭祀，也是对自然的感激。人受恩于历史，也受惠于自然；由父母长辈抚育，也由皇天后土所生养。因此，中国人敬拜日月山川，奉祀四时节气，更虔敬于祭天与祀地。所有的祭祀，祭天位阶最高。

台湾乡下之婚礼，至今犹多规格极高之祭天仪式，曰，拜天公；我结婚时的拜天公，其慎重，其庄严，都让我遥想历朝在天坛祭天时的神志清明与唯虔唯诚。有这样的清明与虔敬，中国文明才可以吉祥止止，才可以绵亘长久，辽辽无尽。

祭天之外，更多祀地。周代祭祀土地，名曰"社祭"，"社

许多客家村庄，初初走过庄头的土地庙，便开始看见屋舍俨然，听闻人家的笑语。

祭"后，分"社肉"。陈平早年寒微，就因均分"社肉"极妥极当，备受父老称许。"社祭"处，就是"社庙"，台湾则称为土地公庙。土地公庙分布极广，甚至连公墓也经常可见；但见一尊甚高甚大的土地公矗立其中，慈眉善眼，照拂阴阳。更多的土地公庙，则在乡野间；许多的客家村庄，初初走过庄头的那间土地庙，便开始看见屋舍俨然，听闻人家笑语，待拜过了后头另一尊土地，便只见一片豁然，眼前尽是离离稻穗。在水田边，走着走着，会忽见一株大树，或樟，或榕，树下总又有一间小庙；庙埕不大，但有几张藤椅，老者聊天下棋，幼童嬉戏其间，那儿有绿荫凉沁，那儿有馨香袅袅，那儿最有寻常民间之好风景。

上回，我在稻田间的产业道上，领着孩子骑车，逶迤一路，望见前头有棵大樟树，我回头对孩子说，前面那是土地公庙，你们去跟土地公爷爷拜一拜吧！他们三人才一听闻，不待分说，倏地便骑上前去，单车停在庙埕，忽地便在小庙中有模有样拜了起来。

这恭敬礼拜，是他们的学习，是他们的修行，也是他们寻常光阴的好风景。

【后语】

多年前，大陆掀起了一片"民国热"。随着开放自由行，又开始了另一波的"台湾热"。深入接触了真实台湾之后，大陆朋友对于台湾民间(尤其南部)人情之温厚,普遍印象深刻,甚至,颇有感动。

于是,有大量的文章,讨论这人情温厚之原因。不仅这些朋友议论纷纷,连台湾的某些名家也参与了讨论。这些议论,皆有所见,但是,却几乎都漏掉了台湾民间的祭祀传统。避开最关键的祭祀传统而不谈,横说竖说,都难免有隔靴搔痒之憾。

换言之,真要"认识台湾",就该从这祭祀传统谈起;真要"疼惜台湾",也该从这祭祀传统做起。台湾的教育,应该重新和祭祀联结,让下一代懂得敬天畏人,让下一代懂得感激祖先、感激历史、感激天地,教育才可能找到自己文化的源头与活水。

生活中的祭祀教育

怀　仁(旅居德国,读经运动实践者,公公是西方在家自学运
　　动的先行者):记得儿时,除夕年夜饭时,餐桌上总
　　有一副单独留出的碗筷,那是家父为他过世的祖母
　　所准备的。在下惜未有缘亲见曾祖母。很久,这件事
　　情也以为忘记了,但读到您文中令堂祭奠奉飨令祖
　　父祖母那段,禁不住落泪……一下子涌出那么多早
　　年的记忆和对曾祖母的思念。原来,这年年相续的仪
　　式与真切缅思,令在下内心深处早已与曾祖母血脉
　　相连……

薛仁明:你所提令尊与令曾祖母之事,非常动人。

　　令尊那一副碗筷,其实就已是祭祀了。他当时虽然
　　未必有祭祀之意,但那样的缅怀之思,透过具体的造
　　型,正如孔子所言"祭如在",其实,这就是祭祀。中
　　国文明以色显空、以体显用,正是以这样"年年相续
　　的仪式"传达了"真切缅思",从而世世代代之人能与
　　历史、与自然"血脉相连",这正是祭祀之极意。

怀　仁:十几年前我在英国牛津,有时会去参加New College

的教堂晚祷。那座有六百多年历史的学院教堂中，灯光朦胧，烛火摇曳。少顷，身着圣衣的唱诗班少年们缓缓走入，洁白的诗袍花领映托着他们高贵典雅的面庞。甫一开口，灵性的天籁充盈于整个空间……其实在牛津这样的地方，无论在学院、图书馆、餐厅，你都常常会有一种历史与现实的错杂感。我博士导师的办公室，就位于一座建于十五世纪的大楼里；参加很多活动，大家都必须穿着特别制作的黑色学袍；出席学院正式晚餐，整个流程复杂而有序，院长以拉丁语致辞，大家起立以拉丁语相和……凡此种种，充满了中世纪的仪式感。按目下时髦的话讲，就是很穿越。

但是这份穿越，对中国人（尤其是中国大陆人）来说，实在是太奢侈——不到一百年的时间，历史和传统都被抛诸脑后，连祖祖辈辈的生活方式都变得如此陌生——如果这些都忘了，和忘了自己是中国人，又有什么差别呢？

薛仁明：相较于大陆，台湾还好。

台湾虽因"去中国化"去得厉害，目前已经不算普遍，但是，在台北依然不时可以看得到有人穿着唐装或是一袭布衣，就在街上寻常地行走。穿着这衣服，可以是仪式，更可以是日常；有些人这样穿得很自在，很轻松，又很有自信。我的老师林谷芳先生不就是终年那一袭米白布衣吗？

一次我和朋友在台北吃饭，安排在一家老式的上海菜馆，里头的气氛、堂倌的态度，以及菜肴的味道，据说，都和七八十年前几无二致。虽然在里头谈话，因为嘈杂，故而有些辛苦，但我仍是很喜欢那种传统中国菜馆的人声喧哗与杯盘交错，真有着中国文明特有的人世繁华。用完餐，我们才走几步路，到了"台北书院"的附设茶坊，里头静谧雅致、疏朗大气。朋友才坐下来，便忍不住惊呼，台北怎么会有这样的地方？

那天下午，北京的编辑也来了。看了"台北书院"的讲堂，美术编辑便脱口而出："好想在这里听课哟！"那讲堂，平常就是上着中国的立命之学。晚上我又带两位编辑到"食养山房"用餐，餐毕，主人招呼我们饮茶。夜色中，微雨的食养宛如一幅宋元古画，灯光氤氲在寂寂山谷中，有溪水淙淙。告辞之后，美编还说，刚刚喝茶的地方，感觉像是到了佛寺。

回过身，转个弯

十几年前，我识怀仁。

怀仁当时居德国，北京的清华大学毕业后，接着，念北大硕士、留学牛津，最后再转往汉堡。在世人眼里，她似乎极其顺遂，是个天之骄子；至少，她的学习历程，会让许多人心生羡慕。

但其实不然。

有一回，她对我言道，当初之所以选择清华，纯粹是高考（相当台湾的所谓"联考"）之前，压根就不知要读啥；因父母都是工程师，自然也希望她走理工这条路。等脱离了高考压力，进了清华，在偌大的校园里，彳亍徘徊，开始体会到生命之无可安顿。

大学五年（当时学制），苦不堪言，她一心想跳离机械、仪器充斥的冰冷生活，甚至还"闪念过退学"。对她而言，所有的课程，都疏离且痛苦；所有学习，也"都和生命无关"。若问究竟想做些什么，其实她也说不上来；但不想做什么，倒是清清楚楚——就是"绝不做个工程师"。有回，她与文学社的朋友互嘲，彼此都是清华"败类"。

听她提"清华败类"，我不禁想起一桩往事。

那时，我念台大历史系，大一才开学，系主任言道，台湾"清华大学"有回开会，某理工教授发言，提到人文学院的学生，整天东晃西晃，成日优哉游哉，他深感不齿；"气愤"之余，遂当众辱骂那些文科学生——都是"人渣"！

我还记得，系主任讲述此事，尤其提及"人渣"二字时，那一刻，真是神情愀然，肃穆非常。他的用意，无非是想激励我们认真学习，免得让人再瞧不起云云。当时，我在台下听着，却觉得十分好笑。但看到系主任如此认真，如此严肃，实在不好意思煞风景，只好就忍住不笑出来。

相较之下，怀仁读大学本科时，轻易就产生的生命的困惑，轻易就滋长的生命实感，对某些人而言，即使年纪再大，都可能完全漠然。他们可能是教授，可能是院士，地位崇隆、备受景仰。但是，就生命的自觉而言，这些人可能是后知后觉，甚至是不知不觉。然而，这般不甚知觉之人，凭其社会地位，凭藉主流价值，优越感却极其炽烈，所以，他们可以理直气壮地骂人"人渣"。如此错乱颠倒，说来骇人，但也的确好笑。

话说，我自己读初中时，数理还行。有一回，还代表学校参加了两星期的科学研习营。但是，才一读高中，我就直觉到好像不是那回事了。数学也好，理化也罢，这种抽象的学问，毕竟与生命有隔。这些学科，固然有其价值，但确实不该夸大到如此颠倒错乱，更不该主流到丝毫不可撼动。

高中我读台南一中，是所数理闻名之名校。记得新生报到那天，有极多的家长陪同报到，在他们的眼神里，我仿佛读到某种类似的期待：不外乎三年后又带着子弟到某某医科或是某某名校理工科系报到注册，如此云云。

那时，若算岁数，其实，我还没满十五，但不知怎么，这一旁的熙熙攘攘，却隐约让我有种错乱与颠倒之感。

有错乱与颠倒，自然就有苦痛与难堪。怀仁不就因此在清华本科苦痛了五年吗？

我自己后来读台南一中社会组；接着，念台湾大学历史系；当完兵，再到僻远的池上乡下长住；一住至今。一路行来，我的人生选择，与多数人不甚相同。正因不同，十几年前，我到建中和一群历史老师座谈，谈着谈着，有位老师听我说得新鲜，又的确有理，但碍于他的惯性，却又实实难以同意，迟疑了一会，还是忍不住言道："薛老师！可是——你的想法在社会上不是主流呀！"

我笑着说："我从来就不是主流呀！"

是呀！从来，我就不是主流，然而，我从来也不是非主流。主流非主流，其实，与我无关。我只是走我想走、更走我该走的路罢了！囿于主流，固然是种禁锢；拘拘于非主流，人依然是不得自由的。禅宗有言"不与万法为侣"，孔子也说"和而不同"，这都在提醒我们，人若真要自由，首先，就得先明白自己——到底是谁。

我后来在池上多年，因住处荒僻，离群颇远，故而得以徐然远眺；又因交游清简，时间充裕，也可以从容静观。于是，我远眺着岛内各式各样的心焦神灼、各种各类的彷徨不安，无论是政治的蓝绿对抗，抑或教育的改革争议，他们都慷慨激昂、情深意切。同时，我也看到职场白领的纷纷爆肝，或是大学教授之频频过劳，他们更都勠力以赴、勤奋认真。

然而，这样的慷慨深切，如此之认真勠力，看似甚好，却实实地极不对劲。我总觉得，这里头，有种无明，他们其实是被某种无明困住了。因为不清不楚，因为不明不白，他们的热情努力，都像是没了头的苍蝇，愈是拼搏，愈是较真，都愈像是耗竭气力的一场徒劳。

同样地，我也静静观照着同侪朋友的人生起落，尤其那些主流价值认可的高成就者，常常令我更感慨嗟叹。他们之中，当然偶有生命安稳令人称羡者，但较多的是，有外表光亮却内心抑郁者,有忙迫不堪以致生命虚空者,亦有背负深重使命且又思虑万千终至不堪负荷者。

他们都是好人,也都是极优秀之人,但是,他们不自由,他们半点不快乐。他们不仅被社会的主流价值给紧紧禁锢,更被自己的纠结葛藤给死死缠住。他们的不自由,看似源于

在池上这些年,因住处荒僻,故而得以徐然远眺;又因时间充裕,也可以从容静观。

家人师长，也看似来自世俗价值，但根柢说来，关键仍在于他们自身。他们都是聪明人，也都是认真之人；在成长过程中，他们曾被教导、自己也曾确信：聪明与认真，可以解决一切的问题。但不幸的是，真正面对生命困境时，他们愈是聪明，愈是较真，常常就愈是无能为力。

我总觉得，人当然会有困境，也必然有外在的重重限制，但是，人仍然可以有着根柢的自由。只要自己明白，心头清楚，人依然可能脱得了困。"人在江湖，身不由己"，多半只是个瞒骗自己的说辞；其实，人都是被自己困住的。因此，解铃还须系铃人，也只有自身一念之转，才可能真正脱得了困。

譬如怀仁，她蕴积了五年苦痛，本科毕业后，挣脱了主流价值，告别冰冷的理工学科，彻底翻转，改念了"冷门"的古典印度学。冷门与否，其实并不重要；舍啥就啥，也完全不要紧。要紧的是，怀仁回过身来，转了个大弯，从此，她人生的道路，也随之而宽。

而后，她结了婚，养儿育女，现今在德国这样的异域他乡，孜孜不倦教导着一双儿女，每日习诵儒释道三家经典。生活平淡简单，却有着她清华时期从未曾有的安稳与信实。

儒释道三家，皆生命之学，皆智慧之学；都是教人清朗，教人自由，教人明白自身之学问。儒释道三家，都提醒着世人，教育之事，最忌"以盲导盲"；若以自身之无明，"努力"鞭策他人、"竭诚"鼓舞别人，如此好为人师，看似教育，实则造孽，终究都是灾难一场。

教师之首务，是自身清楚，是内心明白。有此清楚明白，对于学生，就已是最好的示现了；即使默然无言，都远远胜过糊涂无明的千言与万语。

今天的老师，其实，都说太多了。好的老师，本毋庸多言，更不必时时说法，但见语默动静，自有一番感染力道。这种无言之教，在老庄，名曰"大化无形"；若在儒家，则称为"身教"；如果是孔子，他就会笑着说道："二三子以我为隐乎？吾无隐乎尔。吾无行而不与二三子者，是丘也。"

同样地，在家庭教育中，孩子毕生受益者，绝非时下流行的提早让他开发聪明，学尽才艺，然后再塞满各种知识；凡此，都难免揠苗助长，终至适得其反。

事实上，在孩子的学习中，父母亲的自在与安然，才是最深刻的无言之教；同样地，在孩子成长的过程里，父母亲的清楚与明白，也才是最受用不尽之资粮。

而今，怀仁每日引领着孩子诵读经典，书声琅琅，这固然为稚儿幼女奠下了生命之学的厚实基础，但在如此反复吟诵中，她慢慢咀嚼，细细琢磨，因而走出了昔日彷徨，让自身生命日益明晰，恐怕，这才是更大的一桩功课吧！

山又高，这水又深

食养山房，幽居台北山间，人道是"当代辋川"。此地依山傍水，自在寂然，最是个清雅之地。

多年前一个暑夜，与友人聚餐此处，沉沉暮色中，食养灯火明亮处，有山气凉沁，有水汽氤氲，宛如宋明古画夜色中的山水楼阁。我大女儿那时小学三年级，看了看屋里屋外，说道："爸，这个地方好优雅哟！"

但是，这优雅寂然的食养山房，那年春天，在一个周末中午，却传出了一阵剧烈的声响，你道，这是为何？原来，是内内外外挤满了百来人的一间大房里，猛然爆出了极热烈的掌声，同时，又有轰地巨声喊好。

这轰然喊好，你道，又是为何？

原来，是薛朴唱着京剧呢！

本来说好要唱，但那天怯场，羞涩忸怩，薛朴迟疑了好阵子。所幸，在众人鼓舞之下，他陡起胆气，遂仿佛那萧何神情，眉头微蹙，以童稚之音，矍然唱道："我萧何闻此言雷轰头顶，顾不得山又高，这水又深；山高水深，路途遥远，我忍饥挨饿，来寻将军。"唱着唱着，他的嗓音，实非洪亮，但这挤满人儿的屋子里，却清晰可闻。听着听着，一旁几位行家，戏曲学院的专业演员，诧异地笑着："哟，还真有'麒'味呢！"

　　麒麟童，本名周信芳，有出代表剧目，曰：《萧何月下追韩信》。

食养山房，幽居台北山间。此地依山傍水，自在寂然，最是个清雅之地。

唱这《萧何月下追韩信》，薛朴五岁已满，但却五音不全。当然，这不怪他，真要怪，得怪他老爸，那是基因遗传。薛朴又咬字不清，其实有些荒腔走板，那也完全遗传了我。然而，毕竟是小孩，大家丝毫不以为意，只觉得好玩，故全场一片兴味盎然。

于是，他此段唱罢，人我皆乐，举座欢哗！

末了，聚会完毕，大伙散去，纷纷到食养诸多小间里，各自用餐。恰好，我一家人又与张义杰、刘珈后夫妇同席，他们都是京剧演员，且新婚不久，对薛朴自然深感兴趣，遂围绕着京剧与小孩，聊了许多。

话说，早在褓褓之际，薛朴每回生病，总多哭闹，然而，但凡娘亲抱他看戏，乍听丝竹锣鼓之音，多半就顿时和缓下来。年纪稍大，自己开始播放盘片，便先看孙悟空，续看武生戏。那时，他迷大武生王立军，偶像则是赵云。

看王立军的《截江夺斗》，既专注，又崇拜，看罢，认真问道："爸，你认不认识王立军呀？"他想拜师。又一回，在客厅来回疾走，他左持木剑，右抱布娃娃；看官，你道，这又是为何？这时，只见他正色言道，救了阿斗，刚刚回来！再一回，他又仰头问道，长大之后，可不可以也自己另取个字？我说，行呀！他遂自报家门，俺，姓薛名朴，字子龙，台东池上人也。

看着看着，也开始看文戏。先是《三国》，他们姐弟仨，对《三国》故事熟。《三国》的那些风流人物，平日尽付他们笑谈中，个个像熟人。一回，大姐裹着浴巾，以为长裙，作步伐婀娜状，自报，"我是大乔"，二姐接腔，"我是小乔"，薛朴无语，迟疑了一晌，忽言道，"我是迷你乔"。

有时，他们无事聊天，就玩抢答游戏，譬如说，孙权姓孙名权字什么？又，孙权的爸爸是谁呀？又，阿斗的妈妈到底是糜夫人，还是甘夫人？这都算是基础题。有些"进阶题"，他们问着问着，我在一旁，都很好奇，答案究竟是什么。

因此，他们看《三国》戏，有《群英会》，有《龙凤呈祥》。先是赵云起霸，那扎靠的大武生，可帅极了！再看诸葛亮，羽扇纶巾，谈笑风生，更帅！他们先看单折，再看全出。先看念，再听唱。听久了，跟着哼；哼久了，好悦耳。

于是，便由大姐抄着戏词，他们仨学会了第一个唱段，《龙凤呈祥》里《甘露寺》那折，乔玄所唱："刘备本是那中山靖王的后，景帝玄孙一脉流……"

学会了，他们整天唱。坐着唱，站着唱，躺着也唱。游戏时唱，吃饭时唱，骑摩托车载他们也还是唱。唱得荒腔走板，唱得乐此不疲。然而，虽是信口乱唱，但那歌声，也真是清亮。于是，春节时，我一家五口到林谷芳老师家里拜年，他们特别唱了这段给他们的太老师听。

这太老师，虽是音乐大行家，但听着那七零八落的调门，只是满脸盈盈笑意，很开心。听罢，很用力鼓了掌，又每个人发了个大红包。领了红包，他们姐弟到院子看鱼去，嬉戏之间，有吟吟笑语，不时阵阵传入屋内。隔着玻璃，我望着外头庭院的身影，听着那笑声，再想起方才的唱段，此时此刻，于是清楚，什么叫作新春气象。

又隔半年，八月的盛暑，浙江昆剧团张志红应林老师之邀，来台专场演出。我们一家特意北上，去了剧场，薛朴尤其兴奋，临进场时，他因年纪太小，不符规定，却被挡在入口。这一规定，平心而论，其实有理。因为无话可说，也确实没辙，我只好转过身去，搬请主办人林老师帮忙。这时，但见老师远远对着工作人员，高声喝道："让他进去！他会唱戏呢！"

就这样，"会唱戏"的薛家姐弟，便在大姐抄词调教之下，又一段段学了新戏。先是《三家店》的秦琼唱段，那流水板，一下子就朗朗上口。而后，是听周信芳的唱片。《华容道》本来他们就熟，麒麟童的关羽又神采非凡，故而那段关曹对唱，他们特别喜欢；常常一饰关羽，一饰曹操，两人对咬，唱了起来。同张唱片，还有那段《萧何月下追韩信》，里头的二黄碰板，他们以前少听，觉得新鲜，又配合周信芳那沉厚又带沙音的嗓子，特有韵味，于是，他们才一学会，就开始天天哼着："山又高，这水又深，山高水深，路途遥远……"

而后，他们也开始看旦角戏，看《白蛇传》，尤其是那折有名的《断桥》。看多了，薛朴有阵子，老学许仙，不时跌跪在地上，直喊"娘子饶命！娘子饶命呀！"我看了好笑，也直摇头，真不知他待会儿转身又成了常山赵子龙，那反差之大，转换之间，他会不会岔了气。

　　不过，真说《断桥》，他们还是喜欢白素贞，喜欢里头的大段唱腔，尤其是杜近芳那刚烈而柔婉又带些迷离的嗓音。那个时候，二姐清早上学，一边穿鞋，常常一边哼着《断桥》，哼着白素贞那段流水。那段流水，原本荡气回肠，二姐却唱得像个民间小调。

　　谈到这段流水板，他们姐弟仨，一边听我说，一边应和，还跟着也哼了两句，很开心。我一寻思，刘珈后是国光剧团的旦角，这不就是个现成的绝佳机会吗？遂商请珈后也来唱唱这段《断桥》。

　　大概是看着他们姐弟仨的一脸期盼，珈后慨然应允，但因感冒，无法敞开嗓子，遂只轻轻唱道："你忍心，将我害伤，端阳佳节劝雄黄；你忍心，将我诳，才对双星盟誓愿，你又随法海入禅堂……"

　　这个唱段，原本是白蛇怒气方炽，很带着些愤烈之气的，然而，珈后因嗓子不适，只能"轻唱"，这一"轻唱"，反倒更添温婉，反倒更是回肠九转。听者听着，薛朴两眼睁大，紧盯着

薛朴以童稚之音唱道："我萧何闻此言雷轰头顶，顾不得山又高，这水又深；山高水深，路途遥远，我忍饥挨饿，来寻将军。"

他的珈后阿姨，出了神。待珈后嗓音落定，悠然唱罢，姐姐马上好用力地鼓掌，薛朴则稍稍隔了一会儿，才似乎回过神来，更用力也鼓了掌。

餐毕，离开食养，归途中，我问薛朴："今天来食养好不好玩？"他说："当然啰！"我再问："为什么好玩？"他道："因为很多人唱京剧呀！""那么，今天珈后阿姨唱得好不好？""当然啰！那还用说！"

最后，我很"认真"地问道："你唱《萧何月下追韩信》，今天有那么多人鼓掌，你会不会唱得比周信芳好呀？"薛朴闻言，丝毫不假思索，立即高声答道："怎么可能？你的问题太好笑了吧！"

【后语】

中国文明，"礼乐"二字。台湾对传统文化有情感者，对于中国的"乐教"，却多茫然。

台湾民间的"乐教"，至今依然可见，尤其在各地之庙宇。十几年前，我茄苳老家的"金銮宫"建十二年大醮，除了庙埕唱的歌仔戏、布袋戏之外，诸多阵头中，尚有传统戏曲的北管轩社、"茄銮国剧社"，以及悬有"御前清客"四字的南管在后头压轴着。这些戏曲，正是传统"乐教"之主体。

今日有心之人，若要找回传统的"乐教"，不妨就先从戏曲下手。

薛朴回茄苳老家时，多和阿公一块看歌仔戏与布袋戏。有很长一阵子，电视的布袋戏从战国、楚汉相争，一路演到《三国》，最后则是《隋唐演义》瓦岗寨。每回回茄苳，姐弟仁必看。茄苳庙宇特多，经常有外台歌仔戏，阿公常带他们一道看。

在池上，所观之剧种更多。京剧是大宗，旁及昆剧，另有地方戏。黄梅戏《梁山伯与祝英台》，他和姐姐都爱；前些时，看越剧《碧玉簪》，大姐特别喜欢。最近，他们听川剧的历史录音，《贵妃醉酒》有段唱腔，他们连吃饭都在唱，那最后一句唱词是，"独自一人怨东风"。

多年前的一个暑假，有朋友来池上小住，很诧异当时才准备读小学的薛朴词汇之丰富、成语之娴熟，我笑着说，那是看京剧的结果。但是，相较于对语文之帮助，戏曲对小孩更大的熏陶，仍然是在于性情之陶冶。"乐教"的重点，本来就是性情。看京剧、歌仔戏，较诸听西方古典音乐，较诸听女神卡卡，对孩子的影响，肯定是很不一样。

答问

教育贵在平常心

杨少文(任职于出版社)：薛先生的育子之道，真让人歆羡。但回头想想，这又很平常，这才是本来应有的家教及家教的结果呀。如今，在都市惨烈的竞争中，在农村城市化进程的大潮下，有多少孩子还能受到如此健康的教育，能在幼时培养一股子兴发之气呢？

薛仁明：认真说来，确实也就是"平常"二字呀！

我看身旁的朋友教养小孩，总觉得他们确实太"费劲"，总是少了"平常"之心。他们天天急着送小孩到各种才艺班，使劲给小孩学这，给小孩学那，结果，小孩真的从中受益了吗？还是反而直接感染了他们的焦虑？

父母亲如此焦虑，整天惶恐于不让小孩"输在起跑线上"，在这样不安的氛围下成长，你叫小孩怎么身心平衡？有些小孩，才六七岁，这也"会"，那也"会"，伶牙俐嘴，看似多才多艺，实则是塞了太多，塞到完全"满"了出来；你觉得那些才艺是硬塞进去的，不是自然"生"出来的，跟小孩的生命状态完全不相称；

那小孩因为"满"了出来，填塞过度，结果像是撑得太饱，学习的胃口都坏掉了，以至于对啥事都无甚兴趣，更少欣喜。

换言之，作为一个人，尤其一个小孩最该有的对事物的兴味，他们其实已丧失过半。如果才那么一点年纪，就失去兴味，那么，他往后的漫漫人生，岂不尽成煎熬？这些焦躁的父母一心一意不让他们"输在起跑线上"，结果，反而让他们才在起跑线上，就彻彻

小孩对事物本有的兴味，是他们一生中最重要的资产。黄华安摄

底底赔掉了一生最重要的资产。

小孩最该珍惜的，是他们生命的混沌。因为混沌，所以他们有元气；因为混沌，所以他们对所有的未知都可以充满了兴味。在混沌的状态下学习事物，其实，是用生命的直感，完全凭藉着一份好意去先感而后知。小孩要先对日月山川，对虫蚁草木有好感，要先对平常生活的周遭有兴趣，然后，再将这份兴味扩而充之，先感后知；这样的学习，才是自然"生"出来的，是有喜悦的，这才是孔子所说的"不亦说乎？"的那个"说"字。

学习，要开始于对"平常"事物的欢喜之心。为人父母者，下回要送小朋友去才艺班之前，不妨就先带小朋友抬头，也看一看月亮吧！

晚九朝五

那年暑日，当完兵，我只身来到台东，卜居在花东纵谷的池上乡下。当初新来乍至，有几桩心愿，却是萦怀已久，其中，最微不足道的是：从今往后，要过着"晚九朝五"的生活。

"晚九朝五"，其实不难；许多人即使住在大城市，即使身处喧闹，也依然能够如此作息。但是，这多少需要恒心与毅力。可偏偏我这人，既无恒心，又没毅力。世间常言，天时、地利与人和；我住池上，或可图此地利吧！

小时候住茄萣，倒有个天时。茄萣近台南，虽是渔乡，但其实热闹；不过，在1971年前后，台湾大部分地方，其热闹都有限度，都不甚违反天时。

那时在茄萣，尤其有个好处：我父母亲听不懂普通话，左邻右舍年长之人，也几乎统统不懂。因此，在老三台的时代，晚上才七点半，杨丽花歌仔戏唱罢，众人便准时关闭电视。因为，接下来的节目，新闻也好，连续剧也罢，总之，他们是听不懂的。于是，要不做些家务，要不闲话一回；没多久，家家户户便纷纷关门掩户；尤其冬日，每每八点不到，大家便熄灯就寝了。

早睡，自然早起。听家中长辈说，我小学一年级，尤其起得早。当时忒爱上学，清晨4点多，便起身将我母亲唤醒，央她做饭。餐毕，其实都还很早，且家离学校，也只一箭之遥。结果，天总刚亮，冬日甚至都还只一片漆黑，我就"拖"着书包上学去了。

说"拖"，是因个头极小，正常书包的背带，对我而言，其实极长；这一背，遂及地；这一背，遂"拖"着在漆黑中一路走去了。

据二伯母所言，寒天清晨，常见我才"拖"了几步，一下子，便全然隐没于漆黑之中。邻居都诧异，这小孩，那么早到学校做啥？今你若问我，呵呵，我还真想不起来！其实，若非长辈提起，这事压根已毫无印象。但是，若真要回头揣想，恐怕也只能说，那就是童稚的愚驥吧！然而，虽说愚驥，但容或还有份期待，有份憧憬，更可能有种朝阳初起般的新鲜与活气吧！

小时候，看啥事都新鲜。我那时安静，几乎从不发问，就只静静地看着身旁的人事物。从节庆祭仪、婚丧大事，乃至于寻常生活里大爷的对弈棋、赌博、骂粗口，欧巴桑的杀鸡、宰鱼、打小孩，才初初照眼，便俱生好意。尤其到了学校，不管老师讲些什么，字字句句，皆如金石之声；尽管幼稚，但因虚心，因为清扬，故而当时的光阴，委实贵重：彼时的世界，也实在辽阔。

很年长之后，我才明白，这种朝阳初起般的清扬之气，原来，就是"兴于诗"的那个"兴"字。

《论语》全书，孔子言必称"礼乐"；"乐"，正通于"兴"。可惜，尽管孔子当年教人，特别标举了这字；且即使他一生恓恓遑遑，也始终意兴扬扬；但他后来的徒子徒孙，尤其宋儒之后，却终究学不来这个"兴"字。正因无此"兴"字，所以，中国文化在宋之后，纵然精巧，尽管绚丽，却难掩衰败萎缩之气象。换言之，宋朝之后，中国文化开始有了暮气。

我自己在高中之后，也开始有了暮气；从此，逐年沉沉。那时好读群书，尤其时潮下的文艺书籍，晚上随意翻翻，就忽忽十二点；于是，我渐渐成了一个准文青，开始有文艺青年的忧伤与郁结。

到了大学，愈睡愈晚，有个冬天，常常半夜卧床看书，沉酣之至，总读到清晨四点，方肯罢休。读书既多，触角更及政治与时势，我渐渐成了不折不扣的愤青；言理滔滔，论事激昂。结果，我完全纠结紧绷，满脸满面，都是愤青特有的躁、郁、忿、戾。

读书，本非坏事，却未必就是好事。按理说，从高中到大学，本应是黄金岁月，更该是大好青春，但是，我却烦躁郁闷，全身不自在。我的不自在，肯定，是读书读坏了。而这与长夜嗜读，愈读愈晚，又是否有关联，我倒不清楚。但那时候，每日中午，昏昏而醒，才做了一会儿事，似乎又暮色天边；这一下子的天色将暝，确实让我有种惫懒的倦怠感，更有种情意荒荒的失落感。我隐约明白，那时的动辄愤怒，那时的躁郁难安，其实，都源于我内心深处，有股挥之不去的暮气。

许多年后，我在更多的年轻人身上，看到了同样的惫懒暮气，而且，更深更沉。他们，假自由之名，行放纵之实；单单一个生活作息，其凌乱、其无序，逐年不堪。大学四年，固然学得了一些零碎知识，却积染了更多恶习。但是，台湾大学的真正问题，却不在自由与否；那根据西方知识架构成立的体制，才是真正之病灶。

这种学院体制，徒务知识的制造与输送，既远离了修行，又违反了自然。因此，不管教育改革如何呼声震天，大学新建高楼又多么纷纷而起，这一切，终归徒劳。也因此，再精巧的"生命教育"，再频密的"环境教育"，也仍是扯淡。在这体制下，最后只能看到教师忙迫不堪、纷纷过劳，学生则一个个惫懒倦怠、情意荒失；而且，年年恶化。

这样的大环境,任谁都奈何不了,何况是我?当时积习已深,又受制于此,遂一身沉沉暮气。所幸,有年幼之根基,我稍一回神,尚能隐约意识得到。纵然如此,一时间,真要挥之而去,却又不能。当时的环境下,天时地利与人和,我样样皆无。因此,我只好下定决心,另辟他途,重择地利。我决意毕业之后当完兵,要找个有青山绿水,有蓝天白云的辽远之地,好好重过简静的生活。

于是,1993年,我落脚池上。

刚到的那几年,我的住处,离街上尚且几里外,很是僻远。常见附近民居,晚上八点不到,便纷纷掩户关门,除了虫声唧唧,唯一片阒然。于是,我开始调整作息,更调整荒失已久之心气。

如此一调,心气渐平渐静,遂开始能分辨个真假虚实。有些书,有些作品,一照眼,便感觉得到那作者有股暮气,已落巫魇。于是,任凭别人如何吹嘘,不管名家如何推荐,我终究不再有所眩惑。从此,读书看作品,既不贪多,亦不趋时,唯如寻常日子的日升月落,有种简静,更有种清宁。

自此,我通常九点多就寝,五点多起身;有时更早,四点多钟,便听到远处佛寺的钟声。那晨钟虽远,却最清扬。修行人一向早起,因为,早起乃修行之事。

所谓修行，横说竖说，也不过是修得那朝阳初起般的新鲜与活气；正如我初初上学的年幼之时，生命有种柔和，有份静气，更时时刻刻，有个"兴"字。

答问

回到具体真实的世界

区桂芝(语文老师)：不是人人皆有池上可去，也不是人人皆有田园可归，但人人都必须寻得自己的桃花源。蜗居都市如我，"结庐在人境"，青山绿水无缘，白云蓝天割裂，然时日一久，高楼霓虹、车水马龙竟成生活良伴，渐得"心远地自偏"。可见隐于喧阗市集中，不以物伤性，也可以红尘是非不到我。

薛仁明：你的情况，当然比我好。你是大隐，我充其量，只能算是小隐。

正如你所说，"人人都必须寻得自己的桃花源"，每个人都要用自己的方式找到生命安顿之处。我之所以去到那么荒僻的乡野之地，一方面是情性使然，另一方面也是因为我年轻时痼疾过深。

上回有台北的客人来访，我提起三十多年前来到花东纵谷，看到两座苍翠山脉中，青青葱葱的平原一路逶迤，顿时，整个人就安稳下来了。客人听我说"安稳"，觉得很有意思，因为，向来只听人家说花东纵谷"漂亮"。我笑着说，真论"漂亮"，花东纵谷不及东海岸；东海岸大山大海的壮丽，处处是景，但是，太像风景的地方固然可游、可赏，却很难有长居久住的安稳之感。

我年少时，因不安甚深，也不安甚久，故而对于身心安稳的期盼特别强烈；也因当初身心失衡特别严重，故而需要从生活环境、起居作息这些根本之处调整起，再配合整个感知系统的彻底转变。如此一来，要重新再找到平衡，也才庶几可能。当年的我，就像个重病患者，特别需要挑个合适之地好好调养，于是，我找到了池上；于是，我变成了晚九朝五。

至于说，这方式是否有效呢？记得有位老朋友谈起十几年前台湾的蓝绿对抗，回头一想，突然很诧异，那一段时间，当全岛癫狂起乩，或躁或郁、一片狂乱之时，为何我少有波澜，几近不动如山呢？我静静听着他的诧异，只是一笑，并无回答。

其实，我挺想回答，"因为我愈来愈像乡下人了"。

谢　翔(设计师，曾任职于出版社)：改变这种"暮气"的状态，您当初是自己为自己创造条件，改变环境。可是我们这样在城市里工作生活的人，有时候想要改变环境，有诸多困难与牵绊，那么除了调整作息时间之外，您是否还有其他的建议？

薛仁明：我还是先讲作息。我自己在乡下住了多年之后，期间曾经因故在台北住了整整一年。那一年，尽管红尘喧嚣，但我的作息，依然与早先在乡下相仿；了不起，也就晚个一小时吧！因为，习惯已然养成了，这样的作息，就变得很理所当然。至于妻小，她们更是如此。我记得，当时有些晚上，会上林谷芳老师的禅修课，待十点钟左右回到家，一开门，屋内一片漆黑，就只听闻那酣睡的鼻息之声。

另外，我也有个学生，大学时代，住学校宿舍，每天晚上十点就寝。大家都清楚，这在大学宿舍里，简直是匪夷所思，因此，我便问她，十点钟睡觉，难道不会被室友吵醒吗？她怎么回答？"会呀！吵醒了，再睡呀！"

除了作息，真要改变"暮气"的状态，头一桩大事，就是多和明朗有朝气的人来往。孔子说，"友直，友谅，友多闻"，如果把这个"友谅"改成"友亮"，明亮的亮，这种明亮的朋友，其实对改变"暮气"很有帮助。我甚至觉得，宁可和明亮有朝气的坏人打交道，也不要和暮气沉沉要死不活的滥好人多来往。

此外，现在很多流行的文学艺术作品自称是挖掘人性，反映现实，老在探讨幽微，其实，他们自己都是一身暮气。我建议少去沾染那种不健康的文艺腔，那是和自己过意不去。上回，林慧娥小姐，就是仙枝，向我提起，她读不下那种颠倒迷离的文艺作品，怎么办？我回答说，哪有什么怎么办？读不下就别读，没有一个作品伟大到你明明读了不舒服还得忍耐把它读完的；你这不是用功，也不是虚心，这叫作，自虐。

谢　翔：年轻人的朝气，大部分来自于未成熟的混沌与不知，故容易兴味盎然。而成年人，往往觉得"我都知道了"，如此一来，即便自觉到自身的暮气，也很难有足够的能力翻转掉这状态。而知识分子的困境则更是，愈理性愈无奈，愈思考愈无力。像唐诺说的，"如此的透明性等于提前为哈姆雷特的年轻生命带来终点，意义和价值在宿命性的乏味空虚中彻底瓦解。因此，哈姆雷特能做的就是'想'，一种极度发展到已是病态的思索不休，诉诸本能的行动早被取消，而仰赖意义的行动又提前被戳穿。"您怎么看这样的困境？

薛仁明：确实如此。我对当代知识分子，尤其学院中整天分析思辨的学术工作者之所以多有批评，就是因为他们的生命状态实在不太健康。他们受了西方抽象思考的影响过深，读书愈多，思索愈深，就愈容易掉进去你说的这种困境。

反过来说，两相对照，或许就可以让我们明白：中国的学问，为什么都是体证之学？为什么不强调"客观"的抽象思辨？中国的文章为何总是处处结论，不时更像《论语》、禅宗语录那样地一步到位、直指核心？

中国人不太说"思考"，说的是"领会"；"领会"是得先有实际的生命经验，再去领受、再去体会，体会一个比你更高、更丰厚的生命。禅宗说，"一日有一日的领会，十年有十年的风光"；有此领会，有此风光，人当然有朝气，怎么可能暮气沉沉呢？

又譬如说，孔子从他十五志于学，三十而立，最后讲到七十从心所欲，不逾矩。我们听完这话，要不悠然神往，要不反身自照，为何？不就因为这里头有着生命境界，可让我们琢磨，让我们玩味，让我们很自然地也回头看看自己的生命状态，这就是领会。

中国传统诗强调言有尽而意无穷，其实，文章也是，都讲究个意犹未尽，总要留点余地给读者，话别一次说尽了。好的读者读了这种内蕴深厚的文章，心中总先存了个欢喜，然后，又若有似无地常挂心头，随着自身生命经验的日益开展，有一天，他忽地就亲切明白起来。

谢　翔："思考"与"领会"相比，一方面有其局限性，另一方面，它又仿佛因道路畅通无阻而跑得太快太远，于是"意义和价值在宿命性的乏味空虚中彻底瓦解"，"而仰赖意义的行动又提前被戳穿"。我自己这几年也是在面对这样的困境，最大的体会就是"无从检讨起"。是不是"思考"本身，就有其宿命性的消极结果？

薛仁明：孔子曾说，"吾尝终日不食，终夜不寝，以思"，这就有点像你所说的"道路畅通无阻而跑得太快太远"。但是，孔子接着又怎么说？"无益，不如学也"，还是要回到具体真实的世界，也就是我常说的近前之事，一件件来体验，一桩桩去领会。有些问题不是"反省"，也不是"检讨"就能解决的，还是得把眼前的惯性打破，转个弯，做个具体的事儿，干个真实的活儿，慢慢地，你生命就有另一番风景了。

池上·食养

在台湾池上那些年，天蒙蒙亮，清晨五点多，通常，我便起身了。尤其冬天，这算是起得早。一年四季，天天这么早，不是为了运动，也没准备打坐，更非开始阅读。醒来这头一桩事，其实，是洗米做早饭。

洗了米，放电饭锅里，先煮饭；随即又淘米添水，置瓦斯炉上，这回，是煮粥。

冬天或是早春，日头出得较晚，常常是炉上的武火煮开了滚沸的米汤，倏地一阵喷涌，锅盖当当疾响，于是，赶紧转成文火，而后再探头一看窗外，但见海岸山脉的棱线才初初光亮，棱线上，开始有些朝霞；棱线下，云雾依山缓缓而行，这时，回头又见屋内的两个锅子，一饭一粥，水滚气蒸。

我的每一天，就在这粥饭的水汽氤氲中展开了。

这般洗米造饭，得从二十年前说起。那晌，教书教了九年，因年年"积极认真"，紧绷太过，遂心生疲累；且学生教久了，也空空然恍若有失。于是，我留职停薪，请了半年假。待请假后，有了闲暇，才忽然意识到，自己的身体似乎有异。

首先，每天醒来，整上午昏昏沉沉，极难神志清爽；其次，拿毛笔也好，斟茶倒酒也罢，不由自主，手就抖着。这两件，当然不算是重症，但对于当时才三十几岁的我，确实还是个麻烦。

于是，我遇见了林医师。

记得头一回看诊，那可真开了眼界。都还没开口，但见林医师一边把脉，一边缓缓地将身上不管清楚已知或隐约未觉的病症一五一十，像揭秘似的都说了出来。我边点头，边狐疑，还不禁暗暗称奇。佩服之余，随即又听她言道，若真要调整体质，得慢慢来；首先，养脾胃。

养脾胃的头一件，她说，依我个人体质，再依台湾的气候环境，从今往后，得少吃面食，尽可能吃米食；尤其早餐。

我听罢，微微一怔，略感为难，说道："从来早上就只吃一颗馒头，天天如此，前后九年了。""不管，"她半点没商量，唯说道，"反正你就改！"

得！我改。从此，遵医嘱，天天早上米食，日日晨起熬粥；果然，脾胃改善了不少；身上的那些麻烦，也逐渐痊愈。而

生活在台湾乡间，身心日渐受益。

后，我又带着妻小与二老，陆续请林医师也调护照顾。尤其家里的三个"小萝卜头"，遗传我夫妻俩，身体都弱；幼时生起病来，挺吓人；若三人接连着出状况，更不只是人仰马翻。每回，林医师看了他们仨，东瞧西问，总不忘又叮嘱早上米食之重要。我在一旁，只唯唯称是，谨听耳。

我从此只好更加坚持，旦旦煮粥，如是，便又匆匆数载。直至那年，两个读小学的女儿，因年纪渐长，清晨单单吃粥，总在十点多钟，便饥肠辘辘、腹内空虚，因此，除了原来的清粥，遂决定又新添白饭。

但这一改变，新添的，就不只是白饭。盖清粥之为物，配些酱菜，另加盘坚果，足矣。但白饭此物，却觉得更像是正餐主体，一旁配菜，就该与之相伴才是；再说，林医师又一向不赞成早餐常见的那些腌渍食物。于是，我们家的早饭，只好从此日益"正式"：每天约莫七点，等内人将三个小孩陆续打理好之后，一家人俱于餐桌坐定；这用餐之"规模"，有时，还胜过午、晚两餐。

这么"隆重"的早餐，除了一粥一饭，首先，有菜蔬。

盘中菜蔬，一合时令，二没化肥怪味。

我家后院有极小一畦地，偶尔也种些菜，最近除了几株青葱，丝瓜苗才初初新长。稍早初春，也曾种了些茼蒿；照顾不多，但仍采了几回；尤其一早摘下，格外清香；即使不吃，单闻气味，都顿觉舒爽。事实上，但凡自己种的菜，即使只是地瓜叶，也多有此香气。

此外，菜蔬若是邻居所赠，或是买自熟识的几位阿桑，也皆有此鲜活之气。这鲜活，每让我想起池上在春天时处处可见的野菜龙葵(闽南话叫"黑甜仔")，味甘，又带些苦涩，特别有种清扬之气。

念研究生时，我曾在台北的北投住了整整一年。每天一早，菜市场的街道似醒未醒尚且冷清之时，有几位住山边的农民会蹲在路旁贩菜，数量甚少，皆时令之蔬，其貌不扬，不

我家后院这一畦地，偶尔种些瓜菜，有自栽之乐。

肥,不大,且多虫咬;但每回一闻,好清香!

池上这儿的市场,反而不好买到如此鲜活之菜蔬。若是到了超市,则更不易。一般说来,市场为求卖相,青菜多用化肥;至于超市,更多是非时令蔬菜,因违反时令,不仅化肥泛滥,且常有刺鼻的农药味。

其实,去超市,乃不得已而为之之事。以前我常劝内人,少到那儿买生鲜食品。不仅青菜不宜,即使鱼肉,也未必理想。

再说鱼肉。

池上鱼贵,因距海颇远,运输成本也高。以前假日时,内人常到鱼摊买鱼;品质虽好,但极金贵;偶尔吃吃,总觉得奢侈。

恰好,我新识了一对鱼贩夫妇,老板自有渔船,满口鱼经,说起任何一种鱼,总可以如数家珍般滔滔不绝;虽说经常膨风(台湾俚语,吹牛之意)吹嘘,但仔细一听,却也有趣。老板娘长于施惠,付钱买鱼之后,总又塞了几块鱼片让你带回。他们夫妇喊我"弟弟",乍听之下,颇为怪异,再听则甚觉亲切。每周两天,天未拂晓,他们就从成功渔港开车赶至池上,天才刚亮,便抢了位子停车摆摊。有阵子,警察取缔得紧,他们问我:"弟弟,你和乡长熟不熟?"

他们的鱼价公道,鱼货也安全,一向不用双氧水或漂白水之类的添加剂。老板说起此事,总洋洋得意,远远指着鱼货，要我看看上头不时飞舞的苍蝇。然后，自信地言道，他的鱼，苍蝇敢沾；别人的鱼，苍蝇可不敢。

说话这神情，一副铁证如山模样。其实，他不说，我也明白，这和青菜有虫咬，约莫同理。

我买的鸡肉，可靠度也高。说可靠，倒不是多清楚鸡只的饲养过程，而是鸡贩之为人，素朴诚挚，实可信任。鸡贩邱太太，与我夫妇相识多年；每回买鸡，总会闲话片晌；她谈人论事，既不愠不火，又入情入理，特别有种宽厚与通达。

我常觉得，一般学者说话，多不及她明白；听她讲话，比起专家的高谈阔论，后头也更有个真实的人。她为人实诚，挺清楚自己的局限，也明白自己之不足。正因清楚明白，所以，她自在安然。民间这等自在安然之人，其实不少。我每回和他们聊天，常不经意中，便多得教益。

邱家的鸡是自养自售。他们住山上，先生负责饲鸡，每天砍草，每天喂草。上回我见了邱先生一面，果然质朴。邱太太说，丈夫在山上伺候鸡只的这些活儿，比起她杀鸡剁鸡又卖鸡，真远远累多了。

夏天时，她的鸡摊也兼卖凤梨。邱家的凤梨很特别，产出期甚短，块头明显偏小，价钱似乎偏贵，可生意却明显比别人好。盖合乎时令、不用生长激素，且又有鲜活之气也。每到盛夏，我家里的小朋友都期待炒凤梨。我的凤梨炒法，一向简单，小孩之所以满心期待，其实是因为邱太太的凤梨好。

邱家更好的，是鸡蛋。他们家是放山鸡，蛋时有时无；只要是气候极端，母鸡便不下蛋；这蛋平时不卖，只帮三五熟识者刻意准备。那蛋结实，张力特大，蛋黄的色泽鲜丽，是橙红色。而且，蛋有大有小，有悬殊。最小的，近于鹌鹑蛋；大的，常有双蛋黄；更大的，甚至有三个蛋仁。有时瞅见了特大的蛋，我便召唤小朋友过来围观，轻轻一打，遂见浑浑圆圆三颗颤巍巍的蛋黄，他们仨顿时睁大了眼，眼珠子也浑浑圆圆，异口同声："哇！"

邱太太知我内人吃素，吃蛋奶素，不吃肉，不吃鱼，鸡蛋乃少数的蛋白质来源。因此，她常替我们家特别留心，有时，还主动打电话，告知已拣选了一篮子鸡蛋等候。

同样地，我有个学生家长赖太太，嫌外头的肉制品难以放心，于是，特意帮我三个小孩自制了肉脯。又同样地，我有个老邻居陈太太，每回送来她们家栽种的大把大把青菜，既有机，又漂亮，我每回抱着，总忍不住心生佩服，又欢喜赞叹。

就这样，我家里的早餐，或鱼或肉，或菜或蔬，除了食物鲜活之外，还多了些近邻旧识的温情与厚意。于是，如此朝食，若说真可养人、真可沁入我三个小朋友的心脾，又岂止那水滚气蒸的一粥一饭？

【后语】

我家天天吃米，量颇大。我常自嘲，我们全家都是"饭桶"。上回，与熟识的自助餐老板娘聊天，问起家里买的米是几公斤装，我才回答，她好惊讶："哇！和我们店里一样哪！"

早餐的稀饭，通常我会多煮一些。下午四点多钟，小孩放学回来，常嚷饿；这时，将早上的稀饭热上一热，他们再加上奶粉，搅拌过后，薛朴会一边吃着，一边啧啧言道："真是人间美味！"

他们仨零食吃得不多，偶尔吃个最寻常的苏打饼干，还常常会颇感兴奋。也由于零食吃得少，因此胃口都算不错；大姐以婕和小弟阿朴尤其如此。吃饭时，他二人最常出现的评语是："好好吃喔！"

我夫妇没带他们仨吃过麦当劳之类的快餐，即使平常的炸鸡或盐酥鸡，也几乎无有。相较于同龄儿童，他们的身材有些瘦小，因此，阿嬷经常担心，甚至会叨念。我总说，他们一则遗传我夫妻俩，本来块头就不大；二则不吃含大量生长激素的肉类油炸品，因此，他们没啥虚胖。老实说，不是他们太瘦小，而是时下有些小孩过度生长了；他们才是正常的。

笑忘《三国》

我从小记性差,很羡慕博闻强记之人。懂事后,尤其耿耿于自己背书能力之拙劣。

二十几年前,渐渐不以为意;若说完全释怀,则是这些年。记性差,就记性差。不难过,不懊恼。犹如见到这些年迅速增添的白发一般。噢!白发又多了。

那是四十多年前,傍晚总在空旷的滨海公路上,迎风骑着单车,远处有海天一色,残阳似酒,但绚烂艳丽,更胜于酒。

当时我念初中,踏着一路夕阳余晖,晚上在闻得到海风咸气的教室里自习。有一回,班主任黄贵琴先生发了篇短文,要大家背;等默好后,径可放学回家。于是,从九点二十分开始,陆陆续续,同学就一个个离开教室;我只埋着头,死命地背。隔好阵子,桌椅挪动的声音,渐稀渐疏,终至无有。里里外外，万籁俱寂，唯有凉沁的夜气，从窗外缓缓而入。我一抬头，除了班主任，已阒然无人；再看时钟，十点半了。我低下头去，有些惶恐，有些内疚，也只好再继续猛背。隔了一会儿，黄老师既无奈，又同情，只好直接放我回家去了。

从小这记性差，到了我近四十岁时，更甚更烈，以至于后来每回讲座，听众提问，总得请他们千万别一口气提三个问题；因为，才听到第三个，我常就忘了头一个。

也因这记性差，所以向来我读书，总是只得精神，细节则一片模糊。于是我读书，总是忘了又读，读了又忘；譬如，这次我读《三国演义》。

读《三国演义》，也确实好几回了，但好笑的是，书中某些段落，后来听人提起，总还忍不住诧异，有这回事喔？！当然，以前多少会气恼的；而今，有机会就再读吧。

此番再读，则是因为我家三个小朋友。

他们三个年幼，老大也才升小五，都还需引导着看书。我这回，其实是边读边陪边引导。盖"五四"之后，读书人渐渐看轻《三国演义》这种旧小说，总觉得一来虚构太多，悖离史实；二来计谋权诈也过甚；三来且不太有"艺术价值"。这既不"真"，又不"善"，也不"美"，于是，尽管民间传颂不辍，知识分子却不甚重视。我以前念历史系时，这种"五四包袱"亦深，老觉得此等书籍，反正就是下里巴人；同学闲聊，也不谈这个的。

而后，直至二十多年前，我才又重新读出《三国演义》的真分量。尤其稍经世事，也娶妻生子之后，更是觉得，此书之雄阔辽远，已非窄隘的价值范畴所能局限；而让小孩熟悉《三国》故事，让这班英雄豪杰伴随他们成长，对性情之陶冶，对胸襟气度之开展，不仅重要，甚至可能比所谓读经，都更能深见其效。

此番再读，也因为电视剧新《三国》。十几年前的一个暑日，行经北京数日，旅馆中，我分别看了新《红楼梦》与新《三国》。前者瞧了十分钟，难以卒"睹"，从此就不萦心怀。后者则看了两个片段，印象挺好。返台后，向朋友提起；隔阵子，他就送了我一套九十五集的新《三国》光盘。

于是，我重读《三国演义》，再偕妻小，一家五口，正式开锣观戏。这头一集，便讲曹操，那神采照人，霎时我就决定看下去了。而后，刘备之喜怒不形于色，真是了得。接下来，一个个风流人物，纷纷登场；于是一集一集，便看了大半。整体感觉是，小毛病不少，但瑕不掩瑜。几位要角，几处关键，都颇能去形存神，刻画得极有真实感。

譬如，那天看完关于华容道的剧集，就不禁击节赞赏。早先我读《三国演义》，总觉得这段故事别扭，作者为夸大关羽之义气，铺陈转折，多有勉强。而京剧之《华容道》，更是唯观其做工、听其唱腔耳；就人物而言，较诸《三国演义》，脸谱化尤甚；戏里就是一张大红脸对上一个大白脸，关羽一脸俨然，毫无表情；曹操一味求饶，成何体统？故事既不合情，又不入理。

新《三国》却好。孔明放眼赤壁战后，要在曹、孙两强之间，取得一席之地，故而先擒后纵，让曹操龙归大海，北返中原。放曹关键之华容道，就特意由曹操对之有恩且情深义重名满天下之关羽担纲；如此一来，放曹之事，便水到渠成，不着痕迹。华容道一折，新《三国》之曹操，有虚有实；固是虚情假意，亦有真情实意。情义之外，尤其展现了王者般胸襟气魄，这使得关羽在原有的恩义压力之外，更容易就被曹操慑服。

鲁肃也精彩。《三国演义》因过度的蜀汉中心，结果，丑化了曹魏，也淡化了孙吴。孙吴这方，始终语焉不详，面目模糊；看了半天，曾不知这帮人凭何雄峙东南数十载？书中鲁肃，尤其后来京剧里，更是忠厚过度，颇具呆气，曾不知又凭何在周瑜之后统领孙营全军？新《三国》却不同，剧中孙坚父子三人，英姿焕发，神气逼人，个个都是狠角色。鲁肃尤其大智若愚，一身静气；其深沉不动，正足以应对瞬息万变之军机大任。

于是，我一边看着新《三国》，一边读着《三国演义》。这回再读，很新鲜，许多处都像初逢乍见，有种朝阳初起的明亮感。同时，我手边还摆着两部书，陈寿的《三国志》与司马光的《资治通鉴》，不时也穿插着看。如此交错阅读，当然不全是为了辨清史实；史实云云，非我所长，这自有学院之学者操心，毋庸忧烦。我真正关心的，其实是这故事好坏。对我而言，好坏高于真假；不管是新《三国》，抑或是《三国演义》，编得深刻动人而又入情合理，远比吻合史实重要。真在意史实，径读史书可矣。

传统有许多故事，明明是假，却是极好；譬如，《白蛇传》。田汉改编后的京剧《白蛇传》，更尤其好；特别是《游湖借伞》与《断桥》两折，声情茂，词情佳，情深意切哪！前折的风光旖旎，后折的荡气回肠，都令人思之不尽；若加上杜近芳既亮烈又迷离的嗓音，那就是今之绝唱了！

我年纪稍长，渐能明白，世间表象之真假，并不重要；后头情意，才更打紧。有多少的假话，其实深藏着拳拳真意。白娘娘起初隐瞒许官人，却依然是一片真心。《三国演义》与史实多有悖离，但其人物风流，也还是歆动了无数华夏子民。至于新《三国》，许多细节不合考证，也经不起推敲，但其中之大气深刻，却仍可珍视。

中国文明对于有无虚实，别有妙悟。因此，中国的绘画，早早就不执着于表象之写实；苏东坡说的，"论图以形似，见与儿童邻"。同样地，我读书观人，这些年来，也渐渐学会了得鱼忘筌，存神忘形。一如年少默书的那个夜里，究竟我背了哪篇文章，至今连题目都已毫无印象，但是，那窗外沁入之凉气与阒然之夜气，在多少年后之今日，我都仍心有好感。

这些年来，我记忆更坏，但看人观事，却也更有朝阳初起般的明亮感。塞翁失马，焉知非福。或许，正因易忘，今天我才多了些清宁，也多了份自在。

记性差，就让他记性差吧。

敬字亭

十几年前，我在屏东县文化局讲座，谈"台湾书法困境的文化观察"。其中，提到了上海《东方早报》有则消息，上海社科院调查申城一地之人文素养，结果，以"九零后"的市民最高。我笑着对听众说，要不，请台湾的"中研院"也做个类似调查，如何？

这当然是戏言。因为，不待调查，结果便已昭然。台湾若论人文素养，几乎就是随年龄而递减。四十岁上下，出现了一波陡降；盖因他们受教育时，台湾进入了李登辉时代，已开始完全资本主义化，从此，逐年庸俗化，更逐年物化。于是，年甚一年，但见政客之媚俗、富豪之夸富，以及影视明星之搔首与弄姿；至于人文素养，当然已无关紧要。

人文素养的逐年递减，固然可伤，但是，台湾文化底蕴之流失，才更令人浩叹。人文素养关乎学识，或可量化，或可调查比较。但文化底蕴不然，那是整体文化环境熏染而成，如根深，如柢固，与学识几乎无关。

台湾的文化底蕴，本遍在民间各地；若论其中之最，可推客家老妪。

客家人保守，重礼数，讲规矩，老太太尤其如此。她们总是一身静气，许多年来，排山倒海的欧风美雨，浮躁难歇的物欲狂潮，对这些老太太似乎都无有影响。你若到台湾的客家庄去看，其勤劳俭朴，其恪遵礼仪，还有那最紧要的祭祀不辍，几乎如同千百年来华夏民族的寻常光阴，一样有着悠悠人世，一样有着礼乐风景。

这一个个老妪，看似顽固，其实只是理所当然地珍视自家传统。她们厚土深培，植根于古老传统，所以，对比于两岸纠结的读书人，这些老妪底气十足，清朗健旺。

台湾的客家庄甚多，美浓尤其有名。美浓向来文风鼎盛，极重教育。美浓的博士比例极高，校长又特多。此外，他们的传统底蕴，最是深厚。那年暑日，我去了一趟美浓，将入市区，见到有个小小的六角建筑，标示三级古迹，名曰：敬字亭。

闽南聚落也偶有敬字亭，但远远不及美浓普遍。以前美浓人礼敬文字，自幼教导小孩，但凡有字之纸，不可胡乱丢弃，亦不可任意焚毁，必集中于敬字亭，待礼拜仓颉或文昌帝君之后，方可焚烧。

美浓人礼敬文字，处处有敬字亭。

这样子的礼敬，随着今日印刷品之泛滥，当然已极其邈远；但在美浓，还是偶有老妪告诫，有字的纸，别坐！

他们对文字的虔敬，让我想起了《淮南子》所说的"昔者仓颉作书，而天雨粟，鬼夜哭"。这"天雨粟，鬼夜哭"，是真是假，其实无关宏旨；关键是，对于文字的创造，我们的祖先确实有着极深刻之记忆。

发明文字，何等大事？！遥想当时，他们既无限欢喜，又不胜惊骇；既期待憧憬，又戒慎恐惧。他们明白，水能载舟，亦可覆舟；文字固然可让这个世界光彩纷呈，也可使这世界光怪陆离，更可以使这个世界从此错乱崩解。

文字肇始，祸福未定；我们的祖先不敢有现代人信息爆炸的沾沾自喜，也不敢因讯息流通而亢奋狂躁。他们只是无有轻佻，只是感得了这成毁之机，因此，诚惶诚恐，虔敬以对。有此虔敬，才可吉祥止止，中国文明也方能绵亘长远、历久弥新。

然而，这种虔敬，在百年来中国文字一波波的劫难之后，早已杳然。劫难之一，是将文字过度简化，一定程度上破坏了造字原则，失去了整体意义系统。劫难之二，是两岸的白话文运动都走入了极端，过度贬抑古文，弃文言传统于不顾，尚俗非雅。即使文化人，即使学者，也常用字草率，遣词无度。台湾原本较好，但这数十年来也过度尚俗非雅，也过度夸大了

"台味"，原本淳厚典雅的文字优势，从此遂告流失。

从仓颉到《淮南子》，从《淮南子》再到美浓的敬字亭，数千年来，中国文明对文字根柢之虔敬，散入千门万户，渗进庶民百姓，遂孕育出一代代清和之人；即使不识字，即使无甚人文素养，也能有美浓老妪那般深厚之文化底蕴。有虔敬，方有底蕴；有虔敬，中国文明也方能新生再造。

而今，中国文明初初重建，少数有志之士，已挣脱昔日之粗暴文字，重拾对文字也是对文化最根柢之敬意。他们明白，与其成日忧国忧民，与其整天空谈中国前途，还不如踏踏实实从眼前做起，那么，就先恢复中国文字该有的清净与庄严吧！

【后语】

十几年前，我这篇文章在《时代周报》专栏发表后，歆动了一些大陆朋友。有人特别去找了敬字亭的纪录片，张贴在网上流通；我在大陆出版的新书《人间随喜》的责任编辑更因为这篇文章，在参加台北国际书展来台时，专程去了一趟美浓；看敬字亭，也看当地人祭祀"伯公"（就是"土地公"），更感受了美浓人的人情温厚。返回北京之后，一直对美浓念念不忘。

法隆寺的黄土墙

　　高雄山，位于日本京都西北，岭秀林茂，清流激湍。山中的神护寺，闻名遐迩；当年空海入唐求法，回返东瀛后，创真言宗，世称弘法大师，就曾驻锡于此。除弘法大师这因缘，每年的深秋时节，神护寺那满山枫红，更是绝代风华。

　　十多年前，我随业师林谷芳先生，来到京都，自然也参拜神护寺。上山途中，游人络绎不绝、熙熙攘攘；参拜者扶老携幼，既朝山，也"朝枫"。枫红正盛时，且开放夜间参拜。据云，京都市民下班后，多纷纷而至，夜里反更游人如织。

　　那游人虽多，却鲜有喧哗，不显嘈杂，因此，山林灯火处，有种从容之繁华。山阶道旁，另有饮食小铺；小铺坐落在枫红掩映中，店家铺着红毯，食客则趺坐其上；若再拾阶而上，往下俯瞰，但见参差枫叶里有一个个端坐之人。于是，饮食这等寻常之事，也可尽成风流。

每年深秋时节，神护寺的满山枫红，更是绝代风华。

日本人这种唐风晋韵，当然不仅见于神护寺。稍早一日，我们也参拜了法隆寺。法隆寺在奈良，因最古的木造建筑群而声闻世界，又以圣德太子的特殊因缘而名震东瀛；里头"国宝"甚多，"重要文化财"数量庞大。但是，我看到的，还不只这些。

　　我注意到法隆寺的执事者。那执事者，多半年长，甚至耄耋；穿着一式之衣裳，藏青色，非僧服，却如僧服般清简。他们与一般所谓的工作人员，甚不相侔；若径呼为服务员，则更不宜。因为，在他们的脸上，有种清严。这清严，非寻常工作人员之所能有；这清严，无相当之文化底蕴亦不能有。

　　换言之，这些老者的清严面貌，与法隆寺的庄严形象，不仅相称，甚至，还有着一体之感。我看着这些老者，觉得是这古刹的一道风景。

　　日本的好东西，都会有个"清"字。日本茶道讲究"和敬清寂"，山川一向水木清华，庭园也多素净清雅，至于日本女子之清丽，则更独绝。除了执事者之端正清严，法隆寺即使是西院伽蓝到东院伽蓝的步道上那贩卖小纪念品的老妪，我抬头一望，竟也一脸清和。一般摊贩，常有躁气；等而下之者，甚至有寒乞相。

　　法隆寺这老妪，却是不然。她看到游客，会招呼，但不招揽；招呼游客，完全就是止于礼。她以日本女子特有的清亮音节招呼，容貌安详，语调平和；招呼后，且不管游客是否理会，她兀自寂然，一脸静气。这一脸静气，真是庄子所说的吉祥止止。

这静气，更可见于法隆寺的黄土墙。

法隆寺从南大门进入，两侧墙垣，延伸至东院伽蓝，均以黄土夯成。这墙素朴大气，但不觉单调；沉静安稳，却不显黯然。其色泽，明明是黄土，却有着新洗一般之洁净。初初一看，与北京的老胡同，与华北大地的黄土墙，都截然不同。

法隆寺的黄土墙，自有一份沉静与大气。

这黄土墙，并不刻意求新，但因静气，故而即使斑驳，也丝毫不显破败，反倒更觉寂然，一如举世闻名的龙安寺枯山水那斑驳墙堵，真是不生不灭，不垢不净。林谷芳先生每回至此，总驻足良久；尤其黄昏时刻，夕阳余晖中，每每觉得，他所心仪的唐代，那长安城内院落间的一道道黄土墙，似乎，俱在现前。

多少年来，中国因刨尽自家根土，文化底蕴尽失，从此性情大变；尤其，读书人或躁或郁，或愤或戾，总之，离晋人风流，离唐人气度，离那沉静清和，均甚迢远。

面对日本，中国常说，"礼失求诸野"。此话虽然不错，却忽略了"礼"的后头，还有着更根柢，也更紧要之性情。这性情，正是孔子强调的那个"乐"字。"礼乐""礼乐"，其实，"乐"在"礼"先；有了好性情，才可保证"礼"不流于形式，也不僵化成礼教杀人。

千百年来，正因性情之沉静与清和，故而日本自中土传入礼教，至今仍可清新完好。而今，中国文化初初重建，百废待举，日本保持的礼教形式，固可借镜；留存的建筑文物，也诚可惊叹；但是，那生命中晋唐般的风流气度，才更该让我们萦绕胸怀！

【后语】

因为第二次世界大战的历史问题，也因为战后国际政治的角力，长期以来，中国与日本的关系一向紧张。但是，这些年来，随着全面放宽中国人赴日签证，2011年福岛核爆后，日本人根柢的沉静，也让不少国人为之惊愕。

换言之，日本曾经那么富有，科技曾经那么先进，但是，那可以令人羡慕，却未曾让人真正尊敬过。同样地，面对大陆的崛起，台湾原先令对岸艳羡的经济优势，也早已不再，那么，台湾尚可受到对岸、甚至全世界敬重的中华文化传统，我们目前的教育，还有几分把握呢？

答问

亲炙真实的典型

怀　仁：我做梦也没想到，日本于我的初印象，会是如此震
撼，甚至有时会感到难以呼吸。

这个近在咫尺，又非常遥远的国度；这个似乎熟悉，
又其实根本不被了解的国度；初次相遇，竟引发了我
无限乡愁。

大概，这种感情，只有中国人才能体会。

无论古都小镇，还是山寺平畴；无论揖礼叩首，抑或
跪坐相向，皆古风犹存。山川屋宇与人情风物中，似
乎还散发着思念中故国的气息。

"礼失求诸野"，此话听了无数回，原来都只是过耳
无痕。

当你真正面对时，目之所至、身之所受，便常常恍惚
了——一个在中国出生长大的孩子的想象力是如
此贫乏，大概从来没有预料到，先人的生活与神韵，
依然还能存在于现今世界的某个地方，并且触手可
及——那么长久的对于故国的思念，在这五味杂陈

的百转回肠中，倏然迸发。

薛仁明：其实并不是想象力贫乏，而是不容易接触到真实的典型。没亲炙典型，再有想象力也没用。

生命之事，最关键的，最要紧的，其实就是亲炙一个一个真实的典型。对中国文化有情感的人，但凡去了日本，尤其京都、奈良，心中的撞击之所以如此强烈，就是直接见到了这样真实的典型。甚至，有些大陆朋友，见了台湾的某些人情风物也仍不免感慨，同样是因为台湾还多少见得到一些典型。

很多事情，与其喋喋不休争论不已，其实都不如去亲炙；真正亲炙了，就什么都明白了；甚至读书不多，也可以目击而道存。所谓读万卷书不如行万里路，指的就是这样的亲炙。

大陆其实还是有着不少典型，只不过是散落四处，且又隐而未显罢了！如果没有门道，没有恰当的机缘，确实不是那么容易见得到。不像到了京都，处处显而易见，不管是人、是事、是物，都一下子就唤醒了我们的文明的记忆，更勾起了许多人的文化乡愁。

乐

2011年，我到台北书院讲座。书院金秋成立，坐落于台北市市定古迹中山堂三楼。书院强调立命之学，除了儒释道三家并举，尤其着重道艺交参。

当时除了儒释道这根本学问外，开设有"中国文人画""中国诗学"，以及"书艺中的生命意味""花艺与茶艺"等实作课程，并不时举行雅集。雅集强调六根互通，以"忘乐小集"为主体，让听觉之器乐或兼有视觉之戏曲，与书画，与各种品性的茶相互对应，名曰："茶与乐的对话"。

台北书院的空间疏朗，讲堂极佳；在讲堂授课，才开口，便觉神清气爽；两个小时过后，还依然神清气爽。书院另设茶坊，同样清雅简静，气场甚好；据云，可以久坐不累。整个书院空间，除了气定神闲之外，另有一份文化积淀之大气。

讲座当天，我谈孔子。特别提起，"礼"不只是形式规范，

台北书院的空间疏朗，讲堂极佳；在讲堂授课，才开口，便觉神清气爽。

更是万民不自知之修行法门。讲罢，有听者请问"礼乐"之"乐"字。我笑答，"乐"字难言。

《论语》全书，孔子言必称"礼乐"；孔子的政治，是"礼乐"政治；孔子的教育，其实也是"礼乐"二字。但是，宋儒之后，读书人渐渐不知"乐"；这不知"乐"，后来愈演愈烈，如今更甚。正因与"乐"渐行渐远，读书人的性情，遂日失其正；民族之气运，遂逐年陵夷。

"礼乐"分而言之，"礼"是形式，"乐"是性情；"礼"是色，"乐"是空。"乐"，遍在于中国文明之一切造型，当然不只是音乐。

"乐"，一是悦乐之情，二是兴发之气。首先，不能有苦相，不能一脸紧绷；是《论语》首篇强调的"不亦悦乎"，是心生悦乐；故曰，"乐"者乐也。其次，不能有纠结，不能满脸浊气；是《乐记》所说的"乐者大始"，神清气爽，时时归零，仿佛有个天地之始；因此，"乐"者兴也。

现今两岸，均离此甚远。中国的主流读书人，承宋儒遗绪，太过严肃，极度紧绷；谈事论理，动辄慷慨激昂，气愤难平；他们以天下为己任，却总缺少了那冲和之气，故难有悦乐。至于台湾，上承晚明文人，旁及小资情调，因此，宴安放逸，美食玩乐，早已大行其道；另则耽溺情欲，穷究人性幽微，也都蔚然成风。最终的结果，常常是玩物丧志，难掩苍白；他们的生命深处，多有一股沉沉暮气。

"乐"是没有暮气。中国的八音，金石丝竹匏土革木；其中，丝竹最容易感人心腑，也最日常；但若论特色，则在金、革之列的钟鼓。尤其是钟，乃国之重器；但凡仪式大典，必不可少。钟唯一音，讲究那一音之深宏悠远。佛教中国化之后，多纳礼乐文明之精髓；百年以来，神州大地，黄钟毁弃瓦釜雷鸣，礼既崩，乐更坏，唯有那佛寺，尚多少可见典型。

现今，有时我清晨四点多起身，都会闻得远处佛寺之钟声；听那钟声，平正和穆，又最清扬，满是朝气。中国古代，从朝廷宫城，到大小县城，乃至于山林深处之出家佛寺，都是天刚拂晓，便钟声清扬；即使贵如天子，也需清晨五点，便准时上朝。于是，我才明白，中国的礼乐文明，首先，就是要有这清扬朝气。

当代的许多音乐，却是不然。那音乐情绪满布，欲望高涨，可让人亢奋，可供人发泄，却很难令人悦乐，更无法使人兴起。纵使喧哗热闹，却掩不住空虚疲惫，最后，反落得一身暮气。那是徒有声响，可惜无"乐"。

中国最好的事物，都必定是"乐"。《论语》曾点言志，"风乎舞雩，咏而归"。既是咏诗，又一路有歌声，这当然是"乐"。此外，孔门怡怡熙熙的和穆之气，对应着暮春三月的莺飞草长，对应着万物和畅的欣欣生气，才更是天地之大"乐"。《乐记》有言，"乐者，天地之和也"。中国诗歌之所以多山水田园，中国文人画之所以山水无尽，其实，都着眼于这天地之和，更聚焦于这天地之大"乐"。"乐"，乃中国文明之核心。

若论诗歌，除了陶渊明与王摩诘那平淡和畅的田园山水之外，传唱更深更广者，另有李白的逸兴遄飞。李白游于天上人间，行遍名山大川，其泱泱浩浩的一派兴发，最是盛唐气象，更是"乐"之极致。

李白之后，则有苏轼。苏诗近散文，诗家或不以为贵；但是，苏轼之文章诗词，都最得"乐"之极意。尤其其人，自罹祸遇贬以来，日益冲淡，日益平和，还日益兴致盎然。这兴致盎然，使得他看人看事，俱生好意；走东走西，处处好玩。不知者，还以为他春风得意，四处闲游；岂知他一路贬官，其实一身忧患！孔子云，"造次必于是，颠沛必于是"。苏轼这不忘其忧、不改其乐，才是真正生命之大"乐"。

"乐"是自性光明遍照世界，是即使忧患困厄，也能万象历然，皆成其好。中国文明有此"乐"字，才一次次历灾度险，千劫如花。眼下，中国文明复兴之际，"乐"这根本核心，便不可不留意。本来，中国文明之一切造型，皆可有"乐"意；举凡音乐、诗歌、书法、绘画，乃至于寻常生活之茶事、花艺，都可俱现中国文明之真性情。

而今，尽管台北书院强调立命之学，并不特别标举"礼乐"二字；然而，大化本无形，正当书院一派气定神闲地道艺交参之时，那里的神清气爽，那儿的疏朗大气，其实，早已踏出文化重建之第一步，更召唤了久违的那个"乐"字。

茄莀与建水的礼乐风景

一

张翔一家人从北京来台湾，事先说了，啥景点都不想去。真想看的，只有池上我家的生活，譬如，哪儿选菜、哪儿买鸡、哪儿闲逛。后来，他一家果真哪儿都没去，就只在我们家吃吃茶，然后去市场采买、做饭，饭后散步，散步时见人也打打招呼、也聊两句。

我孩子因为在家自学，必须去台东教育处做例行性的报告，张翔全家也跟着去；到了会场，只是很安静地细看着每个与会之人。除此之外，张翔夫妇很着迷池上的云山缭绕，闺女玥玥则竟日与我仨孩子厮混，四个人玩得昏天黑地，后来还四人四角、合搭了一出自编京剧。

玥玥在北京读华德福学校，每星期都有京剧课；学校请专业演员到校授课，已上了将近两年，成效颇佳。那回，看她唱《穆桂英挂帅》，可真是有模有样。

几天后，除夕前的一星期，按照往例，我们得回茄萣过年了。我问了张翔，他说一道，也想去南部看看。到了茄萣，我母亲很关心他们喜不喜欢餐桌上的乌鱼子（系我父亲自制），一直想让张翔多带些回北京。

吃过晚饭，我领着张翔夫妇在茄萣逛庙。茄萣的庙多，准确地讲，是极多。这极多的庙里，下茄萣有金銮宫，顶茄萣有赐福宫，都奉祀妈祖。我们进了庙，人不算多，但始终有人来又有人往；合了十、行了礼，我们四处走走看看；香烟袅袅中，只见张翔驻足良久、神态俨然，静静地望着妈祖神像与偌大

顶茄萣的赐福宫。台湾大爱电视提供

庙里或立或跪、或奉茶或献果、或祈愿或掷筊的叔叔与阿姨，最后，喟然叹道："北京人少了这样的信仰。"

就几天之前，我们站在海岸山脉的山脚下，望着池上山头上、山谷间变幻莫测、舒卷自如的苍狗浮云，张翔看得忽忽入神，同样是伫立许久，也同样是叹了口气："北京没有这么好看的云雾。"

二

张翔一家回北京后，过几天，大年初一一早，我又领着仨孩子去庙里拜拜。同样先去金銮宫，接着再到赐福宫。

大年初一，人极多，不少移居外地的人都赶回茄苳进香；祈求平安也好，讨个吉祥也罢，总之，庙里庙外，熙熙攘攘，格外有种新春气象。上完香，我们在庙埕盘桓许久。茄苳这两间大庙的庙埕，过年期间总热闹非常，我一向不热衷于此，可这回却伫立了半晌；尤其仨孩子，更是紧盯着庙埕的舞台，久久不愿离去。

你道这是为何？原来，舞台上京胡亮响、锣鼓喧闹，都正唱着京剧呢！

我仨孩子都是戏迷，尤其这几年，对于京剧的各种掌故与细节，皆比我娴熟多矣！连小时候对京戏完全无感的二丫头允和，几年薰习下来，竟然也天天边洗碗、边哼着京剧唱段；倘使不让唱，还好似憋屈了她。大姊以婕则连续三年看完国光剧团的台东公演，都写篇心得，登载于国光剧团的刊物上。至于小儿薛朴，以其五音不全的嗓子，更是走到哪、唱到哪；食养山房、台北书院此等常去之处且不言，2014年在北京，整整十天，几乎天天和我辛庄师范的学生唱成一团。

2015年年底，我在南京审计大学客座中国文化讲席，有次周末，南京友人办了场京昆票友的曲会；席间京胡，乃江苏省京剧院的国家一级琴师周义刚；薛朴年幼，是只没见过老虎的犊子，不知天高地厚，哪管操琴的琴师乃何许人也。因此，但见他大咧咧地，高声就唱了起来。

琴师周义刚先生与薛朴在一起合作京剧。

周先生一来惊奇，二来也觉得好玩，于是便愈拉愈有兴头，薛朴也愈唱愈起劲。后来歇息，周先生言道，薛朴是他伴奏的第二个台湾人；上一个台湾人，是原籍江苏盐城、现今九十多岁的郝柏村先生。薛朴当然不知郝先生是谁，听罢，只是一径地傻乎乎笑着。

可这回，薛朴一改傻乎乎的本色，在金銮宫庙埕听着台上茄萣国剧社唱《甘露寺》乔玄唱段时，一边听着，一边哼着，哼着哼着，后来有那么一会儿，竟然充起内行、一脸严肃地望着台上说道："他的音不准！"

三

一元复始，万象更新；新春第一天的早上，茄萣最具规模的两间大庙，都不约而同地在庙埕上唱奏京剧，以叩谢神恩，此事看似奇特，实则大有来由。

话说，台湾不管顶港还是下港，只要大庙，多设有轩社。庙宇有庆典仪式，不论敬天抑或谢神，但凡是祭，必伴以音乐；所谓轩社，就是重大庆典时负责唱奏的常设乐馆。不同于平日庙会各种节目的妍媸互见、参差难齐，在这种最虔敬的谢神之时，轩社音乐讲究个雅正，也讲究个兼得中国文化的南北之美，因此，乐馆一是南管系统，另一则是北管系统。南管悠扬婉转，北管嘹亮昂扬。其中，南管又分"御前清客"（俗称"洞馆")与"天子门生"(俗称"品馆"),北管则有"福禄派"(俗称"旧路馆")与"西皮派"(俗称"新路馆")。北管的"西皮派",就已经很接近大家所说的京剧。

换句话说,台湾的庙宇但具规模,通常都设有南、北四馆,也几乎都唱奏着京剧。可惜,自从台湾"去中国化"以来,本土文化随之逐年空洞化,(毕竟,中国文化是台湾本土文化的最大宗;去除了中国文化,本土文化自然成无根之木、无源之水,焉能不空洞化?)于是,庙宇轩社式微,而今还南、北管兼备的,已然不多;能四馆俱齐的,更是寥寥无几。

在这寥寥无几之中,茄萣是个异数。现今下茄萣的金銮宫犹然四馆齐备,顶茄萣的赐福宫也依旧四馆完好。每逢节庆祭典,茄萣始终都还清晰可闻南管之悠扬与北管之嘹亮。我家隔壁的宝柱叔叔,就负责着金銮宫"御前清客"的"振南社";这次大年初一的下午,"振南社"到庙埕唱奏,我母亲还领着我两个女儿一道提举仪仗;回家提起,她们俩可高兴呢!

茄萣是个渔村,民风向来彪悍;可骨子里,却另有一种敦厚与平正。这敦厚与平正,既来自自古以来民间的文化积淀,也来自岁岁年年庙宇的礼乐熏陶。中国历史上的朝廷首务,一向是设礼乐以成教化;台湾庙宇的馨香袅袅、弦歌不辍,正是这种古风的于今犹存。

有此庙宇、有此古风,台湾民间才有一代代明亮端正的

金銮宫振南社的演出。台湾大爱电视提供

子孙；有此庙宇、有此古风，也才有今天世人所常说的：台湾民风淳厚。

四

八天后，大年初九，也就是民间所说的"天公生"；这一天，天才拂晓，我从池上出门，辗转再三，一路逶迤，深夜总算到了石家庄。

我在石家庄讲课，连续五天，上午上《论语》《史记》，下午上戏曲。学校的创办人黄育苗每天盘腿坐第一排听课（那几天的座位很有意思：第二排以后的老师、家长都坐板凳，可第一排却没板凳，也没椅子，只见校长、园长、创办人一个个盘腿坐着听课，这一盘，就盘了五天），刚开始时，以为只是我个人喜欢，所以下午才排了《戏曲名段的生命意味》。

等上完四天，她愈来愈进入状态，却也愈想愈不对劲，而后，忽地搞明白了：原来，戏曲乃如此紧要之格物大事！难怪，要排这课！

育苗恍然明白之后，顺势，我也跟大家说了一说：以前许多人一辈子没读过书，可整体的生命状态，却比受了一二十年"教育"的我们常常有过之而无不及。何以至此？不正因为从小他们成长在庙宇、祠堂、祭祀与戏曲熏陶中吗？

换句话说，中国人只要活在这礼乐风景之下，几乎就能确立生命的根本；至于读不读书、读啥书、到底咋读，其实，都已是后话了！话一讲完，下午开始看戏曲——京剧《四郎探母》。才看片晌，同样盘腿坐第一排的某位园长就开始频频拭泪；我留了意，有些诧异，却没太多理会。

到最后，我让大家也说说话。这园长率先起身，说自己十二岁之前，一直在农村生活；十二岁之前，也一直受益于庙宇、祠堂、祭祀与戏曲的熏陶；尤其她所在的河北乡下，当地人特别喜欢杨家将的故事，刚刚一听《四郎探母》，不禁勾起记忆，觉得既熟悉又欢喜，忍不住，就激动了起来。

说罢，她又言道："幼时能在那样的环境中长大，何其有幸呀！"是呀，何其有幸！我看了一下这园长，四十岁不到吧！换句话说，二十世纪九十年代初期，她所住的河北乡下其实依旧是庙宇与祠堂，也依旧是祭祀与戏曲，这怎么跟以前我概念中整个华北在"文革"过后似乎啥都被破坏殆尽、啥都没有了的景象如此迥然有别呢？

是的，走了愈多的地方，就愈清楚以前概念的无效；走了愈多的地方，也愈清楚中国文化的根深蒂固与难以撼动。现今，常常只是讲了几天的课，底下竟有人像失迷路途许久忽地又载欣载奔找回了家；甚至，有时不过一下午的京剧课，竟然有人也如梦方醒、恍然明白：原来，戏曲是那么好看、那么的了不起！他们如此强烈的反应，不恰恰证明骨子里的中国文化基因有多么强大、有多么根深蒂固吗？

这且不言。有次我的学生鹂遥从重庆来台参访，后来也到台北书院听课，课堂间，我提起民间的"安太岁"，遂问有谁曾经"安"过？我见鹂遥也举了手，诧异问道，你们不是无神论嘛？怎么也"安"起"太岁"了呢？但见她理直气壮地说道："我们在重庆，可是年年去道观恭恭敬敬地该请神就请神、该'安太岁'就'安太岁'呢！"

是呀！这就好比茄萣，茄萣位于台南、高雄交界，是所谓的政治"深绿"区；可这么一个"深绿"地区，不论"去中国化"

多么的如火如荼，茄苊人依旧年年弦歌不辍，中国礼乐文明的古风犹存。

十几年前，我父母亲随同茄苊的薛氏宗亲会回到福建漳州长泰县山重村的薛氏祖庙祭祖，山重的宗亲除了准备忒长的鞭炮之外，更是一路动乐相迎，唢呐声尤其响彻云霄。我两个女儿也跟着去，除了照顾中风的爷爷之外，也让她们亲眼看到什么叫"古风犹存"！

六

真要说古风犹存，桃竹苗地区客家人每年动辄整家族上千人的清明扫墓，我读了报道，总是佩服再三；而十几年前，我在金门看了琼林黄氏家庙的春祭，也算大开眼界；直至我又闻知云南建水的扫墓风俗，那才真该是："礼失求诸野。"

建水位于昆明东南方，距昆明二百多公里，建水再往南二百多公里，就到了越南。这座地处偏远的古城，保存大致良好，城内还有座全中国第二大、仅次于山东曲阜的孔庙。

2015年，我去了三趟建水，其中两趟，张翔也从北京一道过来。张翔喜欢池上，喜欢茄苊，也喜欢建水。建水的动人，不在于是座古城，而在于古城里的人与这座古城有种协调与统一。换言之，建水的好，在于人；建水的人，多古风。

有古风的地方，多半祭祀不断；建水人重视祭祀，清明扫

云南建水的闲庭。蒋晨明摄

墓尤其盛重。那一回，建水文庙的主任本想陪我听听当地的洞经音乐，可临时又来不了，原因就是要家族扫墓。

对建水人而言，扫墓乃天大之事；其他任何事，几乎都得退居一旁。建水人这心态特别好。上坟时，建水人基本一整家族出动；祭品不是拎着走，而是挑着去，因为，食物极多。上坟后，摆了祭品，焚了香，磕了头，男女老少就四处坐下，开始野餐，有人还一旁放风筝呢！这顿饭，整整得吃上一两个小时。

如此扫墓，至少得花上半天，看似繁复，也颇折腾人，但细细想来，却大有意思。

大家知道，全世界每年最大的人口移动，就是除夕前几天。每当年关将届，不计其数的华人就开始不远千里，匆忙赶路，尤其大陆高铁未兴起之前，为了回趟老家，那挤火车之狼狈与不堪，到底所为何来？不就是为了"团圆"吗？而所谓"团圆"，说得最实际也最形而下，不就是全家人吃一顿名之曰年夜饭的丰馔盛宴吗？

对中国人而言，亲人一块吃顿团圆饭，是一年中的头等大事。建水人的扫墓，本质上也就是与先人再吃顿"团圆"饭。

在建水游学的日子。韩正文摄

祖先生前，咱们除夕夜吃；而今去世了，则是清明一道吃。虽然节日有异、阴阳有隔，可"团圆"依旧，亲人也永远是亲人。

七

是的，"团圆"依旧，亲人也永远是亲人。我在建水这样的扫墓习俗中，清楚地看到了建水人一张张敦厚平正的脸。我去了建水，每每都会想起茄莐。在建水古建筑与一张张建水人的脸之间左顾右盼时，我也会若有似无地遐想着茄莐的庙宇与中国礼乐文明的古风犹存。突然间，我觉得很心安。

回想年轻以来为了中华文化沦丧的种种忧心忡忡，我望了望建水老宅子檐顶上的湛湛青天，伫立了片晌，不禁莞尔。

篇三

明白之教

路上有景致，人家有笑语——所谓文明

一日，有客问："何谓文明？"

答曰："文明是路上有景致，人家有笑语。"

我这回答，这真半点不"学术"；当然，也似乎不切题！但是，我犹然记得，以前有禅宗和尚答问，更远远不切题。

一回，慧超问法眼和尚："如何是佛？"法眼只说："汝是慧超。"

另有一回，僧问大龙："色身败坏，如何是坚固法身？"大龙的回答是："山花开似锦，涧水湛如蓝。"

类似之禅门问答，真是不胜枚举。禅宗和尚这看似不切题，其实，他们比谁都切题。中国传统文化，一向儒释道三家并举，晚唐之后，禅宗在佛门里一枝独秀；若论生命之鲜活，临事之应机，则在三家里最属丰姿卓异、独领风骚。禅宗的大本领，就是让人回到生命原点，把人拉回最真切处；既不歧出，也不啰唆，更不空言；于是，永绝戏论。

"如何是佛？"看似问得好，"坚固法身"也好像是个大问题；凡此，都很可以洋洋洒洒议论一番，也很合适用哲学语言谈得天花乱坠。但关键是，议论得再好，言说得再精妙，与自身何干？能有助于解决最根柢之烦恼吗？有时，谈得愈多，岔得愈远；说得愈巧，生命愈不得清安。现代学者，正最受困于此；平日夸夸议论，却忘了要留心当下修身之事；结果，真正面临生命实境时，顿显苍白，比谁都踉跄不堪。

因此，"如何是佛？"虽说问得好，但"汝是慧超"，才是当下之真实。"坚固法身"自然也可以问，但"山花开似锦，涧水湛如蓝"，则是回过身来，谛观最亲切最近前之实境。禅门巨匠，是随时提醒着你，什么，才是最真切？

十几年前，我因出版《孔子随喜》，遂有北京之行，与一位年轻朋友见了面。对之，我本期待甚深，觉得是个有志气、肯用功的。但聊了天，也和他出了门，一趟下来，却只见他不管识与不识，对人均颇淡漠，也都少有言笑；沿路的街景风情，更几乎不闻不问。这途中，他路人不看，市招不望，连北京四月的夺人新绿，那嫩叶细芽，甚至满城的柳絮，也都丝毫无感。

那几天，北京天气出奇地好；但我走着走着，突然有些惆

"山花开似锦，涧水湛如蓝"，回过身来，谛观最亲切最近前之实境。

怅，惆怅他平日之好学深思，平日之忧国忧民，竟与北京城这蓝天爽阔、白云悠悠，已然，都毫无干系。

中国的读书人，自宋儒以来，逐渐脱离了民间，也脱离了自然。于是，他们平日读书，早已自成一物；他们每天正心诚意，每天忧国忧民，却不再与万民相怡悦，也不再与万物同俯仰。结果，他们日渐酸腐，也日益空疏，遂相竞逞高骛远；于是，就出现了最极致的"为天地立心，为生民立命，为往圣继绝学，为万世开太平"。

张载这名言，极高极远，乍看之下，也极为动人；但赞叹之余，再认真一想，却会发现，那其实一点儿都不真切。宋儒流风所及，兼又受了西方学院影响，百年来的读书人，更普遍好抽象、尚高远；每每长篇大论，动辄雄辩滔滔。但是，他们对近前之事，却更鲜有欣喜；于近前之物，又少有爱悦。如此生命颠倒，就难免饱受异化之苦；其念兹在兹的伟大理想，也必然一次次落空、一回回幻灭；落空幻灭之后，就难免干枯委顿、身心俱疲，一个个，都像受尽了莫大的委屈。

当年宋儒，竟日标榜孔子；但孔子与之，却是截然不同。孔子在世时，虽然栖栖遑遑，备尝辛苦，但生活却依旧滋滋润润，多有意趣。他与当世之人，闻风相悦；即使鸟兽草木，也兴味盎然。与门人，或笑语吟吟，或呵斥怒骂，其鲜活，其明亮，最有一派风光；与时人，即使争议如南子，也能知心解意，互有谅体，遂皆可蔚为风景；其言志，"老者安之，朋友信之，少者怀之"，更是具体，更完全不标榜，半点不伟大。

这就是孔子。

如此平常，如此真切，如此直指当下，正是孔子之所以不同于宋儒，更迥异于今日读书人之处。读书做学问，本是好事，但一经异化，也尽成了坏事。一如现代之所谓"文明"，其异化疏离，更早已是无以复加！现代在西方"文明"引领之下，物量膨胀、产业疾奔，人被催逼得忙迫不堪，狂躁不已。到头来，人与人极疏极远，精神疾病因而迅速蔓延；人与物隔绝无亲，生态物种遂急遽灭绝。发展至此，只是造作，更是造孽；若谓之"文明"，又岂不荒谬？

真正的文明，本是日月光华，旦复旦兮；真正的文明，必然是青天白日，无有阴郁。文明荒失既久，而今，有志于文明重建之士，当似昔日禅门巨匠，亦如孔老夫子，直指当下，重归真切；若能如此，那么，"路上有景致，人家有笑语"的文明之境，又岂真迢远？说到底，那也不过是桩近前之事罢了！

【后语】

今天台湾教育之窘境，是因为文明之荒失。重建教育，正是文明再造。"直指当下，重归真切"，是每个教育者都该时时自我提醒、不该或忘的原点。

教育专家谈了太多理论，教育部门也勾勒了过多"愿景"。与其每天高谈理论与"愿景"，大家还不如以身作则，让孩子真实体会什么是"路上有景致，人家有笑语"。当孩子看得到近前的典范与真实的例子，就什么都清楚明白了。

先生与弟子——重建师生关系

昔日，颜回死后，为了是否厚葬，孔门师徒间，曾意见出入；而后，终究仍是厚葬了。

孔子知情，甚是感慨，言道："回也，视予犹父也，予不得视犹子也。非我也，夫二三子也。"

是否应该厚葬，个中争论，且容我按下不表。但是，读了此则，单单看其中四字，已令生活在当代之你我，不胜唏嘘。

视予犹父。

是的，视予犹父。

大家都明白，孔颜二人，既为师徒，亦是知己。颜回是孔子最得意的门生，更是他最爱悦的知己。正因如此，颜回视孔子如父，而孔子待颜渊犹子，原系合情合理，孰曰不宜？

然而，师生间之情谊，真可如父如子者，又岂独孔颜二人？古往今来，这般情深意厚者，又岂能胜数？古代且不说，即使传统已然破败之今日，此等父子般之情谊，也仍历历可数。

十几年前的一个春节，我陪一个老友晋谒林谷芳先生。友人游于林门，其实已然多载；但那晌，因生命颇有困顿，又因某些缘由，久久未曾拜望，故而生怯，颇犯踟蹰；晋谒之前一夜，甚至还辗转难眠。

那天，在老师家客厅，但见那早已年过半百且事业有成的友人，板凳未尝坐满，身子微微前倾，尽管，老师只是淡淡谈着，他却始终低着头，柔巽婉转，几回还红了脸；完完全全，如孺子一般，面对着他心中最敬爱的慈严之父。

林老师道深行高，当然并非一般。但是，除他之外，真让学生视之如父的老师，其实，也仍所在多有。记得，在诸多喧哗"大片"之前，张艺谋曾拍过一部小品，《我的父亲母亲》。片中主角，毕生执教乡间小学，去世之后，一群受业的老学生，从异地他乡，纷纷赶回；为了让老师安葬故土，他们协力运送遗体，从县城到乡下，大风大雪中，接替着扶灵抬枢，疾奔快走；在风雪中那一路之逶迤，我当下看了动容，眼眶几度湿润。

这样的师生情谊，至今，两岸均仍可见。然而，如此深挚情谊，确实已然慢慢稀薄；此等动人例子，也逐年减少。取而代之的，师生之间，是震天价响的"权利义务"关系。

　　台湾教育败坏，人人皆知。但这些年倾颓崩解的根本原因，大家却多茫然。三十年前，我自己曾在乡下教书，当时，"教育改革"尚未如火如荼，"权利关系"也不曾朗朗上口。乡野之地，天高皇帝远；师生之间，就只是一份热心与情谊，从非什么权利与义务；面对自己的班级，也就是如何引领，而非专家所谓的如何"经营"。

　　当时，凭藉着年轻之热情，视学生如子弟，常常清晨七点不到，晚上九点已过，朝勤夕劳，念念不忘要引领他们读书与为人。而今想来，当初之热情，其实太过；如此操切太甚，也

师生间之情谊，真可如父如子者，又岂独孔颜二人？

容易滋弊。但是，那时老师与学生间之宛如亲人，家长对教师之全然敬重，却极可珍视。

彼时，乡下之学生家长，一如年少时代我等之父母，似乎，都普遍"无知"，也缺乏"公民素养"；因为，他们不懂何谓"受教权"，也不知如何伸张"自身权益"。但是，这些"无知"的家长，这些缺乏"公民素养"的学生父母，虽说无有权利观念，却最明白人情义理。他们比现在擅于伸张权益者，都更懂得对人要敬重，对人该信任。

还记得，有回我去家庭访问，远远出门相迎的，是位学生的阿嬷。七十几岁的老妪，用客语喊我"先生"；客家话的声调，素来丰富，"先生"二字，尤其音节饱满。这"先生"长、"先生"短，音声之中，全然是敬，也全然是亲。我乍然听到，心头一惊：原来，我区区一个中学教员，竟也可以如此贵重。

有此贵重，所以，教育是个志业；无此贵重，那么，教育就只是份职业。台湾这些年之陵夷，正在于所有贵重的人事物，都在资本主义的催逼下，迅速贬抑；从此，黄钟毁弃，瓦釜雷鸣。于是，原该引导方向的为政者，遂沦落为天天赶场、专擅表演之政客；原该引领时代风骚的文化人，则堕落成一个个文创产业的工作者；身肩传道授业解惑重任的教师，更一变变成了数据填表员与知识传播机。结果，世间既然已无尊贵，年轻一代遂成了没有典范可资学习的茫然之人；这一个个茫然之人，从此，只能憧憬企业主，只好崇拜艺人与运动明星。但是，年轻人如果只知金钱崇拜，如果只能追求浮夸，那么，教育又焉能不坏？

资本主义下，人与人的关系，都迅速化约成一条条的权利与义务。于是，"受教权"高张，种种"权益"大兴，台湾校园遂成了各种权利的角力场域。从此，学生投诉，家长兴讼，教育部门为求自保，遂拟定各式之规范，防师如防贼；为了消灾避祸，一纸又一纸的条文，急急如律令；为了迎合"民主"，倡导学生"权利自觉"，更推动了大学生对教师的"教学评量"。

打从"教学评量"开始，台湾的大学就逐日走向萎死。名义上，"教学评量"可以淘汰荒怠之教师；实际上，却只让有为有守的好老师日益窘困。但凡耿直的好老师，既要求严格，又分数不苟且，自然难获学生"青睐"；于是，"评量"的结果，常常是使他们难堪；"评量"的效应，也只让他们自觉不合时宜；"评量"，是对他们的"反淘汰"。

"教学评量"伊始，台湾师生关系逆转。从此，志业杳然，师道不存；所谓教育，遂摇身一变，变成了服务产业。于是，但见教师兢兢业业，忙着提供知识服务；学生大摇大摆，俨然成了真正主顾。又于是，"主顾"动辄"呛声"，"服务"者只以"爱心"为由，行隐忍纵容之实；学生随便无礼，老师也只好以"自由"为名，来遮掩束手无策的苦痛与困窘。

这样的教育现况，让受过中国文明熏陶之你我，真是无限感慨。中国文明之主旨，"亲""敬"二字；有此二字，古今多少师徒，皆如孔颜一般，可如父，可如子。而今，台湾教育之败坏，终归说来，是师生关系之崩解。西方传入的"权利"二字，看似时髦，也看似理所当然，但是，这对"亲"与"敬"，却扼杀最尽、斫毁最深。

事实上，但凡是亲近之人，都不该滥言"权利"二字，否则，情义荒失，人我两伤。本来，所谓教育，就只是师生印心；教育之要，则是清明的师生关系。因此，要谈教育，首先便不该落入权利义务之迷障。教育若要重建，于此，当有所观照。

老师，不惑

年轻时因考试需要，我读了一些时下的教育理论，很信服。于是，随后初初执教，便一直告诫自己，要有爱心，要有耐心，别用最偷懒也最无效的方法管教学生；换言之，我一直警惕着自己，千万别体罚。

教书的头一个月，我坚持着原有"理想"，但是，也因这坚持，遂日日天人交战；总觉得，理想与现实，果然有着难以跨越之鸿沟。一个月后，我放弃了"理想"，开始体罚学生；那时，心中忐忑，还布满了罪恶感。

这样的忐忑，随着时间之流，渐行渐远。偶尔偶尔，还是会纠结：我屈服于现实了吗？我放弃原有"理想"了吗？理想与现实，果真难以兼顾吗？尽管如此，后来随着我的乡居岁月，看着不变的日升月落，望着流动的山光云影，天地虽无言，却分明有着浩浩阴阳移，从此，我偶尔之纠结，愈来愈少，也愈来愈淡。

直至有那么一天，忽然，我全明白了。

明白啥？

明白自己可笑。原来，我的身心紧绷，我的意念纠结，根本，就是自己一丝一丝缠而绕之，再一圈一圈束而缚之。说到底，根本没人诳我，我却把自己搅得一脸错乱；也压根无人绑我，我却将自己困得步伐踉跄。呵呵，还怪别人呢！

李白诗句，"仰天大笑出门去"。这晌，我真弄明白了，别无余事，也只能如此呵呵大笑，两脚一跨，出门扬长而去。从此，告别了忧郁与纠结，也告别了为时多年我漫长的愤青岁月。

说起那愤青岁月，可真叫人难为情。上回，和一个老朋友吃饭，她便提起，三十几年前头次见面，对我印象极差；见过面后，还向我高中同学言道，下回莫带此人再来，她嘟哝着："哪有人那么愤愤不平的！"

是呀！哪有人如此愤愤不平？

呵！作为一个愤青，当时的我，满脑子公平正义，放眼望去，满世界的不公不义，但见魑魅魍魉，人渣废物，于是，我焉能不怒？当时的我，读书用功，思考认真，总爱用抽象概念，以繁沓的西式造句，表达自己"深刻"之理念；也常以激切之口吻，滔滔不绝，直抒忡忡之忧心。那时总认为，世人思想幼稚，观念浅薄；自负的我，总觉得，太多人被"洗脑"却从不自知；来日，我必将予以"启蒙"，必全力唤醒他们。

"洗脑"一词，遂成了当时的口头禅。但凡话不投机，"理念"不对盘，或只看不顺眼，我动辄不屑，动辄讥斥，动辄觉得对方早已被"洗脑"。对于他们，我常觉厌烦，忽又深感悲悯；有时想"启蒙"之，有时又想度化之。总之，思虑万千，无尽纠葛！

直到许多年后，我两脚一跨，出门扬长而去，久之，回望门内，忍不住哈哈大笑，原来，若真要论"洗脑"，我才最彻底，我自己才"洗"得最厉害！否则，哪来那么多的纠葛，又哪来这么多的天人交战？

现在看来，任何理论，聊备一说罢了！但在三十多年前，"洗脑"过甚的我，因极度执着，故嗜读理论，且深信不疑，奉之皆如真理。于是，教育理论禁绝体罚，甚至将之污名化，我不仅相信，且因性格之认真，还形成了心中一道枷锁。有此桎梏，故而一旦逾越，罪恶感便深，便自觉道德有亏；也因此，我不时要天人交战，不时要纠结抑郁，不时要觉得理想与现实总无限冲突。

于是，当我跨出门后，回望一旁之同侪，就不免感慨。他们之中，有人比我认真，比我执着，比我更坚信体罚是种罪恶；然而，后来有人因过度天人交战而在某个忍无可忍之时，终于发泄终于出手，乃至于出手过重，不仅伤了学生，事情也闹大，还让自己无限懊恼，更无尽怅惘，他不禁怀疑，这到底是怎么了？此外，也有人满怀爱心，坚信"理想"，而想方设法，用尽手段却效果递减，即使呕心沥血，学生也常不领情，以至于上课失序脱序，甚至于完全无序。面对如此不堪，他有些落寞，也不免困惑，到底是哪儿出问题了？

这些认真执着之人，都活得好辛苦；他们满怀赤忱，但是，他们并不快乐。

我望着他们，一如偶尔回顾自己，难免喟叹，却从不同情；当然，也无悲无悯。毕竟，这是作茧自缚，怨不得人的。自缚之关键，就是那份执拗。这执拗，虽真心，虽热情，却不知就里，没个明白。教育之多窘，正是理想太多，议论过剩，但明白又太少。

体罚之事，其实简单。说到底，那本是不失有效、但也只能局部有效的手段之一。施教手法，万千殊异；亘古来，体罚之所以用之不辍，自有道理；但凡不滥、不甚，明其有限，可矣！今人不分青红皂白，乍然一概禁绝，甚至将之污名化，说白了，只不过是现代人的狂妄罢了！

现代人动辄轻蔑古人，动辄视古人如蒙昧，总自居开明，自居先进，凡事必与古人立异，结果，他们并未活得更好、更清朗，反倒愈走愈窄隘，愈活愈窘迫。窄隘的他们，常常是全身紧仄，动辄争辩，动辄针锋相对；窘迫的他们，总心不得安，也只好不断读书，不断思考，不断建构理论，试图要说服自己，也说服别人；但没想到，结果却总是束缚了自己，又束缚了别人。

理论可益人神思，也可让人作茧自缚。百年来，读书人殉于理论者，多矣！因理论而形容枯槁者，众矣！禁绝体罚，对错不论；但是，单这说法让那么多的老师如此纠结不堪，其实，这理论早已是不清不爽了。

好的事物，必然清洁明亮；好的理论，也必让人神清气爽。神清气爽的老师，才是教育之根本。"师者，所以传道授业解惑也"；教师之本务，本是帮学生解除困惑；如果老师自己都一肚子的困惑，那么，还谈什么教育呢？！

"零体罚"与台湾教改

台湾教育部门，一向禁止体罚；十几年前，却才彻彻底底严禁。

从此，教育大坏。

以前，我曾在基层学校教书，末了的几年，不打人，也鲜少骂人；换言之，几乎零体罚。在那两三年里，零体罚的我，但凡走进教室，上了讲台，初初坐定，静静啜了口茶，眼神再前后一扫，多半，教室就有模样了。

尽管如此，请恕我直言：薛仁明这等情状，只是特例；千千万万，别视之为通则。

原因：一是我在那两三年里，修行稍稍得力，性情颇有改变，因此，观己观人，均有长进。二是我教了十几年，对学生向来熟稔，于是，轻易能知真假，也不难辨虚实。三是因执教甚久，故早年我凶恶之名，已有"口碑"；但需稍稍吓唬，即使学生顽劣，也轻易可以慑服。四是我既非班主任，亦非训导人员；他们的处境，远比我单纯一个专任教师，都要繁复艰难许多。

正因如此，虽说我零体罚，虽说我课堂秩序极佳，但终归说来，那仍是个特例。这样的例子，若不能明其特殊，察其有限，若不分青红皂白，便径自延伸，成为通则，要求别人一律如此，统统比照办理，那么，如此的自我中心，就不可能解决任何问题，反倒治丝益棼，必遗祸将来。

可惜的是，这些年来，台湾的教育正是如此的治丝益棼。不管如何政党轮替，无论更换多少"部长"，但见教育主管部门的大小官员，致力所谓的"教育改革"，整天忙迫，竟日辛劳。结果，他们愈忙愈坏，愈坏愈忙；"教改"十余年，只见台湾教育从此崩解，逐年沉沦，至今，犹不知伊于胡底。

崩解的关键，是他们的自我中心。不论是教育官员，抑或教改团体，他们热忱满怀，使命感炽烈。但是，他们总将少数的个案，夸大成普遍现象；更将一己之经验，延伸成共同通则。譬如，年轻时因为升学压力，他们多有苦痛，而今，便将这苦痛无尽渲染，无限延伸，再以救苦救难之姿，想方设法，亟欲缓解学生压力，更不断诅咒考试制度。却不知，这样的制度，虽说辛苦，却是相当公平。

数十年来，台湾多少的中下家庭，正藉此得以翻身。但自教改以来，奉多元入学之名，凭藉"推甄"等制度，许多权贵以其社经优势，让子弟占尽先机，轻易便录取了理想大学。然而，正由于"推甄"这等制度，明显左右于社经条件，明显受制于家庭背景，因此，原先台湾极其通畅的社会流动，遂逐年停滞。中下家庭，真想藉教育翻身，从此渐趋无望。教育主管部门口口声声减轻压力，却让更多人从此前途无望，两相比较，真不知，到底孰轻孰重，又孰苦孰痛？

再譬如，这些"菁英"求学的过程中，可能遭遇不合理之体罚，也可能天生纤细敏感，总之，他们在受罚之后，心灵创伤，人格扭曲。结果，他们把一己之伤痛，将个人之苦楚，延伸扩大；遂将体罚一事，彻底污名化。好像连打个几下手心，都必将阴影重重；好像父母师长稍稍打骂，也都成了罪孽深重似的。

事实上，过度体罚，固不可取；恶性体罚，亦当严禁；甚至，某些特殊情性之人，也确实不宜体罚；但是，对大多数的寻常人而言，在成长过程中，或多或少，都曾受益于长辈的适度体罚。但凡合度，那不仅维系了团体该有之秩序，对小孩的人格与学习，也是利多于弊；不仅无损于身心健康，反倒增加了心灵容受度；有此容受，便不易自我中心，更不易性情乖戾。

然而，这些"菁英"对一般寻常之人，总视若无睹。他们习惯自我中心，向来极关注自己的感受。面对别人，他们总自居"启蒙者"，于是，动辄痛心家长之"保守"，屡屡严斥台湾基层教师之"落伍"。他们征引了一堆西方学者的粗糙研究，假科学之名，振振有词，唬得老师家长虽不以为然，却有口难言。

还记得，早年马英九任台北市市长时，便有"议员"质询是否体罚过自家小孩？只见备询的衮衮诸公，个个俯首默然，或一脸尴尬，或赧然生怯，都像犯了何等滔天大罪。至于那"议员"，趾高气扬，一副兴师问罪模样；那姿态之高，那神情之毫无容赦，让人想起了台湾教改急先锋，视体罚教师如寇雠的"人本教育基金会"。

"人本"嫉恶如仇，战斗力极强，对台湾之教育，影响至深至巨。他们援引各种理论，以正义之姿，证明体罚乃教育之毒瘤，除恶务尽，因此，不仅对教育主管部门强力施压，还鼓励学生检举体罚；学生若能拍照举证，"扫荡"之成效，自然更佳。于是，"人本"与教育主管部门联手，媒体又推波助澜，顿时间，校园内外，一片肃杀之气，教师人人自危，体罚一事，遂消失殆尽。原本权威不再的教师，从此更加弱化，校园秩序遂趋荡然。

同时，教育主管部门在标榜"学生权益"的政策下，防师如防贼，一道道规定，急急如律令。层层规范后的教师，遂开始公务员化；凡事照标准流程，一切按既有规定；不论是否裨益学生，但求无过耳。从此，教育志业，日益杳然；大家兢兢业业，只恐招烦惹事；除此之外，不敢多有理想，更不抱过多期望。

师生关系，也从此质变。孔子云，"父为子隐，子为父隐，直在其中矣"。父子亲情，本在法治之上，更在权利义务之上。中国式的师生关系，自孔子颜回以降，多有如父如子者；早期的台湾，有许多清寒学生，正是凭藉着老师亲如子弟之提携，终于成器。有此良风美俗，也才有台湾昔日之成就。但是，打从教育主管部门开始高唱"学生权益"，那亲人般的师生关系，便已逐渐动摇；从师生一体，慢慢变成师生对立；而今，"人本"这般鼓励举发，媒体这般趁机炒作，则是师生关系更彻底的致命一击。

几年来，在"人本"诸君"努力不懈"之下，"零体罚"的目标，骎骎然几已完成。但在同时，校园秩序，已不堪闻问；师生关系，更日益瓦解。教育，原是为了给下一代希望；但不知，如此教改，能带给下一代的，又会是什么？

答问

多看生命的光明与喜气

张　岩(曾任教师)：台湾教育界对于打骂，常常有一种说法：
　　"因为不打不骂，孩子会有如'排毒'般将'真实'情
　　性展现出来；而这，又只是阶段性的，等毒陆续排出
　　后，慢慢就好了。若是打骂，反而会压抑了他'排毒'
　　这该有的过程。"这说法听来似乎有理。

薛仁明：这种"排毒"的说法，结果会是，愈排愈毒。

　　小孩也好，大人也罢，只要不是一个究竟的悟者，当
　　然都会存在着一些无明；你若要说那是"毒"，其实也
　　行。但在课堂上，小孩这些无明的迸发，却不能等同
　　于"排毒"。

　　首先，所谓"排毒"，必然是藉着"排"的过程，使身体
　　重新获得平衡，或者毒素因而减少，甚至消失。譬如
　　感冒，不管是喝姜汤，还是泡热水澡，总之，闷出了
　　一身大汗，藉着汗水，排出了不少病毒，身体也清爽
　　了许多，这就是排毒。然而，课堂上因不打不骂，在
　　一个近乎放纵的氛围下，小孩恣意胡闹，那只能说是
　　在受暗示之下发了毒，是病毒受了诱发然后发作了；

但发作了，毒却未必排得出。又譬如感冒，发高烧、剧烈咳嗽，这样的发炎，是病毒发作；这样的发作，固然可能慢慢自我缓解，但也可能愈演愈烈，并发肺炎，甚至夺走人命；这时，你就不能说是"排毒"。

"发毒"和"排毒"，是两码子事；孩子在教室撒野，那是"发毒"，而非"排毒"。小孩的"发毒"，就像成人的发泄，情绪失控时，藉着酗酒、狂欢，甚至是吸毒，固可发泄于一时，但发泄过后，情绪当然不能因而获得真正的平衡。今天如果心情沮丧，你去捶墙壁，去大吼大叫，这是"发毒"；你发作完后，只有一种歇斯底里的无力与空虚，不会心平气和，更不会了了分明、神清气爽。

其次，小孩其实没那么多所谓的"毒"。在某些时候，一个放纵的氛围下迸发出来的那些"毒"，固然可能本来俱有，但更可能是被诱导、被催化出来的；这些"毒"状，与他的生命根柢，其实是有着一段相当可观的距离。我以前教书时，对于那些集体干坏事的学生，常骂他们是窝囊废；因为，他们若单独一人，不仅没做坏事的"能量"，有时甚至连这想头都没有；但是，只要人多，一被激发，一被撩拨，就丑态毕露。这样的人，还真只能骂他窝囊；但是，他原先真有那么坏、那么丑陋吗？没有嘛！

小孩的潜力大，善恶的可能性都有，其中，很大的一部分，其实都是将出未出，若有似无。这时，关键就在于你要诱发什么？如何诱发？小孩的小奸小恶，其实颇多；有时不将它当回事，果真就没事了；愈要当成事，就难免要应验成真。这种"将出未出，若有似无"，若说实了、咬死了，硬要说成孩子与生俱来有多少的"毒"，那其实反而会助长为恶。

这很像现代文艺。现代文艺常以"逼视"人性幽暗为职志，结果，还没认真"逼视"前，人尚可勉勉强强过得不错；但愈是自以为诚实，愈全心全意卯起来"逼视"，在相互催化又相互催眠的过程中，这些幽暗遂不断扩大，也不断"弄假成真"。结果，愈"逼视"，愈惶惶不可终日；而愈惶恐，便又更加深信那幽暗。这样的恶性循环，即使不说是自掘坟墓，至少也是一种精神自虐。

"人本"这种"排毒"论，后头多少有着西方原罪观的影响。原罪这种想法，不管对错，至少是与我们这个民族、与我们的文化基因难以相契的。中国人不会没事情故作严肃地整天思索、整天盯着那些"毒"看；大家面对这桩事，其实是马马虎虎，也是若有似无的。如果真要认真说，大家相信的是"性善"，在意的是生命的光明与喜气。

张　岩：现在有教育理论说，孩子对师长不敬，只是展现了他们内心被压抑的"真实"而已，所以老师不该一味地责备。

薛仁明：老实说，教育不难；是大家把它弄得既复杂又艰难的。大家不妨看看我们的父母，他们既不谈教育理念，也没费太多力气；教出来的孩子，虽说未必多好，但是，一点也不比现在差。现在多数人关注教育，尤其个别所谓教育专家，常常都把问题过度复杂化，又衍生过多不必要的理论；结果，因迷失于种种"动人"的理论，遂将自己和小孩"逼"到进退维谷；最后，明明狼狈不堪了，还不忘记再用一套理论来自圆其说。以致学生张狂乖戾，老师伤痕累累；到头来，双方都是受害者。

我以前在学校时，常会见到某些深具"教育理念"的班主任（尤其新进老师），带领班级时，标举"自由"、坚持"平等"。这样的班级，刚开始都挺好，似乎很活泼快乐，但常常不需多久，便急转直下，开始进入失序的状态；从此，问题层出不穷；学生整天吵吵闹闹，班主任也坐困愁城；整个班级，像个旋涡似的，大家都觉得不对劲，但是，谁都挣脱不了。

这样的班级，学生看似嚣张，但依我的了解，其实，他们一点也不快乐。在那种班级气氛的催化下，他们只能不由自主地整天恶搞、整天挑衅；看来很猖狂得意，但才胡闹完，其实连他们自己都觉得很烦。结果，最后的困境是，愈闹愈烦、愈烦愈闹。他们在内心深处，其实也想改变，但是，这样的气氛下，却是谁都已挣脱不了。

老实说，学生固然不喜欢高压管理，但是，他们却真心期盼有种秩序的安稳感。小孩若先被合度地约束，再受引导，如此循序渐进，其实他们都能接受，对他们也最为有益。如果一开始，就把这种合理的约束给污名化，硬要说成"压抑、不真实"，在理念上就一直纠结不清，那么，接下来的恶性循环、治丝益棼，恕我直言，都只是咎由自取，怨不得人；最后的结果，也只能是两败俱伤，任何人都是受害者。

讲而不演

大陆说"讲座"，台湾则多半说"演讲"。

分隔既久，两岸词汇的使用，便多少有些殊异。台湾因传统底蕴略深，遣词用字，常较古雅；因此，多半的同义异词，相较之下，也常略胜一筹。话虽如此，却时有例外；譬如，"演讲"这词儿。

"讲座"与"演讲"，外表看来，当然同一回事；但是，名既不同，意涵便有出入；孔子之所以耿耿于"正名"，正因这出入，有时紧要，不得不辨析明白也。两者相较，真要正名，"讲座"其庶乎！

对此，我本习焉而不察，完全不以为意。但因十几年前一场"演讲"，有所触动，才恍然明白。

那天，我到台湾某知名大学"演讲"。该校这一系列之"演讲"，推行多时，规划宏远，视野辽阔，其实很有特色，校方也颇为重视。当天，校长与一级主管均出席聆听；另外，据云，还到了七十个老师。面对如此阵仗，我理应讲得意兴扬扬才是；然而，那天的前半场，我却有些失焦；甚至，不瞒您说，是有点荒腔走板。

我的荒腔走板，其实，是对应了底下的学生。

向来，我进行"讲座"，都是心中但存个大方向，再根据当天现场，随着听者之神情与状态，予以对应，渐次生发而成。因是生发而成，才可能时时鲜活。中国的学问，皆生命之学问；生命之学问，必讲究新鲜活气。因此，中国式学问，最重视当下应缘；但凡言说，都需在具体情境下展开。于是，我们读《论语》，看诸多弟子叩问，孔子的回答，总不相同；亦因如此，我们读禅宗语录，看那群和尚机锋应对、电光石火之际，更是箭锋相拄、间不容发。

但凡言说，都该是对应关系，故而古人强调，大叩大鸣，小叩小鸣，不叩则不鸣。一场"讲座"，虽说开始之时，听者未能直接叩问；但听讲时的眉目神情，都可资另一形式之叩问。事实上，有感有应，言说方为可能；否则，若非表演，就是自说自话。

可是，那天的"演讲"，打从主持人引言完毕，我初初走到台上，才站定，往下望去，但见一片漆黑，便知不妙。演讲厅甚大，坐了两三百人，仍觉非常稀疏；设备又好，空调既佳，且是沙发椅,坐来舒服;排排座椅处,光线幽暗,因得聚光于舞台,更聚光于台上巨大的投影幕。

我初立台上,在光线的巨大反差下,突然意识到,台下座椅处,一个个,都成了"观众";我立于台上,则像个"表演者",这会儿,果真成了"演"讲。

我一向讨厌"演"。以前教书时,但凡"教学演示",定要正名为"教学观摩"。因为,既是"演",就得套招,便要作假;看假东西,于人于己,又有何益?更重要的是,既是"演",就不可能有真实对应;若无真实对应,还谈啥教育?当然,我知道有些专业"演讲"者,擅于取悦"观众",长于炒热场子;甚至,即使单单面对着一排桌椅,也同样有本事讲得口沫横飞,滔滔不绝。但是,这如补习名师或政客名嘴之本领,与优伶戏子,又有何异?这样的取悦过多、迁就过甚,不正是导致今日台湾教育败坏之主因吗?

最惨的是,那天我站在台上,还来不及开口,便赫然发现,台下漆黑处,竟早已睡成一片。

那时,早上十点多,许多学生来此,纯粹只是应卯;灯光既然如此幽暗,座椅又如此舒适,作息甚晚且尚未清醒的他们,便宛如置身豪华的电影院;于是,上头若"表演"生动,他们就不妨"观赏";如若不然,他们立马便睡,闭眼即是。

当下，我想骂人；但是，又恐失礼，也只好作罢。当今大学沦丧，我虽然深知；但以这学校之绝佳声誉，也落到了讲者尚未上台下面便东倒西歪的这等田地，我却委实诧异。此刻，我只盼有个座椅，就是坐着，静静等"观赏者"一个个苏醒，再等他们一个个恢复成"听讲者"；有此分寸，正了名，然后，我再开讲。

无奈的是，既然"演讲"，站着"演"，总比坐着"演"，活动自如。而时下"演讲"，又太依赖资料，几乎必用PPT；后头偌大一个投影幕，似乎，站着讲，又比坐着讲，来得方便。于是，那讲桌之前，并无设座，我只能呆呆站着；然而，我若如此呆站着等人醒来，那岂不成了丫鬟？又岂不成了书童？

可恼！但是，又确实没辙，只好就讲吧！一开讲，既找不到对应之眼神，又见不着相应之表情，我遂像个老花眼，两眼茫茫，迟迟调不准焦距。但见幽暗中那歪倒一片的学生，我试着委婉地提"醒"他们；但这委婉，终究只是乡愿，注定徒然。于是，我真不知对谁言说，讲着讲着，步伐沉重，蹒跚凌乱。孔子云，"以直报怨"。台下既然这般狼藉，那么，也就只能如此了！

所幸，后头留有提问时间。既然提问，就必然有所对应；于是，我不必对着一片漆黑，继续自说自话。更要紧的是，提问时，主办单位在讲台另侧，备有一桌二椅，我与主持人，各自坐定；于是，我总算又回到了"讲座"，我坐着讲，且知道对谁讲。这时，适应了幽暗的光线，我才注意到，台下其实是很有些极专注且极有素养的眼神；只不过，这些眼神，散处四方，且年纪似乎较长；恐怕，多半是老师、教授吧！

隔天，我又到另两所学校"讲座"。一进场，便先留意有无设座，又留心台下是否明亮。然后，初初坐定，我前后熟视，左右细看；将目光扫过四座，打量过满堂学生之后，再声明，今天若是讲得不好，休怪我状况差，其实是你们听讲态度欠佳；而且，今天我来"讲座"，并非"演讲"；因为，我不"演"。

【后语】

众所周知，台湾的大学生听讲态度多半不佳。其中关键，是教学评鉴制度。

学生对老师的教学评鉴，乃恶制也；是以"民主"之名、行毁灭教育之实的恶劣制度。台湾迷信民主，造成整个社会三十多年来不断地弱智化；台湾高等教育的不堪闻问，正是这个民主迷思的恶果。此恶制一日不废，大学就只能继续向下沉沦。

一如政客时时要取媚于选民，在"校园民主"大纛下，学生既握有评鉴之权，不肖教师必起讨好之心。愈是打混摸鱼的教师，为求自保，必然会对学生百般迁就、千方示好；学生一旦受宠被溺，也必然不耐"严格"之要求（其实多半只是合理的要求），结果，劣币逐良币，认真正直的老师，反而常遭打击；有为有守之教师，更显得极度不合时宜。

在这个恶劣制度的反淘汰下，黄钟毁弃、瓦釜雷鸣，"权益意识"高涨的学生，自然会日益乖张、动辄"呛声"。这时，要求学生虚心以对，要求学生保持"听讲者"的起码分寸，自然便日益艰难。但是，如果"教育"了半天，学生没这虚心，没那分寸，这又算哪门子的"教育"呢？

两岸读经

读经是对的。但，还是有些问题。

读经运动，肇始于台湾，后又影响了大陆；若论传播之速，影响之广，诚百年来文化复兴之盛事也！

声势既大，反弹便深。台湾这边的反对声浪，主要来自政治考量；但是，政客说话，通常连自己也不信；因此，这种反对，其实无伤；除此之外，再有明摆着反对者，其实不多。究其原因，系因台湾的儒家基底，本来就在；民间的传统底蕴，更一向雄厚；真要推动读经，立可榫卯相合，毫无间然。

十几年前，大陆这侧，却是不同。只见民间满头热忱，知识界却意态阑珊。主流知识分子一谈起读经，多半保留；激烈反对者，更大有人在。他们背负了"五四"以来的反传统包袱，对"旧社会"种种素来反感，对"读经"云云尤其憎恶。"文革"至今，虽说杳远；但在他们身上的影响，却烙印如新。

这烙印，是历史之共业；若要理性说服，其实不易；真想去除，更属难上加难。

因此，那些极力反对读经之议论，不管出自什么名家学者，也不论新闻版面又有多大，总之，都不必与之过多辩驳；偶一言之，可矣；除此之外，多言无益。为人父母，为人师长，着实毋庸过虑，毋庸摆荡，大可放心地教导子弟读经。

至于那些反对言论，尽管声势浩大，却也只是一群反传统者的偏执拗强罢了！随着欧美的荒愁莫知所以，随着西方教育理论之破产，他们再如何呶呶不休，也都只能尽化浮花，全成浪蕊；一个个的浪头过了，也就过了；但是，沧海仍旧，青天依然。

然而，虽说反对读经之议论，多半不对；但是，现今之读经，也仍有些问题。

首先，道学味太重。

"祸福无门，唯人自招"，清末以来，中国文化之倾颓破败，固因外力入侵，但根柢说来，更是因为自身之病重疴沉。自宋以来，过度尊崇儒家，又极度谨小慎微，读书人拘隘难伸，气象渐失。要不，耽溺于风雅之事；要不，萎死于琐碎之所谓道德。于是，那口诵圣人之言的道学先生，摇头晃脑，非腐即酸，一个个尽成了孔子批评的格局既窄心量又小的"硁硁

为人父母和为人师长者, 大可放心地教导子弟读经。

然小人哉!"

结果,"五四"以来的反传统,并没有将这股酸腐味给洗清涤尽;相反地,在极度反传统时,其伪善,其虚矫,的确是那道学精神的借尸还魂,甚至,还更堂而皇之,更蔚然大观。而今,往矣,但那道学气息却未随之而去,在这波护持传统的读经运动中,仍依稀可嗅得那份酸腐陈味。

这些主事者,多半道德感过深,使命感太重,整个生命,仍然过多不必要之紧绷。生命若无法舒展,格局又无法打开,那么,读经再多,也是枉然!

正因这种窄隘,今日读经,遂多蹈宋儒旧辙,仍过度儒家中心,更过度紧盯四书。因此,2012年台湾的高中课程,恢复了《中华文化基本教材》,遂引来莫大的质疑。这些质疑,撇开政党恶斗的"去中国化"论调不管,最关键的是:既名之曰《中华文化基本教材》,就理应儒释道三家均衡介绍。孰料,主事者完全是道学心态,只读四书,不及其他。面对外界质疑,除了用篇幅有限这不成理由之说词搪塞外,还觉得自身一片赤忱,竟饱受无情无理之攻讦,遂处处防卫,更自觉委屈。读经若读成这种卫道心态,其实,不读也罢!

当初读经,另一个更根本的困境是,脱离了原有的文化土壤。因此,长久看来,成效难彰,理想难期。

两岸读经，十几年前能蔚然成风，居功厥伟者，有王财贵先生。然而，他早期推广所说的读经之效，今日看来，却有些言过其实，明显过度乐观。台湾读经大兴，迄今已逾二三十年；彼时读经之孩童，今多已成年，最当勃然兴发之龄。

若依王先生当年所言，此辈青年，理应斐然成章，早该熠熠生辉了，但证诸事实，却完全不然。此辈年轻人展现之气象，与读经之第一义该有的胸襟气宇，实在远不相侔。即使是最清楚可见的所谓语文程度，都很难说已经超越了未受读经洗礼的四五十岁那辈，更遑论再长一辈？

读经，本是为了成人。读经，本是为了成为通达事理、性情平正、自知知人的朗豁之人。然而，两岸读经，尽管如此一片骚然；但离此目标，却其实迢遥。问题核心是，多年前的读经，并没有深植于该有的文化土壤，只像是种子撒在沾了水的棉花上，当然可生长，也看似清葱翠绿，但总难以期待枝繁叶茂，绿荫满地。

所谓经书，本是植根于自然、植根于文化土壤而生之长之苗之壮之的烨然硕果。读经，欲有大成，原该同古人一般，天生地长；亦该如古人一样，厚土深培于悠悠人世。否则，读再多的经，都只是拾人牙慧；背再多的经，都仍只是孔子嗟叹的"苗而不秀"与"秀而不实"；如此读经，若当学究，容或可行；欲成志士，则断乎不能。

现今文化土壤,经此百年斫毁,当然饶富不比当年;但真可植根之处,其实仍多;"十步之内,必有芳草",譬如台湾民间之四时祭仪,又如神州各地之戏曲说书,再如两岸皆然之庶民之勤奋笃实与活泼豁达,凡此种种,都足以让经书接得上源头活水。

有志之士,若能留心于此,则读经之事,方能可长可久;读经运动,更可气象一新!

夫妻四帖——家庭教育的根本

一、成"亲"

所谓中国文明，一是亲，二是敬。亲是重点，也是起点。

中国的礼乐文明，其实就是"亲敬"二字。孔子重礼更重乐，但受宋明以后迂儒连累，近人多已遗忘，甚至也不太相信，孔子不仅可敬，其实更是可亲。又因"五四"反传统影响，大家也逐渐淡忘，甚至不乏怀疑，中国文明原有着既亲且敬的人世风光。百年来，正是这人世风光的日渐杳然，更是那人间亲敬的逐年变质。

这样的变质，首当其冲，是男女关系。

于是，现在的男女，多半不亲。

时下男女，彼此不亲，却老强调激情，总要夸大浪漫。譬如台北街头，常常才隔几天，便有人又挖空心思，为了求婚，相竞以耸动方式、劲爆手法，刻意制造强烈的戏剧效果，好让女友一时怔住，感动莫名，于是点头允婚。但我不免好奇：如此戏剧效果，真待婚后三五年，他们之间，又将如何？激情总难长久，花招又岂能无尽？当求新求变有时而穷之后，他们又将何以为继？

又譬如现今新人结婚，流行婚纱拍摄，即使所费不赀，也必求个浪漫与唯美。然而，这童话般浪漫唯美的照片，不仅无益于婚姻之坚实，更无助于夫妻之相知与相惜。事实上，当浪漫婚纱蔚然成风之际，正也离婚比例年年攀高之时。换言之，愈是刻意追求浪漫，男女之间反落得日益不亲。

原因何在？盖这浪漫本身，原是刻意造作，本非平常，尚且，后头还有个商业机制在。如此一来，层层叠叠，尽是虚情与假意。这般虚相，与真实的自己，本来就早有一隔；于己，既然有隔，于人，自然会更加疏隔。因此，这样的浪漫，虽可一时心荡神驰，但终究说来，却只能让人愈隔愈远。

中国文明之亲，首先，就是无隔。人之相与，贵在无隔。世人常叹，"交游满天下，知己无一人"。所谓知己，无非就是那无隔之人。与人无隔，本来不易；男女之间，更尤其困难。时下的男男女女，受西方影响，偏又过度聚焦于刹那间的相互吸引，因此，真正长久之相处，遂日显艰难；真正绵密之相知，也日渐阙如；也正因如此，男女真想无隔，便迢迢其遥。

尤其资本主义推波助澜之后，男女欲念，空前标举；男女情爱，更无限称颂。但愈是如此标榜，男女间的疏隔，却愈无稍减，反倒日益增添。于是，男男女女，才刚相吸，随即相斥；狂喜不久，转眼倦怠；激情之后，才过一晌，便又心生嫌恶。如此男女，遂成了庄子所说的"方生方死，方死方生"；如此男女，遂成了生死流转，终归无常。

正因这般流转无常，正因执念于浪漫情欲，于是，我们看到了电影《泰坦尼克号》（台湾称为《铁达尼号》）以其强大的电影技术，挟其排山倒海的营销力量，总能让无数人爱之恋之、痴之迷之。电影中那生死一线的爱欲之情，让无数人怦然心动，久久不能自已；至于男女主角迎风相拥的那浪漫画面，更不知使多少人心生向往，为之无限憧憬。

然而，不管是憧憬无限，抑或是不能自已，毕竟，那都是层层叠叠的虚相；毕竟，那都是一种痴迷。男女之间，但凡以痴迷而始，就难免以不堪而终。如此流转于痴迷与不堪，根柢说来，不正因为人己皆隔，不正因为少了个"亲"字吗？

旧时男女，称婚姻为"成亲"。这词儿极好。一对男女，因为姻缘，从此成为至"亲"。亲是相知，亲是寻常，亲是细水长流。时下男女，过度眩惑于西洋式的激情浪漫，总缺少亲人该有的平常之心。禅宗有言，"平常心是道"。所谓道，无非是让我们身心安顿，让我们与人无隔的生命途径。

事实上，男女之间，即便只是散步谈心，或只闲坐吃茶，这一时，这半晌，比起那邮轮上的迎风相拥，都更有着至亲的寻常风光。同样地，家常夫妻，在生活中患难相与共、疾病相扶持，也比那刻意夸大的生死爱欲，都更能涓涓潺潺地沁入心髓。男女之亲，本是平平常常，正如那家常菜色，毫不起眼，却最养人。不是吗？

二、恋爱是诗情，婚姻是修行

现代人多半不快乐；常心中空虚，无端烦闷；虽东寻西觅，却总不踏实。结婚之后，更尤其如此。个中原因，当然甚多；但关键之一，是他们轻忽了人生有桩要紧的事儿，名曰"修行"。

中国古代的礼乐，是万民的修行法门。不论贵贱，不论上智下愚，只要实心实意，依礼循乐，即使不知其理、不明其意，但凡时日一久，人生依然会有其风景。佛教传入中国之后，更加深了这修行的自觉。世人皆知，台湾民间人情温厚，台湾百姓乐于助人，究其实，正因台湾的礼乐传统未曾中断，而且，民间一直保有这修行的想法。

那天，我带着妻小，陪二老到溪边踏青。走着走着，家父忽然停下了脚步；一看他没跟上，我们抬头回望，但见他修整着可能妨碍行人的路树枝叶。家母看了一看，言道："我们先走，让他弄弄；修整这些枝叶，免得刺伤别人，也算是件功德；人还是做做功德才好。"

我父母亲是文盲，都没上过学。他们做功德的想法，是从小耳濡目染，自幼习以为常，是民间千百年来根深蒂固的生命态度，当然，非学校所学。事实上，现今的学校教育，都因过

"成亲"这词儿极好。男女间因为姻缘，从此成为至亲。

度西化，更因日益物化，故而离"功德""礼乐""修行"这些词儿，都非常遥远。因此，家父家母虽说文盲，虽说没受过学校教育，但比起许多的高级知识分子，却更懂得对人世礼敬、对神佛礼拜、对祖先唯虔唯诚不可或忘。这些礼乐，是他们的修行。他们比多数的读书人更明白，一生为人，自当修行一世。

他们一生最重要的修行场域，是在家庭。现代社会的崩坏，缘于家庭之瓦解；而家庭之瓦解，又缘于修行观念之不再。换言之，受物量社会的侵逼，又因个人主义之扩张，家庭遂腹背受敌；一方面，遭社会逐年吞噬，犹如空壳；另一方面，又遭污名丑化，俨然成了牵绊个人的桎梏之地。于是，大家都已然遗忘：原来，家庭才是文明的真正基地；原来，家庭才是修行的根本道场。

人之修行，启始于家庭。一个人的性情涵养，相当程度映现了家庭的修行成果。当今两岸，成日大谈教育，但同时，却又坐视、甚至助长了家庭的架空与萎死，这当然是颠倒错乱。事实上，若无法恢复家庭的价值与地位，再宏伟的教育改革，再深刻的教育理论，都无异是痴人说梦、治丝益棼。

家庭源于夫妻，始于婚姻。中国人的婚礼，之所以先拜天地、再拜高堂，接着又夫妻对拜，正因从今往后，夫妻二人，既面对自然天地，又承继历史传统，皆堂堂正正的天地人三才；有此修行自觉，当然庄严！于是，《中庸》也才会说："君子之道，造端乎夫妇。"在中国文明里，婚姻，就是修行的开始！

五六十年前，我父母因媒妁之言成亲。他们性格差异大，连吃东西的口味都南辕北辙。记得我小时候，看他们偶尔冲突，有时吵架；母亲受了委屈，一旁啜泣，很伤心；更严重时，会几天都不说话；我们兄弟虽然年幼，却清楚感觉到那股低气压。但是，随着年纪更长，我看他们彼此的扞格渐消，歧异渐隐。斗斗嘴、彼此互嘲，自然常有；但真吵架、伤和气，却已极少再见。

家父虽说是一家之主，但正如许多的华人家庭，其实，母亲才是整个修行的最关键者。所谓修行，无非是学会先将自己的习气与执着一一放下，然后，如实地、无隔地感知对方。正因修行可以修到彼此无隔，于是，有人有我，人我皆好。

以前，我们家从不吃辣；直至十几年前，我才明白，家母其实嗜辣，只不过家父不吃罢了！后来她提起此事，完全没委屈，也了无缺憾。那口气之淡然，让我总算明白，她与家父虽未经恋爱，但结缡以来，彼此之相知兼容，竟可以年甚一年！

于是，我也明白，西洋人总说婚姻是恋爱的坟墓，中国人却说姻缘乃百世才能修得，且不仅前世修，今生成了亲，更要继续修；于是，一个施恩，一个报恩；一个敬，一个爱；所以，中国人说，夫妻恩爱。

三、揖梅让石

2012年，江南春寒，明明已三月下旬，梅花却才刚刚盛开，柳叶也初初新绿。那天，我到杭州讲学；傍晚课罢，与学员一道饮宴。席间，不知谁人提起了"男女平等"；我笑着说道，这是西方的词儿，因这词儿，把男女关系都搞坏了；若用中国文明的观点，就该换个词儿，"男女平衡"。众人闻言，不论男女，尽皆抚掌。

现代的男女关系，实在不好。

首先，受西方影响，现代人喜欢渲染"爱情"，更极度吹嘘"情欲"。男欢女爱，本天经地义、正正堂堂；但他们这般夸大，总之不对。于是，不论男女，想方设法，都要让自己更具性吸引力。结果，情欲亢奋期一过，男女关系便急转直下，就变得索然无味，遂开始嫌恶对方，开始觉得"爱情已然远去"，才会有"七年之痒"云云(现当然缩得更短)。正因如此，人一旦衰老，也意味着性吸引力不再，现代人于是普遍怕老，尤其某些"时尚"人士，避老畏老，唯恐不及；这些人时髦光鲜，但怕老怕得有些歇斯底里。

这样的男女关系，除了情欲结合，好像别无余事；较诸动物，也似乎已差别无多。但这"爱情观"后头，因藏着了惊人商机，故在这资本主义时代里，反而最具正当性。所以，主流文化竭力歌颂，传播媒体也极力标举。譬如台湾的情人节，一中一西，每年两回疲劳轰炸，讯息铺天盖地；如此无边无际地渲染，怎么看，都有种歇斯底里。

除夸大情欲之外，百年来，我们还看到高喊"平等"的女权主义者，也看到习于拘禁女子的冬烘先生，两造极力争辩着男女关系。尽管他们各执一词，雄辩滔滔，但某些地方，却极相像：首先，他们脸上紧绷，充满气愤，甚至还带着凶相；其次，他们极爱说理，老爱拨乱反正；然后，他们谈男女，都夹杂太多的权力关系，男女之间，过于紧张，都像敌人似的。

女权主义也好，冬烘先生也罢，他们都在权力中拉扯，彼此争斗，相互角力。男女关系，正如所有的人际关系，一旦在权力中较量，落于权利义务之纠葛，就很难健康，更难清爽。两造更大的共通点，是对异性都少了如实的体会，更缺乏根柢之爱悦。有些女权主义者，悉心照料猫狗，看着看着，深情惓惓；但一提起男人，却始终没几句好话。至于许多冬烘男人，满口天下国家，满嘴人民百姓，心中似乎充满"大爱"；但才一回家，见了自己的妻子，却常正眼也不瞧一眼，不由自主，就心生厌恶。

如此之人，建立起来的男女关系，又怎么可能健康呢？

中国的男女关系，原不该如此。中国文明固然讲究男尊女卑，但这尊卑，正如天尊地卑，其实也就是个顺序，有先有后罢了！若受西方荼毒，老要把这尊卑往权力的方向去想，那就是现代人的浅薄了。在中国的礼乐文明里，男尊女卑的同时，彼此更互有揖让；因此，男女之间，便多能维持动态之平衡。正因有此动态平衡，于是，无论穆桂英的飒飒英姿，或是贾母的德高望重，乃至于《大宅门》电视剧里白二奶奶的决断果敢，中国人一向不觉有异，而这，与"男尊女卑"是丝毫无有冲突的。

我自己爱看戏曲，戏曲中的男女关系，其实多半比今人健康。譬如夫妇，通常戏中老爷出场，夫人紧随其后，然后互有揖让，相敬如宾。遇有大事，两人商量之口吻，比起今人强调的男女平等，都更有着相互礼敬的平衡之美。于是，我想起杭州讲学的隔天，偕好友三焦夫妇同游西湖，走着走着，遂见一亭；此亭隔水遥对孤山，但见梅花一片盛开；亭上有匾，隶书甚好，写有四字，"揖梅让石"。

是呀！"揖梅让石"，西湖正因有此揖让，遂成天下独绝；而今，中国文明初初重建，礼乐刚刚再起，就从男女间的相互揖让做起吧！

四、夫妻关系是修行的大功课

儒家说"修身"，佛教说"修行"；这两词虽说有别，但自佛教中国化以来，后世多已混用。今在台湾，更尤其如此。于是，不妨也就如此沿用吧！

《大学》经文中，有句紧要的话儿："自天子以至于庶人，壹是皆以修身为本。"修身，乃文明之本。自古以来，透过礼乐的修行，透过佛、道之修为，中国人的一生，向来，就是一生之修行。因有此修行自觉，才有所谓的中国文明；也因有此修行自觉，中国文明才能历千劫、经百难，却始终文明不坏，始终保持着光明喜气。

近百年来，中国文明之所以倾颓崩坏，其实，也就是大家忘了要修身。正因忘了要修身，这光明喜气的民族，竟摇身一变，变成了整天愤斥、镇日怒骂，结果，遂堕落成人人浮躁、处处抑郁的难堪景象。而今，这倾颓总算即将结束，中国文明也初初重建，眼下首务，就是要先恢复修行的自觉。

薛仁明夫妇在建水。

修行，始于家庭。《大学》先说修身，紧接着谈齐家；盖中国文明之修行基地，本来就是家庭。今日之文明堕落，追根究底，是家庭之败坏。许多人满嘴贡献社会、报效国家，却置家庭于不顾，动辄牺牲婚姻，其实，这都是本末倒置。甚至，有人无心于家庭，却高言献身教育，这更是彻底的自欺欺人。

任何志在天下之人，都应先回身专注家庭；有心教育者，更该从自己的家庭做起。家庭，才是文明的修行基地。家庭始于一夫一妇，因此，真要恢复修行的自觉，就不妨从夫妻相处做起吧！

眼下许多的"成功"人士，在外头畅然快意，圆熟练达；逢人遇事，也总游刃有余；在社交场合里，更尤其满脸笑容，口角春风。但是，常常才一转身，回到了家庭，面对最寻常的夫妻相处，却是踉跄不堪。反差如此之大，正映现了夫妻相处的真实情境：看似平常，实则最难。

正因最难，所以，修行的迫切性也最高。

闻听有夫妻自结缡以来，自始至终，琴瑟和鸣，从无争吵。这当然令人艳羡；但如此天时地利人和一切俱足，且又福慧兼得者，毕竟，仍只极少极少之特例；正因特殊，故不妨搁置不论。若真论一般夫妻，恐怕，仍多半如我与内人一般，才刚结婚，才过蜜月期（这蜜月期可能短至几天，甚至不到几天），便开始冲突；这冲突，先是想法的摩擦，渐渐转成激烈的口角。如此口角，在婚后的前几年里，我夫妻可半点没少过；严重时，也曾冷战数周，毫不言语。

夫妻相处，向来艰难。盖男女之异，原本就天差地别；彼此的家庭背景与生活惯性，也必然相互径庭；双方的种种偏执，又谁也没比谁少；再加上大家渐渐晚婚，生命柔软度已多退化；偏偏，又赶上男女关系不甚健康、个人主义更无限张扬的这个时代。于是，在彼此毫不遮掩、也无可遮掩之下，所有的缺陷，所有的矛盾，都彻底暴露于前；既然如此暴露，且又朝夕相处，整天盯着，整天看着，焉能不碍眼？又焉能不憎恶？于是，夫妻扞格，几成必然。因此，才新婚伊始，便关系紧绷，陷入僵局，最后甚至以离异收场，又何奇之有？

怎么办？

很难办。

我只记得有句老话，"烦恼即菩提"；又有一句，"危机，便是转机"。前句且先按下；这后一句，人人会说，但真能有此一"转"，却不容易。转得了，从此渐入佳境；转不了，于是每下愈况。当年，我幸而有此一转；如今回头再想，这关键一转，还是有赖于那修行的自觉。

所谓修行，就是照见自己；换言之，能否反观自照、看见自己，便决定了这关键之一转。若能反观自照，在看似困塞无路的山重水复中，才可能一转转出那一村的柳暗又花明。

所谓反观自照，其实，也不过是回个头来，心平气和地看到了自己。看到自己原来有诸多习气，有种种偏执，有隐微之浮夸，有难言之虚矫，还有，还有那许许多多不愿承认之限制。

修行，就是承认自己的限制，从而体谅对方之不足。

以前，自照工夫还不到时，夫妻才一冲突，我的嗔恨之念便起，刹那间，嗔恨化身千万，布满四方，放眼望去，尽是对方之不是；怎么看，怎么不顺眼；愈不顺眼，便愈强化自己嗔恨的正当性。于是，愈看越嗔，愈想越恨，念念相续，死生流转，其实，这就是个无间地狱。

这地狱，当然是自造的。

佛家说，修行是"离苦得乐"，讲白了，就是别再自造地狱，别再跟自己过意不去！许多年后，我终于明白了这点，也才学会不再跟自己过意不去。从此，若与内人再有隙罅，又开始心生嗔恨，便像个旁观者紧盯着自己，细细看着那念头如何念念相续，得再转念几回，才肯罢休。

所幸，近年来，因盯久了，"眼力"稍有长进；"眼力"一长进，自照也逐渐清明，于是，那些炽烈的嗔恨之念，真要没完没了，真要不断催逼，也渐渐不再容易了。

也因此，这些年来，我开始学会了"珍惜"每回的冲突。烦恼即菩提，是呀！有了烦恼，才可自照；有了冲突，才可更清晰地看到自己的贪、嗔、痴。如此自照，看久了，也看仔细了，只觉得，自己其实好笑又好气；但是，若真要自责，又知无益；于是，我只好抬头望望窗外，一看，好天气呢！

家庭中的自由和规则

拐点，新教育

还没针对今天的题目展开之前，因为到场的大部分是华德福的老师或家长，所以我先来谈谈我对华德福的看法。

事实上，我是莫名其妙地和中国华德福圈子发生了联系。早先还没到北京辛庄师范上课之前，我根本不知道华德福是什么。上了两个星期课之后，我依然不知道华德福是什么。后来在华德福圈子四处行走，明明我不懂华德福、也不太感兴趣，却老有人对我说：你的想法和华德福是一样的。（众笑！）类似的话听久之后，我倒也逐渐知道了一点点的华德福。在有了这些粗浅的认识之后，我的结论是：他们所谓"一样"，可真是误会了。但是，之所以有此误会，是不是也仍有些原因呢？

大家都知道，华德福教育体系从德国开始至今，大概是一百年，可算是所有西方教育体系中最晚引进中国的。事实上，在"五四运动"之后，中国开始大量从西方引进各种教育思潮，当时的读书人不可能完全没有碰触到华德福。可当他们接触时，他们很难对华德福感兴趣，因为，它太不西方了。从"五四运动"以后，所有的东西，几乎都是愈西方愈正确，所以，对于一个那么不西方的体系，大家不会有兴趣引进的。而当大家把西方的东西都引进得差不多之后，华德福教育体系最后才姗姗然来到了中国。可这一来，却几乎是后发先至，忽地整个中国就遍地开花了。常常是三两个妈妈一接触华德福，立马进入亢奋状态，不久，就天不怕、地不怕地打算筹备一所华德福学校了；这种对于教育的热情，简直是孟母之后所仅见。（众笑！）

为什么一个那么晚引进的教育体系能够引爆如此巨大能量呢？个中原因，很有趣，恰恰就在于它最不西方、离我们的东方文化也最近。大家知道，近十年以来，中国很明显走到了一个拐点。一方面，百年来救亡图存的焦虑、既贫且弱的困境，基本解决了，中国已然巍然站立，已经不需要担心被侵略、也逐渐富裕了；可另方面，当我们已逐渐满足了原先对于富强的期盼之后，我们却又产生了一个空前的困惑与迷茫。在此困惑与迷茫的背景之下，有几桩事儿就开始接连着发生。

首先，是王财贵先生的"读经运动"；不多久，则是"国学热"。两者之势，都如火燎原。随后，天安门前九米五高的孔子塑像矗立了；再没多久，政府就开始大张旗鼓、正式提倡国学了。而华德福教育从引进到勃发，恰恰也就在这时间点上，恰恰也是类似的发展势头，这很有意思；换句话说，中国人面对华德福这个从德国引进的教育系统，竟然有一种发自内心、不同于"国学热"可又有点类似的亲切感。

这亲切感，来自于华德福本身有种强大的东方基因。这亲切感，使中国人满足原先对富强的期盼之后回过头来找回自己的魂魄时，就如此自然而然地与华德福觌面相逢。大家知道，斯坦纳受歌德影响，歌德则受老子影响甚深。所以大家接触华德福时候的亲切，当然不是因为有那个"华"字，而是背后有一整套的思维。譬如，全中国的华德福学校在弄节气、节日——中国这些东西时，都可以做得那么自然。今年三月，我去成都华德福学校讲座；校长李泽武带我绕了一下他们校园，我看到每一间教室都写了春联，很感动。每间教室的春联，都写得很工整，个别书法好不好，另当别论，可确实都写得很认真，而且，句子都不差，很有些讲究的。全中国的小学能够做到这水平的，恐怕不多吧！

华德福的东方基因跟各种私塾与读经学堂形成一种特殊的对比。据我所知，有不少人对体制内教育失望之后，曾经把小孩送到学堂去，而后觉得不对，才又送到华德福来；当然，有些人则是反过头来、先华德福再学堂的。但总的来说，在脱离体制内学校之后，大家在尝试新教育时，似乎这两个圈子都还是大家最常考虑的选择。可这两个选择固然有其相通之处，却仍大有不同。简单地说，学堂、私塾本质上是儒家(而且还是宋明以后的儒家)基调，所以，私塾的小孩多半规规矩矩、彬彬有礼，但是，那种规规矩矩与彬彬有礼却让我们有点不安，好像有某种东西不对劲、好像小孩不太应该是这样子、好像孩子有某种东西被绑住了。那种被绑住的感觉，很容易让人想起中国文化从宋明理学兴盛以后被绑住的那个样态。正因为那样被绑住的样态，所以"五四运动"胡适、鲁迅、陈独秀这些人才要反传统，打倒孔家店。"五四运动"对中国文化的破坏，当然是过了头；打倒"孔家店"，也确实太过分；但是，再怎么过分，里头仍是有些道理的。胡适、鲁迅、陈独秀他们在成长时所接触的中国文化，确实有种桎梏得太紧的东西存在，那种感觉，在今天的学堂和私塾都还隐约能感觉得到。这大概是家长把小孩送到私塾或者学堂觉得不对劲的本质原因。

至于华德福，则是另一个样子。它有老子的背景，崇尚自然，没有那么多规矩，小孩比较活泼、自由、有灵气。可目前这圈子的小孩问题也很大。

问题多大呢？

上回我在华南一所华德福学校上课，帮老师、家长讲五天的国学。那时刚好是小长假，主办方说七年级的学生想来旁听。我说，旁听可以，但请记得，就是旁听。什么叫旁听？就是静静地坐在那里，可以把这些人几乎当作不存在。结果，第一天上课之后，我就发现上当了。这些华德福学校七年级的学生哪里是旁听？哪里是配角？他们根本是喧宾夺主，压根就把自己当成是主角。他们坐没坐相，站没站相，然后，各式各样的捣蛋法，我恼怒的是，竟然到了这一把年纪了，我还得跟他们生气？！后来我跟主办方说："今天如果把成年人全赶走，让我纯粹上这批七年级学生的课，放手让我来收拾他们，这事我也可以干。"为什么？因为面对这些十三岁的孩子我是有经验的。我自己在初中教了十六年，怎么处置青春期的孩子，说实话，我有法子。该怎样"忽悠"、怎样"吓唬"，然后让他们能乖乖听讲，这不算难。可是，明明旁边还有一群老师、家长，他们花了一笔钱来听讲，我如果用这种模样子上课，不对吧？

结果几天下来，我课上得不舒服，真是几年下来所仅见。后来，我就和主办者说，以后如果还要这种上法，我绝对不来。最可怕的是，上到第四天，主办者过来和我说道："薛老师，今天我请七年级那个班的老师来听您的课，"我说："干吗？"他说："让老师来看看您怎么上课的？学生在您的课堂上表现那么好！"他一说"那么好"那三字，我差一点晕过去。我说："这样子，还叫'那么好'？！"主办者说道："他们现在的情况，是老师基本上不太敢走进教室了。"

是的，后来我在华北，有个学校也照着华德福的教育理念办学，结果他们四年级（或者是五年级）那个班也是一样，老师不敢进教室。学校的创办人希望我给他们老师指导指导，但我哪能管得了那么多事？！除此之外，大家估计也都听闻过中国某所极知名的华德福学校，他们高中的情况也失序得相当严重。这些例子，都不是特例，而是普遍的现象。换言之，华德福在中国目前遇到了一个大问题，这问题就和今天的主题息息相关。华德福将来要在中国持续发展，（将来中国会是华德福最大的一块沃土。华德福在西方永远都是边陲，而且还会愈来愈边缘。）要真正在中国落地生根，得经历一个比较大的变化，就是所谓的中国化。

从好几年前，华德福圈的几个头头都一直在讲中国化；他们很清楚，如果不"中国化"，华德福肯定走不长远的。但我常讲，"中国化"说来容易，可当真去做，却得扒一层皮的。所谓"扒一层皮"，就是得把华德福某些与中国文化不相容的西方特质给丢掉，可是，这又谈何容易？

上次我对着一百多位华德福的培训老师做了一场讲座，讲得很直接，底下反应很热烈、也很两极，有人期期以为不可，有人则频频点头称是。最有意思的是，当晚有位华德福的西方督导前来聆听，听得很认真，隔天一早，他就召开了临时会议，紧急消毒，消我这个毒。(众笑！)

我"毒"在哪儿呢？(众笑！)当晚我提了几个华德福和中国文化可能格格不入的问题，譬如说：民主问题、教师自治的问题，还有，体罚的问题。我讲了之后，估计这位外国督导会很崩溃：竟然，还有人可以公开赞成体罚(当然是适度范围内的体罚)，真是是可忍、孰不可忍？！

我说道，华德福有几个了不起的地方，譬如强调"先感后知"、重视自然、恢复生命之全体与均衡，等等皆是；可是华德福确实存在一些源自于西方文化背景的包袱，非得卸下不可，否则就难以在中华大地深根茁壮。虽然华德福的外国督导总是强调，华德福必须在每一个地方进行"本土化"，可"本土化"的底线到底在哪儿？如果"本土化"彻底了，和华德福的西方背景冲突了，这些西方督导受得了吗？华德福是不是一定得和西方的背景绑在一块儿？那位西方督导后来说，"华德福"这三个字是不可以乱用的；可我也得老实说，"中国化"这三个字更是不可以随便乱用的。"本土化""中国化"信口说说可以，真要做去，华德福就得做非常多的根本调整。华德福没中国化，华德福就完蛋；可华德福真要中国化，却得被扒掉一层皮。这是事实，没办法。

简单地说：华德福固然受到道家的影响，固然有相当多的东方基因，但终究，这仍然是个西方体系，免不了，就有西方的包袱。这些西方的包袱，目前华德福圈还不太有能力平常心对待。毕竟，中国人对西方的仰视，积习已久，一时之间还调整不过来，没有能力去平视它。也正因如此，华德福圈子面对外教，至今都还习惯仰着头看。在这样的情况之下，中国的华德福圈子就缺乏足够的能力与勇气去拣选到底什么东西是我们可以接收的？哪些是适合中国的？而哪些又是我们得进行调整、放胆转换的？

华德福最核心的问题是：如果它是一个彻头彻尾的道家，那就一点儿问题都没有，可是，它却只是一个半吊子的道家。尽管这半吊子已经很迷人、足够我们玩味再三了，而它的某些气质更尤其对女性的吸引力非常强。这个体系为什么那么吸引女性？大家都知道，老子是全世界极少数最懂女人、最深知女人能量的顶尖高手，道家在阴阳调和、刚柔并济之间，也特别有体会。尤其在全世界几个以男性思维为主的大文明里，道家的"柔弱胜刚强""上善若水"，格外能照察到阴性的能量，所以受道家影响的华德福吸引女性是有道理的。

可是，中国真正意义上的道家，肯定是负阴而抱阳，必定阴阳调和、刚柔并济的。譬如，他们说弃圣绝智，圣不要，智也不要，他告诉你别读书，读书会把人给读坏了。道家常常这样讲。但是，道家之所以会这样讲，恰恰是因为他们经历过了，知道里面的问题，然后才告诉大家问题很大。同样地，就像礼、规矩这些东西，道家看来是不甩它们的，可其实道家对这种东西都是很清楚的。该有礼的时候，他比谁都还有礼。孔子不是还问礼于老子吗？可是，华德福呢？这么一个道家味道再加上西方民主、自由那套说法，很多人一接触，觉得太好了，从此整天叨念着"爱与自由"。结果，最后自由过了头，就是没规矩。

当华德福引进中国时，遇到的最大问题是我们正处在一个经历过"五四运动""文化大革命"之后礼崩乐坏、早已远离了礼、也远离了规矩的时代。如果是在清朝末年，弄弄华德福，基本上没问题；因为大家该有的规矩、该有的礼，从小都有，不仅有，有时还太过，这时被华德福解放一下，挺好的，会变得很平衡。可问题是，各位以及各位的孩子都是六十年代后出生、成长的人，所处的时代少了规矩，也不知什么叫礼，结果，一碰上华德福这个体系，就很容易变成没礼、没规矩。

这也是为什么那些华南七年级的学生变成这个德行？又为什么那批华北四五年级的学生会变成这个样子？我觉得，这不单单只是因为现在的孩子都是独生子女、在家里多已宠溺过度，肯定，还有教育体制的问题。类似的问题，在公立学校估计不会那么严重。更何况，所有的华德福学校都讲究小班制，按理说，小班应该可以教得更好，可我所看到的，却恰恰相反。一个教育体系不管勾勒得多么美好、多么理想，只要搞到连老师都不敢走进教室，必然是出大问题了。

真正在中国文化里，最典型的生命状态一定就是儒道互补，外儒内道，该有的规矩、该有的礼数都掌握得到，可内在又有一份宽松，内外兼得、两者兼备，如此生命，就容易平衡。几千年来，中国人的生命样貌，大抵就是如此。可惜到了宋明理学之后，某些儒家弄得太偏，过度往儒家倾斜，把骨子里道家的那份宽松、自在给丢掉，结果搞到一批人面孔僵硬、动辄发怒，一点儿都不可爱，看了只想敬而远之、避之唯恐不及。读经圈因为继承宋明理学，所以一不小心，就容易犯这个毛病。可是，很不幸地，华德福圈子却以自由为名，又走了另一个极端。

　　去年九月我到北京讲课，早先邀请方希望我能把孩子也一并带上。结果，我三个小孩就在那边跟大家一块生活了十天。我们要离开的前一天，那儿的学校举行了祭孔典礼。仪式很简单，但很多人都感动掉泪了。那天一个很大的亮点，是他们的学生唱《诗经》。学生在典礼中唱着《诗经》，状态很好，也很令人动容。可是，一唱完《诗经》之后，那些学生在紧接着的仪式过程中却一直交头接耳、东摇西晃，动个不停，整个典礼该有的庄严严肃，一下子就全都没有了。后来在开检讨会时，邀请方的常务副校长就叹了一口气："唉，这一个多星期以来，看着薛老师的三个小孩，才觉得我们这儿的小孩的确是没规矩。再看看薛老师的小孩，小孩确实是可以既可爱又有规矩的。"

一般说来，学堂里的小孩容易让人觉得太有规矩，像个小老头，少了孩子该有的童趣与生气，明显是落于一端，而今天华德福的小孩，则又落于另外的一端。按理说，今天中国的教育应该能教孩子该有规矩的时候有规矩，该活泼、该有童趣时应该是一样地开心活泼有童趣，但是我们后来都落于两端了。

家庭教育为何愈来愈难？

那么，小孩怎样既可爱又有规矩？怎么既生机盎然、活泼泼的而又有礼、有规有矩呢？首先，我们后来之所以会落于两端，真要追究，其实是从宋代以后的儒家过度膨胀，到了近代，大家开始反它，可是，偏偏又反得太过分，把所有东西都给抹杀掉了。结果，就从"五四运动"，"文化大革命"，乃至于改革开放之后西方那套个人主义也引了进来。我们于是就认定：人就是要自由，人就是不要被干涉。我们就对孩子说，我们只要你自由地成长就好了，而更糟糕的，则是对孩子说：孩子，只要你能每天快乐就好。

不幸的是，当你期待孩子每天快乐时，孩子将来就很难快乐得起来。在座各位多半反感应试教育，都知道每天期待孩子考试能考得多好，那是一种扭曲。可是，假使你每天期待孩子快乐，是不是也同样是种扭曲？如果因为你自己成长过程不快乐，所以把自己当初的欠缺强加给他；如果当初觉得自己受了那么多束缚，所以觉得小孩不能再受那么多的束缚，基本上，这是把你欠缺的东西丢到他头上，这叫作"己所欲，施与人"。孔子说"己所不欲，勿施于人"，非常好，这叫作恕道；可为什么他不说"己所欲，施与人"呢？

因为，"己所欲，施与人"通常是痛苦的一大来源。大家一定遇到过吃饭时拼命劝菜的人，哎呀，一定要吃，不吃，好像就是没给他面子。如果是劝酒，那才更可怕。他硬给你，你不接受，好像就失礼；可接受了，你也很痛苦。那种"己所欲，施与人"给人的麻烦可多了。朋友之间这种事，还算是小麻烦。可真到了亲人之间，"己所欲，施与人"所造成的悲剧才真是说也说不清。

大家试想，中国的小孩是从什么时候开始变得难教？简单地说，就是从中国的家长开始很关心教育开始。关心是对的，可是，只要关心稍一过头，就免不了都会变成"己所欲，施与人"。大家回头想想，当你们还很小的时候，父母亲会花像你们这么多的心血来教你们的，恐怕不多。他们恐怕，连挣钱都来不及了，哪有时间来教你们？可你们长大之后，今天这个德性其实也还行（众人大笑）、没差到哪里去呀！但很奇怪的是，明明今天我们花费了那么大的心力，去学习、去上课，想尽办法要把孩子教好，可孩子的样子却常常不尽人意、甚至有时还令人不敢恭维。大家愈希望把孩子教好，可最后的结果为何却适得其反呢？

我常常讲：言教不如身教，身教不如不教。身教是你还想教他，可真正本质上的教育，却常常是外表上不怎么教的。古代学艺，师傅就不怎么教；古人教孩子，也常常不太教；可这不太教，其实正是最大的教。不存心要教什么，孩子才会学得最好。如果我刻意要教你什么，你心里容易抵触。有时故意不想教你，你才会更认真。

我在大陆的第四本书《其人如天》，谈《史记》人物；我在写这些人物时，小儿子薛朴当时小学二三年级，我边写，他常常在后面边偷看，我每回都故意不给他看。可那本书写完时，他每一篇也都全看过了。正因我不给看，他才会认真看完；最近，他给我一个最新的评价："爸，我发现你的书其实很耐看，"我的回应是："谢谢！"（众人大笑）

我想，在座各位年纪小时，父母亲并没有那么刻意要教，你们之所以都还可以的原因，就是因为你们的父母亲心里有一个东西，叫作"平常心"，也就是没那么多的"己所欲，施与人"。因此，该怎么着，就怎么着；没那么多思维、概念的纠结，不会去想小孩该不该体罚？体罚之后会不会造成心理伤害？会不会导致人格扭曲？正因为他们没有那么多概念，该怎么着就能怎么着，于是，"一不小心"，"自然而然"，就把你们给教好了。

今天各位恰恰是因为读了很多心理学，学了很多概念，结果才搞到不知道怎么教小孩；这在佛教，就叫作"知识障"。很多人就是因为有很多知识，所以在现实上才特别没有能量。从这角度来看，老子讲"绝圣弃智"，肯定是有道理的。

有太多人是因为读了很多书，才变得愈来愈不可爱。这种人在追求知识的过程里，常把自己搞得愈来愈纠结。一方面很不快乐，稍不小心，就掉进了抑郁症；另方面脑袋老打架，明明简单的事却搞得很复杂。我常讲：华德福圈子有个特色：华德福的老师和家长都特别爱学习。这是华德福很大一个优点。说实话，这样的年纪，还能够这么爱学习，不容易啊，了不起！可是，华德福圈子的最大问题，也是太爱学习。学了半天，到底自己愈搞愈清楚呢，还是愈搞愈糊涂了呢？这就不好说了。

在座各位的父母亲、尤其祖父母那一辈，教小孩时都没这种问题，因此也不需要花这么多时间学习。譬如我家。我的父亲是文盲，母亲是文盲，两个人都是纯靠劳力挣钱的工人，都是穷得响叮当的无产阶级。和我一些高中、大学同学相比，我完全没有家学渊源；到小学毕业之前，我们家一直都是家徒四壁，除了教科书，没有任何一本书。有某段时间，我对于我的出身背景即使称不上自卑，至少也有相当程度的遗憾。我觉得别人是赢在起跑线上，而我只能在起跑线上看着人家拼命往前跑。可是，等我大学毕业之后，生命有了几番转折，回过头来，我才真心地感激我父母。

愈到后来，我还真有点庆幸我父母亲是文盲。尤其在这种标榜多元、实则价值混乱的时代里，正因为我父母亲是文盲，所以他们纯粹就是中国人的文化基因，没半点概念纠结。也正因我父母亲的这个背景，我才最直接地看到中国的民间是怎么一回事。后来我谈中国文化，之所以可以触动许多人，让人觉得亲切、接地气，其实都得要感激我的父母亲。后来回头一想，当年我父母亲怎么教我？无非就是掌握几个大原则，然后该打就打、该骂就骂，该关心就关心、该不管就不管。有些底线只要逾越了，他肯定就打你、骂你，可是只要没到那底线，他也几乎不管你，小时候我其实是挺自由的。不像现在的孩子，一方面没规矩，可另方面又被管得极多。

　　小时候我就是这样被教育的：该有的规矩，要有，而我父母又大体不管，所以我日子有过得相当宽松而自由。后来总有人好奇：为什么我有那么多的想法跟别人不一样？其实，哪有什么不一样？我的想法其实跟乡下不识字的人几乎都一样，我是受教于他们。我后来之所以能够不被时代的潮流拖着跑，之所以能够不和那些文艺青年一样抑郁，正因为我小时候受了规矩与自由兼得的教育。

　　后来我愈来愈清楚，中国人讲的自由和西方人讲的自由不是一回事。西方人讲的自由很简单：不要被约束，不要被干扰。很多人到华德福是为了要追求这种自由。可是这种自由是很脆弱的，因为今天没有人束缚你，改天仍然会有人束缚你；今天没有人干扰你，改天仍然会有其他的干扰。这个世界本来就是纷纷扰扰、状况百出，不可能永远迁就你，也不可能让你永远称心如意、无拘无束。中国人所说的自由，从来就不是这回事。

上回我在杭州为清华大学深圳研究生院的国学班讲两天课，其中一天半，是在敬一书院上课。敬一书院在孤山，离西泠印社很近。那天一走进去，我觉得这个书院太了不起了。大家知道，宋以后的书院的题匾基本上写的多是些道德教条，就算不是教条，至少也会令人肃然起敬。结果，敬一书院的题匾就写了三个字："一片云。"哎呀，太了不起了！不知道是谁想起来的？后来一问，才知道是乾隆来此所题的。西湖边的中山公园，就是乾隆当年的行宫。

除了一天半在敬一书院上课之外，另外半天，清华国学班安排在画舫上课。在船上上课，听起来很浪漫，可实际上效果很差，所以后来我就说将来别再出这种馊主意了。毕竟，湖上清风徐来，大家忙着左顾右盼，湖光山色之下，必定是心猿意马，谁还管你上课呢？

就在那天我们要去搭乘画舫时，沿着湖边走，早上八九点，有很多大妈、大爷在跳舞、运动。那时有一个大爷在打太极，尽管旁边熙熙攘攘、人来人往，但他完全无所谓，神态自如，自在极了。清华国学班的班长和我走在一起，看着那位大爷,说道:"这个人真是自由。"我接腔:"你这句话说得好。"这就是中国意义下的"自由"。

中国意义下的自由,是不管环境怎么样,你该怎么着,还怎么着。中国式最彻底的自由,叫什么?叫"宠辱不惊",叫"举世誉之而不加劝,举世非之而不加沮"。全世界所有人都在称赞我,我不因此而受到鼓舞;全世界所有的人都在骂我,我也不因此而沮丧。这是中国人追求的最高自由。这种自由,庄子称为"逍遥游"。后来被西方影响,我们去追求那种西方式的自由,结果是愈追求愈不自由;毕竟,这世界不可能让你永远无拘无束、毫无牵绊;而当你愈想要逃避束缚时,其实就愈没有能力面对、乃至于超越这些束缚。

父母跟小孩的位序

换句话说,中国式的自由,是孔子所说的"从心所欲,不踰矩"。正因如此,在中国传统教育里,从小就得给孩子定个规矩,这规矩只要不太过分,小孩将来反而会比较自由。从这点出发,我们就可以慢慢打破掉一些不必要的纠结。譬如说,我在敬一书院就谈到,我们中国人原来不讲民主,而是讲民本。什么是民本?就是以民为本,时时刻刻替老百姓着想。这就犹如一个家庭,我们父母随时都会关心着小孩,考虑事情都以小孩长久的发展为起点,这就叫民本。

可民主是什么？民主是由"民"来做"主"，是由民来做决定。我们现在习惯西方思维，认为一个国家的领导者最好由老百姓一票一票地选出来，这听来很有道理，其实是很有问题的。大家想想，如果一票票的海选当真可以选出相对理想的领导者，为什么没有企业会这么做？现在大家看看有哪个企业的总经理是由员工一票票选出来的？理由很简单，没有一家公司会拿自己的前途来开玩笑嘛！事实上，一人一票选出来的总经理应该属于人缘比较好的，长得比较可爱的，比如马英九。可通常人缘这么好、这么可爱的，性格就比较难有决断力。如果有决断力，就会得罪人，就不会有那么好的人缘。今天那么多人投票给你，要么，你像马英九，很可爱；要么，就像陈水扁，很会骗人。真要选一个高瞻远瞩的人，站得高、看得远，旁边的人又怎么能知道你在想什么？如果不能了解你，又怎么有办法认可你？

最后能获得认可的，通常就是可以当下给人好处的。所以台湾每次大选，总在大开支票、拼命撒钱，因为这样最有效果。不管政府财政再怎么困难，撒钱的事却从来没有停过。毕竟，为了长久打算得牺牲眼前一些利益，这种高瞻远瞩又能获得几票呢？大家在意的，无非就是眼前的得与失；至于政府的财政困难，离一般人都太遥远了。全世界所有民主国家的严重财政透支，都不是偶然的。所谓民主，本来就是一种迷思。尤其是在家庭。

跳脱了民主迷思，我们就可以谈谈传统家庭很关键的一个字——"位"。

我北京有个学生，夫妇俩都和我很亲。一回，他们带我去爬金山岭长城，回返时丈夫先送了妻子回家，然后再送我去宿舍。车上就我们二人时，我就说："××，最近跟老婆出了状况？"他愣了一下，有点惊讶："您怎么看出来？"我说："如果连这个都看不出来，我还当什么老师啊？"结果，他就不讲话了。隔天，他单独来找我，说道，他最近挫折感特别深，很郁闷。

第一，就是老婆不给他好脸色看。因为他在外面有一些分量，很多部委都找他帮忙，基本上他说了都算数。即使称不上呼风唤雨，也算得上有头有脸了。他在外面那么有头脸，结果一回到家就灰头土脸。这个反差让他觉得情何以堪？反差太大了。

第二，老婆不理他也就算了，结果连十二三岁的女儿也不给他好脸色。他觉得这太过分了。从小到大，他一直自认对闺女比较好，很疼她，明显比妈妈好得多。"结果，现在我跟她讲话好像放屁一样，反倒过来给我使脸色。"潜台词就是，这家伙忘恩负义，没良心。

后来，我跟他谈了一下"位"。什么是"位"？就是从"五四运动"之后，一直被批评的"君君、臣臣、父父、子子"。"君君、臣臣、父父、子子"就是位。这句话其实是中国文化的核心，可以批评，但不可以否定。什么叫"君君、臣臣"？一个君主得有君主的样子，臣子才会有臣子的样子。你在公司里当老总有个老总的模样，你的部属才会有员工该有的样子。"父父、子子"也一样，你在家里有个老爸的样子，小孩也才会有小孩该有的分寸。

同样的道理，如果像在座各位在学校里当老师，"师师、生生"，只有老师像个老师，学生才会像个学生。刚刚所提某些华德福学校不敢走进教室的老师，可能都有满腔的教育热诚，但估计老师的"位"是出了点问题。以前我在中学教书时，有个学生跟我特别熟。她说她最讨厌上的，就是国文课；可最喜欢上的，也是国文课。因为上国文课时，特别有乐趣，只要老师写黑板，他们一群学生(都是女生)就开始把事先准备好的小粉笔往老师身上丢，等老师一脸怒气转过身来的时候，大家又装作一脸无辜状。大家每次都玩这个，一方面乐此不疲，另方面其实也很无奈。大家都觉得这个国文老师完全没有老师的"范"，换言之，"位"是很有问题的，于是师不师，就生不生。结果就是所有的人都很痛苦。

后来我就提醒北京这学生两件事。一，他得搞清楚，他在外面的"位"和在家里的"位"别扯在一起。这是两码子事。外面再如何有头有脸，再怎么呼风唤雨，那是因为外头的头衔、外头的那个"位"。回到家里，你就只是个丈夫与父亲，外面的那个"位"就跟你没关系了。譬如我在外面，人家尊敬我，那是因为我有个老师的"位"。可回到家，在我老爸的面前，我唯一的"位"，就是他的儿子；他一不高兴，我也只能摸摸鼻子，认了。不同的位置，就要有不同的样子，不要搞混。

第二，同样是"位"的问题。今天你和闺女问题的核心是什么？就是因为你太宠她。我去他家吃过几次饭，他特别宠小孩；每次吃东西，总说："××，你要吃红萝卜还是白萝卜？我们吃一点红萝卜，好吗？"他老婆就会在后头说，请把后面的"好吗"两个字收回去。我说，你这就是错位。跟小孩讲话，全都用商量的口吻；反倒跟自己的另一半讲话，不时还进出一些命令的口吻。这不是错位，是啥？大人错位，小孩自然就会错位。因为你没有父亲该有的样子，她自然就没有孩子该有的分寸。因为你错位，她现在这样对待你，就叫作恰如其分，用白话说，叫作刚刚好。小孩为什么不跟她妈妈使脸色呢？因为她妈妈的"位"很清晰。所以即使现在是十二三岁的逆反期，她仍然很敬重妈妈，不会随便踩到妈妈头上去。

为什么小孩的叛逆年龄一直往下降？

大家都在说，现在的小孩叛逆期的年龄一直往下降，从以前的十四五岁，降到十二三岁，甚至，还有八九岁就在逆反。可其实，这不是因为小孩的叛逆提早，更不是小孩愈来愈聪明，说白了，就只是因为错位。随着西方的民主观念与个人主义伴随着"爱"与"尊重"这种字眼愈来愈影响了一大群的高知年轻父母，结果就导致了许多家庭的错位愈来愈严重，这和叛逆期提早没有关系。事实上，错位的时候，小孩是不快乐的。小孩内心深处(虽然他说不清)其实是很希望有一个很清晰的位。没有清晰的位，他会有种手足无措的难受感。总之就觉得很烦、很不对劲，于是才有所谓的叛逆。就像刚刚讲的那个国文老师的课，学生一方面觉得最快乐，可这是表面，另一方面，他们那样玩老师，其实也觉得很烦，很没有意思。

我们为人父母，只要不影响位序的清晰，有些事情问问孩子，征询一下，当然是无伤大雅。可是像吃红萝卜、白萝卜都还需要被孩子认可，最后还得加个"好吗？"，显然，这就被民主的框框像紧箍咒一样框死了。那些奉西方为圭桌的专家都还说，这样子尊重小孩，孩子长大后才懂得尊重别人。事实上，这样子的尊重常常只会造成孩子位序错乱、价值混淆，更大的副作用，则是孩子很容易自我中心，反而更不容易尊重别人。

事实上，现在九零后、零零后的普遍自我中心，正是"爱"与"尊重"弥漫了整个中国之后的必然结果。一个人只要自我中心，这个人就很难快乐得起来；你愈希望他快乐，他就愈快乐不起来。习惯自我中心的他，会老觉得别人都跟他抵触，老觉得别人对不起他。大家知道，全中国有一群特别不快乐的人，叫作愤青。愤青的人格特质，正是特别自以为是，特别自我中心，老觉得事事不顺心，老觉得别人存心跟他过意不去。孩子从小什么事都要问他，什么事都由他做"主"，长大之后就特别容易变成这个样子。这也就是为什么你老是尊重他，给他很多自由，他长大之后却又特别容易不快乐的原因所在。

今年暑假时，师母妹妹(就是我姨子)新生了一对双胞胎，家里原来三岁的哥哥极不适应，在家里整天要不哭闹、要不就老砸破杯呀、碗呀，本来想把孩子送到幼儿园，他夫妻俩又舍不得，后来师母就让孩子暂时先住我们家一星期。到了我们家，我发现孩子挺好，但是，他有个"特异功能"：你要他做任何事情，他立马回你三个字，"为什么？"做任何事一定要给他一个说法，给他一个所谓"理性"的说服。我就跟他说："在姨丈家，没有'为什么'三个字。"有一天早上，师母帮他脱完纸尿裤，要他把纸尿裤丢垃圾桶，结果，他马上问师母："为什么？"师母就说："没有为什么。"他就说："我不会。"于是，他就把纸尿裤拿给我们家大姐说："大姐，你帮我丢。"大姐摇头。他就把尿裤拿给二姐，二姐摇头。然后，他再把尿裤拿给薛朴，薛朴也不理他。这时，我就牵着他说："垃圾桶就在这里，你会不会丢？"他说："我不会。"(手都已经在垃圾桶上)我说："你把手放开，"他说："我不会。"在纸尿裤掉下去的一刹那，他还在说："我不会。"

后来，他总不断地问我为什么，我只好说："你下次再问为什么，姨丈把你丢出去。"当下他的反应是："为什么？"我就说："你问问大姐二姐，还有阿朴哥哥，他们做事情有没有问为什么。"以前小时候有一些事情不明白，薛朴偶尔也会问为什么，这时，二姐就会这样告诉他："长大你就知道了。"因为，早几年前，她大姐就是这样跟她说的。

大致说来，小孩的"为什么"有两种，一是知识性、带好奇心的，二是行为的、带有一定质疑的。如果是第二种，答案很简单：就是我说的，没有为什么。如果真要说为什么，唯一答案，就是：因为我是你爸爸(或妈妈)。就这么简单。

上回我在平顶山讲完课，学生(一个年轻妈妈)的心得写到，以前他们家吃饭时，小孩最大，通常都是小孩先吃——估计在座一部分人在家里吃饭也是这个样子。(在我们家，不可能有这种事情。我们回老家，一定是爷爷先动筷，然后大家才能动筷，平日在家，那就是我动筷，大家才能动筷。我不在，妈妈动筷，小孩才能动筷。这是一个简单的规矩)，那天上完课，他们一家要吃晚饭时，一如既往，小孩又要先吃，这位母亲因为刚上了课，就说："等一下，等爸爸，等爸爸动筷。"小孩就说："为什么？"妈妈就讲："因为我是你妈妈！"

他先生听到这话，乐到差点没翻过去。所以后来他非常支持老婆来上课，总问薛老师下次什么时候来上课。这就是"位"的问题。一次两次，小孩自己也会踏实；如果老是错位，家里的事就没完没了，小孩也整天不快乐。

我们把父母与小孩的位序厘清之后，再来谈谈夫妻之间的位序问题。

夫妻之间的位序

一般而言，夫妻之间的位序在华德福圈子里，问题不是太大，可在整个中国社会，这问题算是挺严重的。中国现在离婚的情形逐年恶化，主要关键就卡在这个位序问题。几千年来，中国人不讲男女平等，讲的是男女平衡。中国人说乾坤定位，男人是天，女人是地。天是自强不息，地是厚德载物。中国传统家庭是一乾一坤，构成了阴阳平衡。一个平衡的家庭是阴阳调和，而不是男女平等。这种状态下，男人扮演男人的角色，女人扮演女人的角色。角色有什么不同呢？大家知道，乾是一个发动的力量，是一个精神的力量，是虚的。坤是一个承载的力量，是一个务实的力量，是实的。

中国传统家庭里，父亲通常是一个虚的角色，所以男人的形象比较接近以前家家户户都有的神主牌。看起来高大上，却没有太多实际的功能。母亲厚德载物，干得多，心细，耐得了烦，绵绵密密。在这样一虚一实、一阳一阴的状态下，真正的中国社会从来就不是"五四运动"以后文化人所攻击的什么"父权社会"，扣掉少数宋儒式家庭之外，更多的情况都是属于父系母权社会。父亲是血统的、名义的、精神的，可家里的事务基本都是由妈妈操办，妈妈也最有实质的影响力。《红楼梦》里最有分量的那个人，不就是叫贾母吗？

大家都知道，中国教育的本质是母教。中国古人基本都始于母教，大家想想，孟母、岳母……哪一个不是受教于母亲？中国人总说"孝顺父母"，这词其实不太准确，实际更应该是孝顺"母父"（主要是孝顺妈妈，为了给爸爸一点面子，顺便也孝顺一下爸爸）。我说这话不是为了要伤害各位男士，而是要陈述一个历史事实。你们看古典小说、戏曲，常常讲"上有高堂老母"，啥时讲"高堂老父"了呢？京剧有《四郎探母》《李逵探母》，都在探母，哪个在探父？这样子的传统思维一直延续至今，大家只要看看当下中国社会父亲节和母亲节受重视的程度就知道了，两者反差之大，简直是让天下的父亲情何以堪呐！

这就是中国国情。中国这样的家庭运转，其实是合理的。父系社会之下，一个女人从娘家嫁到夫家，肯定是有一些牺牲的。嫁到夫家之后，担负着那么多责任，委屈也自然较多，将来小孩向着她、孝顺她，都是合乎情理的。有一些男士会跟老婆吵着问小孩，你比较爱爸爸还是爱妈妈？这种男人就是不识大体，没出息！搞不清楚自己的位。小孩子的心就是应该要向着妈妈，家庭才会平衡。

男人如天，女人如地，所以太太在家里，就要把丈夫供起来。有时甚至假装着仰望着他，望久了，弄假也会成真。你们家有一个天、一个地，这样就平衡了，家里的问题也解决一大半了。

现代夫妻喜欢谈民主，可是，一人一票，只会永远吵个没完。谈民主之后，自然就要伸张权利，谈男权女权，从此家里便烽火连天了。如果有一天，不仅讲权利，还上纲到法律，那就彻底完蛋了。法只能在社会上用，是不能用到家庭里的。（对小孩处罚的家法其实是家规。）简单地说，家，客观上讲"位"，主观上讲"情"。家里连理都别说太多，少说道理为妙。大家知道，男人有个毛病，就是爱讲道理。夫妻一吵架，男人的口头禅就是：你到底讲不讲理？这是男人的迷思。亲人之间，道理少说，不是完全不说，而是说道理得建立在"先通情、后达理"的基础上。你不通情，自以为严肃地来讨论道理，那就是一厢情愿。

刚刚说，家，主观上讲"情"，客观上则讲"位"。讲位，就得讲规矩。从夫妻正位，到父（母）子（女）正位，只要家里正位，这个家问题就不大了。如果往上能爷爷奶奶也正位，那就更好了。

有次我在重庆上课，有个男士问起，这些年他深感再不赶紧孝顺，将来机会只会愈来愈少，就想常回老家，可回老家，却遇到了一个困难：他跟老爷子没什么话好说。问我怎么办？我跟他说，在中国家庭里，儿子跟老爸没什么话说，其实挺正常的。女儿跟老爸会有话说，儿子跟妈妈也会有话说，可老爸面对儿子的时候，很自然就会端起神主牌的角色，神主牌肯定话不会太多。他打从你小时候开始，那样的"位"就确定了，即使你成人了，他面对你还依然只会是神主牌的样子。所以，我对他说，这是事实，很难改变。

这就像我在家里，某些事情我劝父亲也没有用；为了他神主牌的威严，他常装着不理我。可山不转路转，得想办法变通呀！穷则变，变则通。大家知道，媳妇跟公公讲话，公公多少会听。反过来讲，有时候我和我岳父讲话，他也多少会给我一点面子，这还是一个"位"的问题。父母年纪大了，很多时候想让他们开心，这角色谁来扮演？主要就是让孙子来。我老爸面对我时，多半是面无表情，我面对儿子薛朴时，有时也得有点严肃，可是，只要薛朴面对他爷爷，他爷爷就会解除全部的武装，轻松得不得了。基本上，是我老爸管我，我管薛朴，薛朴管我老爸。这是中国的逻辑，叫作剪刀、石头、布。这逻辑西方人永远搞不懂。中国的阴阳五行也是这么一回事，没有哪一个最大，反正万物就是这么相生相克。所以我就跟重庆这位男士说："很简单，你就让小孩多跟老爷子玩，最好让老爷子和小孩子说话说到语无伦次；至于他跟你说不说得上话，那压根就不重要。"

从我有记忆以来，印象中我父亲一直是个非常理性的人，他从来不说亲友邻居一句闲话。可他这形象，自我大女儿出生之后，就崩溃了。有一次他当着我们全家数落一个邻居，整整数落了半个小时，为什么？因为那个邻居把他孙女弄哭了。只因为他现在的"位"是爷爷，所以他几乎就变了个人。这就好比大家看《红楼梦》中贾母面对贾政是什么德性？而贾母在贾宝玉面前又是什么样子？这里头，都有一种中国家庭特殊的平衡与循环关系。

　　因为平衡与循环，就可以生生不息。

　　这些"位"厘清之后，家里就容易有股源头活水。家家当然都有本难念的经，可如果把"位"这任督二脉给打通了，相对就会少掉许多问题。它并不难。以前我们的父辈一直就是这么做的。也正因如此，他们教我们一点都不费力，也把我们都教得还可以。

　　今天我们最大的问题，是许多东西都错位了，又被太多观念绑架了，因此才会极认真教却教不好小孩。这就像我在杭州讲"位"，有个人听了频频点头，可又不禁疑惑问道："这样会不会妨碍小孩将来的独立思考？"我就跟他说："这没什么独立思考不独立思考的问题，我们都被这些西方名词给绑架了。从小守规矩，与长大之后的独立思考半点关系都没有。我现在听人说'独立思考'四字就头疼，因为那些最喜欢强调独立思考的人，最后都是同一种思考。几乎没有例外。他们'独立'了半天，竟然每个人都一模一样。这难道不是一件怪事吗？"

我想，华德福相较于体制内教育、也相较于学堂教育，有个非常大的优点是：先格物、后致知。这一点抓住了中国文化的核心。我们现在的教育受西方影响，核心是什么？是知识。一直教知识、讲知识、学知识。今天的教育从来不教小孩好好感受一朵花，从小学开始，就教一朵花有几个花瓣、哪个叫雄蕊、哪个叫雌蕊、用怎样的方式来传播花粉，这都是大脑思维的知识。可是，中国传统教育不是这样子的。看花先要有感受，然后再写诗，这是中国传统教育的路径。中国不知道单单为了梅花写了几万首、甚至几十万首以上的诗；咏梅，不是用知识来分析，而是用全身心来感受。唐代的科举考试，最重要的叫进士科。进士科考诗、赋。考你的性情、考你的感受力、考你的生命状态。我们现在考"最强大脑"，要把每个孩子教成一个小"百度"。可即便你成了一个"百度"，如果面对生命无感，将来面对生命问题也还是会一筹莫展，还是会得抑郁症呀！

华德福教育有个好处，是孩子在很小的时候不过早开发知识，也不太早去思考。就让他去感觉，让他操作，等年纪大了再来思考。这种先感后知，就是中国传统的先格物、后致知。这点是华德福教育的精髓，也是华德福教育应该可以在中国好好发展下来的原因。今天体制内的应试教育，问题就出在完全无感、完全没有格物。

可话虽如此，华德福教育的格物却只格了一半。华德福让孩子到大自然去格物，这很好；可华德福孩子在家里的格物，却大有问题。《礼记·学记》篇说，"幼者听而弗问"；听是格物，问是致知。没格物的基础，致知对孩子是有害的。孩子自幼耳听四方，眼观八面，从而学会察言观色，到处看、到处感觉，这是他们一生中最重要的格物功课。这比到大自然更根本、也更有用。我们现在许多家庭因为错位，在家里不是小孩对大人察言观色，而是大人对小孩察言观色。如此一来，我们就扼杀了孩子最要紧的一桩格物。换句话说，我们只有把家里的"位"给正了，把规矩给定出来了，小孩才有格物的空间，也才有能力找到他该有的自由，这是我们为人父母最重要的责任。

我今天就讲到这里，谢谢大家。

2015 年 10 月 22 日于上海静安

答问

谈谈孩子的管与教[①]

一、拿垃圾食物当奖品？

刘女士(全职妈妈，有一子一女)：现在生活周遭的物质太多，
　　造成了孩子不易满足，也容易贪心；而且，外界的刺
　　激又太多，导致了孩子的心思静不下来。这样的环
　　境，让我感到无奈。而且，更麻烦的是，即使我这边
　　不给，也仍有其他太多太多的来源，真是防不胜防。

薛仁明：早些年，小孩还长住茄苳时，每次我一回来，几乎都
　　要作同件事：把别人新送的玩具，全部收起来。在孩
　　子活动的范围内，除了极少数那一两件外，玩具愈少
　　愈好，其余的，统统放到仓库里。

　　　　记得有次去人家家里，门一打开，但见整客厅全是
　　孩子的玩具，几乎踏不进屋子。当时，我第一个念头
　　是，那孩子将来完了！当然，玩具并非罪恶，但是，
　　只要太多，过了临界点，就会将小孩的心智塞满，感

[①] 薛烨岳是我总角之交，小学同学，也是茄苳老家的邻居。十几年前我与他
　偕其夫人刘美佐女士在茄苳老家谈孩子的教养问题，这是根据谈话内容
　整理之后的润饰稿。

受力也会被这些模仿现实太过、却又全然是假的东西给限制住，因此，想象、体会的空间就都变小了。所以，一开始就要有所节制。只要是有人送，就收起来；若可行，就直接婉拒，请对方别再送。这事很难吗？倒不会，一回二回，慢慢大家就明白了。

后来比较麻烦的，大概就是食物。大家当然都是好意，结果，正因这番好意，从亲戚到邻居，甚至后来从小学到初中，都会动不动就送小朋友糖果饮料这些垃圾食物；学校的老师拿垃圾食物当奖品，实在是件很奇怪也很错乱的事情。至于亲戚邻居，就是觉得小孩爱吃，但问题还不仅是垃圾食物，更根柢的麻烦是：当孩子从小就习惯所有的大人都迎合他、取悦他，那么，他怎么会不自我中心呢？他又何时才会开始学会考虑别人的感受呢？

这些东西，若是罕客、好不容易才见到一回的客人所赠，就不妨直接收下。除此之外，一般的情形，头回若是不得不收，仍需跟对方明讲；要不，就干脆不拿。刚开始时，这当然会有点不好意思，但久而久之，大家心知肚明，这问题也就好多了。

刘女士：但因都是自己人，实在有点没办法。

薛仁明：其实自己人更应该讲。

刘女士：但有时会讲不通，而且每次买，都买很多；奶奶以前的生活很困苦，自己都没办法吃到，现在因为补偿心态，就给她的孙子吃。

薛仁明：这种"己所欲，施于人"的"将心比心"，当然是很多人都会常犯的坏毛病，也带给了小孩无数的灾难。尤其阿公阿嬷，他们疼孙子，原是天经地义；不这么买，对小孩的关爱，一时间也找不到着力点。我以前常劝阻二老，刚开始时，他们也会不高兴，他们也需要有段时间调适。其实，孩子在成长，我们大人也时时需要调适，老人家当然也不例外。

二、家长要先努力做榜样

刘女士：每周回到茄苳，小孩就开始吃零食、喝饮料、打电动、看电视，真叫人无奈。

薛仁明：(笑，看着薛烨岳)这就跟他爸爸有关啰！以前他老爸曾对我说过："自己已经没用了，只能把希望寄托在下一代！"你都已经把自己放弃了，小孩会有出息才怪！(大笑)

老实说，小孩在成长，大人是可以受益更多的。因为，在孩子的身上，可以看到自己的影子，可以轻易发现许多原来察觉不到的问题。但是，不能因看到了自己的影子,结果,骂他更甚于骂自己,同时,还兼夹着对小孩的不满与对自己的憾恨,硬搅在一起,然后,愈骂愈生气,愈骂愈带情绪,这当然会有很大的反效果。

所以,不能连自己都做不到的事,还一直要求着孩子。恨铁不成钢,通常不是好事;偶尔为之,也要先看看自己是不是钢?我自己以前就常犯这个毛病。记得,当初刚教书时,老要恨铁不成钢,所以很会骂学生,动不动就骂半小时以上;当时自认为会讲道理,书也多读了一点,所以一骂起来就滔滔不绝,甚至还会被自己感动。如果孩子爱听不听,就一定更生气:我都已这样掏心挖肺了,你们竟还如此不受教?结果又愈骂愈凶。美其名是很认真,很有责任感,但老实说,整个过程中,有一大半,都是在自我催眠。

后来,等我稍有长进,多少有些自知之明后,骂学生就很少超过三分钟,通常,两三句话就差不多了。再多骂两句,就骂不下去了。因为清楚自己限制之后,也明白了他们的不足,也知道大概只能骂到什么程度;过了那个临界点,再骂下去,不仅无益,自己都会觉得好笑。

后来发现,骂得短,骂得精练,常常效果愈大。骂小孩和打小孩一样，都忌讳没完没了、拖泥带水，尤其是盛怒的情况下那种漫无边际的发作。盛怒下的打骂，孩子大概都只记得你发怒的样子，压根就不清楚你到底要传达些什么；这种打骂，几乎就只剩反效果。因为这种没效果的打骂实在不少，难怪那些教改人士要因噎废食，要全面禁止打骂。

骂小孩要简明扼要，要设身处地去骂。我曾听到有些老师骂人，喜欢用成语，但偏偏那学生程度又很差，骂半天，好像是骂给自己高兴的，学生哪听得懂？本来，对人说人话，对鬼说鬼话，要骂就要骂对方听得懂的话，才有效果。对牛弹琴，其实只是弹琴的人搞不清楚状况；给牛吃吃草，不就得了？对它弹琴，还自艾自怨，那其实很好笑。

骂小孩与期待小孩是同个理，自己做得到，就不妨说两句；自己做不到，就千万别说。明明不该说，忍不住又硬要说，副作用很快就会出来；将来到了叛逆期，那就有得瞧。少说两句，也是让我们回过身来提醒自己，还是老老实实地以身作则吧！只有以身作则，才是教育的不二法门。如果无法以身作则，那么，要不什么都说不出口；要不，就只是说了一堆无益有害的话。如果是这样，将来青春期，你就等着他整天跟你顶嘴！

三、关键是锻炼与熏陶

刘女士：我们家有很多古典文学，但孩子根本不看，所以，我只好到图书馆借些儿童版的古典文学。如果让他们自己去借，都借漫画类的书籍。

薛仁明：书不要让小孩自己去借，他们年纪还不到。你可以让他们选择那些我们已过滤过的书，但不要让他们漫无方向地自由选择。只要是完全自由，通常就是选择最轻松的、最刺激、最感官的东西，这是人性之必然。

至于看原文的古典书籍，是得慢慢来，无法一步到位。像我们家小孩现在看《三国演义》，之前是酝酿了一阵子。譬如说薛朴，读小一，看原文的《三国演义》（你若说给别人听，大概没人会相信），那前提是：一是他背过不少的诗，背过文言；二是他很熟悉三国的故事，后来看到原文的东西会更有感觉；三是薛朴爱看京剧，京剧的语言跟《三国演义》接近，既然已习惯京剧的语言，要进入罗贯中的文字就不难。

有些东西是得慢慢锻炼，慢慢熏陶。锻炼是刚开始时，必然吃力，就不妨稍微勉强，稍微做些规定，譬如背书；至于熏陶，是让小孩跟着我们做同样的事，我们今天做这，小孩在一旁看，看久了，他们心中会开始有些感觉，这时候，我们成长，他们也跟着成长。

小孩如果陪着我们做有意思的事，刚开始，当然会觉得有点难，但时间一久，他们也会慢慢进入的。薛朴看《三国演义》以及听京剧这事，就是最好的例子。以前我听到类似这样的例子，都以为是因天资好，现在才知道，关键其实是锻炼与熏陶。

刘女士：但我家的孩子已有些大，不再是我们说什么就是什么，他可能会跟你谈条件，或变脸拖延……等等，若送到爸爸这边处理，长久下来怕会影响他们父子的情感。

薛仁明：这事当然是愈早愈好，不过，你们家小孩年纪还好。

我们家是从孩子很小时，就不带他们去看那种为儿童制作的节目，我们出门，也很少迁就他们而去那种专门取悦小孩的地方。基本上，都是我们要去拜访朋友，带小孩去；我们参加活动，小孩跟着去，若是不乖，还会告诫他们不可再犯，否则会被修理。几次之后，他们就有一定的规矩，就会乖乖地坐着，久而久之，他们也渐渐能从我们的去处获得益处。

有些朋友很讶异，我们家的小孩出门，怎么可以那么乖，其实，乖是在外面乖，回到家里，还是吵吵闹闹的。但是，在外头有这分寸之后，对他们帮助还是很大的，别人还在看儿童剧，他们老早就可以到剧场看正式演出了。但是，真要论小孩的天真童趣，他们又完全不比别人少。

四、培养孩子深度阅读的能力与耐性

刘女士：现在书店卖的童书很多都着重在图画，小朋友一拿到书都不看文字，都只看图画。

薛仁明：我不赞成小孩看太多漫画、绘本，偶尔看看，当然无妨，但不该成为小孩阅读的主体。现在大肆提倡绘本，其实多少是商业考虑，是书商在投读者所好。看图画，当然比文字轻松愉快，但问题是，轻松愉快之后呢？一本绘本，没几个字，却沉甸甸一本，价格又不便宜，小孩翻了一翻，轻易就告诉你，这本书他读完了。

结果，不仅对书的一点基本敬重都没有，还因为现在学校"阅读运动"的推波助澜，竟然误以为自己真的读了很多东西；明明所知所得，极其有限，却还自矜自骄！这样的"浅阅读"，数量再多，对孩子的帮助都非常有限，甚至习惯之后，还会阻碍他深度阅读的能力与耐性。这效果，大概就像成人整天挂在网上浏览，美其名也算是阅读，事实上，帮助又有多大？

我们夫妻有时会去旧书店帮小朋友买少年读物，挺便宜，一本就二三十元。这些书譬如台湾民间故事、中国历史演义、古人传记、成语故事等，几乎都是文字；现在连薛朴都可以看没有注音的书，他早习惯了。在家里，看这些书的定位是娱乐。

此外，除了学校作业，他们还得背书，这才是真正的功课。至于读罗贯中的《三国演义》，则是介于功课跟娱乐之间。譬如薛朴，我时不时就会问他一下，有没有看《三国演义》？如果不稍微提一提，依目前情况，他不太会主动看。因为，和其他童书相较，这毕竟还是难一些。难的东西，就要稍微规定一下，稍微有一点勉强：但这勉强又不能过度，一过度，就会有反效果，所以不能硬压。

这样的情况，算是一种引导，循循善诱，先牵两步，再让他接着走。这会用很大的力气吗？其实也不会。

刘女士：我家儿子背书能力还不错，但就是心定不下来。

薛仁明：机灵的孩子，一般心都不容易定。要孩子非常机灵，又非常沉稳，这恐怕很难。所以，刚开始还是要有点勉强地背书；时间若是不多，就少背些，时间如果充足，不妨多背点，但总而言之，就是要变成功课。只要变成生活的一部分，习惯了就好，就没有勉强的问题。

五、对小孩合理期待

刘女士：我家女儿的功课就比较差一点，帮她做过复习，也是不见进步。

薛仁明：有些人天生比较迟钝，当然要帮他一点，但如果超过了合理的限度，对小孩就会有反作用。很多书读得不算太好的小孩，在成长过程中，之所以有那么不愉快，就是因为有太多不合理的期待。家长可以有所期待，但不能过度；一旦过度，那就是在害小孩，也会把自己赔进去，最后变成两败俱伤。

对小孩的原则是：可勉强，但不能压；可引领着走，但不要拖着走。小孩年纪愈大，愈有想法，如果硬压，反弹就大。当他还小的时候，我们对他有弹性；等将来青春期反抗时，他的弹性也会出来。不仅对自己，对别人也会有一种可呼吸、可转圜的弹性。这点很重要。如果我们太严格，将来他对自己，尤其对别人，也容易过于严苛。认真是好事，但有其临界点。

我写二丫头读《三国》，之所以从阿和下笔，正因为她与读《三国演义》这事反差最大。今天如果以婕读《三国演义》，大家不会讶异，因为她的天赋还算可以，稍稍训练，不难有这个能力。但是，阿和的天资与性情本来就离这东西挺远，后来她可以每天慢慢翻，读到了四十几回，一字一字读，遇到诗也读，偶尔还会抄写诗句，我就觉得这特别有意思，因为，她本来不是这样的人。如果，你期待阿和完全与以婕一样，这就不合理，这绝对是超过合理的期待值。她能认真弄到这程度，我觉得可以了。若过度期待，那是做父母的贪念。只要有贪念，就会害人。"望子成龙，望女成凤"，多半是贪念，所以常会酿成悲剧。

附带一提，面对小孩时，不应该常常把"怎么可能"这样的字眼放在嘴上。我的想法是，天底下什么事都有可能。我以前在初中教书多年，有些看来很离谱的学生之所以喜欢我，也愿意听我说话，原因就只是很少有老师像我这样能体会他们这种学生。大部分的老师，因成长顺遂，本性单纯，看到那样的小孩，马上就会反应：怎么有这种人？但对我而言，为什么不会有呢？世界上本来就是一样米养百样人，本来就是五花八门。我们不要把自己的经验无限放大，大人必须意识到自己的有限，每个人都有他特殊的状态，也有他为难之处，所以不宜对别人过于严苛。

譬如，我内人她在初中担任班主任，班上有几个住在山里面的小孩，课业成绩不算理想，但做事之漂亮，面对自然环境能力之强大，却是我们望尘莫及的。我们的教育其实充满了"都会中心"，到处都充斥着都会生活的价值观，但是，我们却很难自觉。结果，一个做起农事有模有样的十三四岁孩子，常常会因为功课不好，被那些满脑袋都是都会价值的老师嫌得一无是处。但是，凭良心讲，当你看到他面对一只毒蛇时可以那么从容淡定，我们都应该自叹弗如，都应该持些谦卑之心。对这种小孩，只能说，如果他有心要念，我们就鼓励他再念好一点，其他的，就不宜强加太多东西在他身上。说句老实话，我们当老师的，都未必活得比他好，又凭什么对他指指点点？

刘女士：我家儿子对大自然较无感，但对有声光效果的特别有兴趣。

薛仁明：这多少有些男女差异。电动电视等3C产品本来就是一种时代病，对某些人是无法抵抗的，有些人则可若即若离。通常男人比女人更容易沉溺在这事上。正因为是天性，所以就要特别留意，在孩子还小、还可塑造时，就要趁早调整。

六、不宜过早开发聪明

刘女士：但现在都不让孩子去碰计算机，等长大后，会不会陷得愈快呢？

薛仁明：不用担心这个。将来的事，来日再去对应，关键在当下。现在他愿意听你的话去改变，总比现在就陷在里面强多了。这种事，不必事先过多假想，然后自己吓自己。

我觉得真正重要的，是父母亲谈事情时，小孩是否愿意虚心，这虚心态度的养成，其实才最关键。教小孩虚心，比刻意给他什么才艺，都重要太多了。现在的小孩之所以难教，就是大家误以为一定要让小孩"有主见"；而一味给予"自由"时，又不考虑他的心智成熟度能否承担得起这"自由"后头必须担负的责任。结果，我们就看到一堆家长整天迁就小孩；一迁就，就成了自我中心；一旦自我中心，他长愈大，就愈乖戾，就愈难听得进不合意的话；到了青春期，自然就不可收拾了。

刘女士：小孩子爱问问题，但又常常乱问，到底要不要鼓励孩子发问？

薛仁明：传统教小孩，头一件事，就是先学虚心。一个人先放下自己，然后才能让外面的世界进入你的心里。传统教育之所以不鼓励孩子问问题，正是要他先学会听别人讲话，真要问，等有了年纪、肚子有了东西，届时再问，都还不迟。幼小时候，以虚心为第一要务；小孩虚心，以后学东西就快，也比较不会自我中心、不会刚愎自用，更不会看什么都不顺眼。

现在的孩子喜欢发问，看到啥，就问啥，真是有十万个为什么。大人也很"认真"，整天忙着响应孩子那些信口提出的问题。但老实说，这并非好事。这样地有问必答，造成小孩理所当然地认为，我问，你就得答，而且要很快地回答。从此，他对未知之事失去耐性，不知道有些事情得放在心里琢磨；也因此，他们不习惯察言观色，不明白眼观四路、耳听八方。现在小孩之所以"白目"，哪里是没有原因的？

随意发问的小孩，因为问题没办法含着、蓄着，也就没办法有持续性、发展性，结果，等这些浅碟子的问题、反射式的好奇差不多都问完后，他对这世界的兴趣会逐年下降，到了青春期，也会开始了无生气，什么事都觉得无聊。

小孩乱问，有时只是要黏住你而已。不要让孩子养成这习惯。该答才答，不必要时，就别答，甚至不要让他轻率地提问。小孩好奇之时，也要学会在心头过一过。小孩愿意听别人讲话，一定比懂得表达重要很多；愿意听人家讲话，心里才会有别人，如果他很会表达，什么都是我我我……当然会自我中心。

现在的小孩普遍伶牙俐嘴，这是被鼓励出来的。老一辈的人不明就里，还以为现代的小孩愈来愈聪明。可是，明明那么"聪明"，但长大后却一点儿都不怎么样，这不是很矛盾吗？其实，过早开发聪明，常常就会提前停顿。庄子讲混沌，七窍开则混沌死。现在的小孩之所以不太有童趣，正是因为混沌提早凿开了。混沌太早凿开，小孩的成长就提早萎死，然后，因含蓄容受的能力都不足，于是稍稍挫折，稍有不如意，就容易闹忧郁，所以现在小学五六年级的小孩就开始闹忧郁。以前我们小学毕业之前，哪知道什么是忧郁？大家看来都笨笨的，这正是因为混沌还在。小孩要有些笨笨的才好。

小时候有些不善言辞，其实反而好。孔子说"刚毅木讷，近仁"，"木讷"是个美德。因为"木讷"之人容易虚心，不会急着表达自己的意见，自然就愿意多听一点，多吸纳一些，他的心，容易打得开。这样的虚心，长愈大，会愈受用。他们不仅学习的能力强，对这个世界也会一份真心的好意。

刘女士：用声光影音的学习光盘去引导孩子好吗？

薛仁明：几十年前，有一个联考作文题目：《如果教室像电影院》，当时的老师、学生都在想象，如果有一天真能如此，那该多好。结果，今天的教室果真就像电影院，每个教室都有电视、投影幕，在教室看电影，更已稀松平常。但是，现在教室里上课的成效，却远比几十年前差很多。当年的期望与现今的事实，反差为何如此之大？因为声光之效，本来就是短多长空；可以有一时之效，却常常遗留长远的副作用。短时间有了效果，将来却需要更强的刺激，否则，就日益漠然

孩子愿意多听一点、多吸纳一些，不仅学习能力强，对世界也会有一份真心的好意。

无感。但是，真要论声光音效，那些教学光盘，是永远比不上好莱坞电影与电玩游戏的。如果要以这些声光音效来吸引小孩学习，最后的结果，一定只会觉得老师上课的东西愈来愈无聊。

我们家小孩不看迪士尼卡通，也不玩计算机游戏。这些东西，一旦进去了，要出来都很难。美国曾研究过，要把孩子看卡通、打电动的习惯戒掉，得花三年的时间；至于要将电视戒掉，则得花六年时间才办得到。这种东西真要戒，那有多难！如果等过了青春期再来调，那是会要人命的。真要调整，趁青春期之前，都还有办法。

篇四

教育的剥复之机

中国式父母的挑战

剥跟复，是易经的两个卦。

剥卦，除了最上面那一爻是阳爻，下面都是阴爻，都是断的，就好比一张桌子，有一个完整的桌面，但桌脚全部都是烂的、腐朽的。虽然外表看起来好好的，但随时都可能整个崩解掉，这叫剥。

至于复卦，恰恰相反，上面五爻，全部都是阴爻，只有最下面那一爻是阳爻。阳气从最底下开始升上来，就是一般所说的"冬至一阳生"的"一阳来复"。

中国文明的剥复之际，始于1842年签订了近代史上的第一个不平等条约《南京条约》，从最初肉眼可见的我们比不上西方的洋枪大炮、船坚炮利，产生了首当其冲的军事国防的剥。然后被迫与英、俄、德、法、美、日、意、奥、西、荷、比等国签订一连串的不平等条约，割地赔款，中国的经济结构开始遇到冲击，产生近代史上的第二个剥，是在经济。后来辛亥革命，我们要摒弃既有的制度，全面学习西方的制度；然后再往下剥，到"五四运动"，文化思想不自信，一路这样剥下去。

可是即便剥到"五四运动"，乃至于剥到"文化大革命"，中国有一块，其实是基本没剥的，就是教育。

这里所谓的教育，不是学校，而是与我们每个人最息息相关的家庭。换句话说，以前的爹娘在教孩子这一块，其实受近代史的剥影响不大；孩子上学也好，不上学也好，一直到改革开放之前，中国爹娘都不觉得教孩子是啥大问题。

会普遍觉得有问题，可能是从1990年代开始的。当西方个人主义那套体系全面进入之后，才开始有不知道怎么教孩子的第一代中国父母，于是，中国的教育开始进入了剥的历程。

剥极而复。

剥复的规律是：先剥的先复。

二十世纪六十年代，中国两弹一星研发成功，宣告军事国防的剥的问题基本结束，开始复了。直到现在，又经过了六十多年，中国的军事国防在全世界，最少没有任何一个国家敢恐吓中国了。当初最早剥的，其实也是最早复的。

第二个剥的——经济,从改革开放开始到现在四十几年,中国经济取得的成就,肯定早已从剥走到复了。

第三个剥的——政治制度,从党的十八大开始,尤其到党的十九大巩固下来,实现了制度自信,中国再也不觉得自己的制度需要全面地向西方学习。至于我们的文化、思想、哲学等,这些年也开始慢慢复了,乃至于现在满世界到处有人在讲孔子、讲老子。

近代以来的剥,剥到现在,独独只有最晚剥的教育那一块,准确地讲是家庭,包括家里面所有的关系,到现在还在剥,可能还没有到最惨的时候。

二十世纪九十年代,美剧《成长的烦恼》传入中国,热播两年多,开始对中国的父母乃至于孩子进行全面的洗脑。中国的父母先是羡慕西方,继而自我怀疑,一下子就不知道怎么教孩子了。我们只觉得人家那个方法好,我们不会,就努力学,结果造就了第一代学习如何当父母、如何自我成长的中国父母,而到后来,这些学习如何自我成长的父母的孩子,却发展出中华民族五千年来第一代抑郁症。

这是我们近代史上一个宏观的架构。

接上老祖宗的礼乐文明

中华民族在当下这个历史时间点上，出现了一个很诡异的画面：我们富了，我们强了，这个国家在全世界不一样了，我们这个民族站起来了，但是，我们的孩子却出现了不同程度的问题。

这两个事情同时在发生，这是我们这个民族在当下一个特殊的命运。跟这个特殊的命运息息相关的是，个别愈聪明、愈精英、愈想把孩子教好的所谓成功人士，却愈容易把孩子给教出问题。

相比那些农村八九十岁的老爷子老太太，遥想当年他们八个娃、十个娃，几乎啥也没教，一夜春风似的，一个一个就长大了，关键是这些孩子长大了也没差到哪里去，至少精神样貌多半都还比我们现在的不少孩子好。为什么？

中国人教中国的孩子，有一套完整的方法与思维模式；

西洋人教西洋人的孩子，同样也有他们一套的方法与思路。这两套方法、两套思维模式的是与非、对与错，一言难尽。别随便看不起人家，但也别老说他们好。同样地，我们虽非尽善尽美，但也没那么一文不值。关键就是，不要轻易用西方人教西方娃的方式来教自己的娃，就像两种酒一样，别随便混酒，因为喝混酒很容易醉倒。你要喝白酒，就一直喝白酒，你要喝葡萄酒，就一直喝葡萄酒。不要喝了两口葡萄酒，再喝两口白酒，而后大口一喝喝杯啤酒。

我们中国一些精英分子，比起市井小民，"混酒"的问题普遍严重得多。他们接触更多所谓"先进文明"，其实就是更多西方的东西。不是西方不好，而是它嫁接在中国的文化基因上，到底合适不合适，我们都严重低估了实际的凶险程度。

以前"五四运动"那一代的人，譬如胡适之，还没有留洋之前，他所受的教育就是传统教育。不止是私塾的教育，最重要的是他一直生活在完整的中国礼乐文明架构之下。当时在他们安徽绩溪乡下，家家户户都是如此。

讲个特别小的事，譬如十二岁之前他娘教他，怎么教呢？不听话就拧他。那是非常中国特色的，人家可不讲西方个人主义那套所谓"爱的教育"。也就是说，十二岁之前，他是在中国传统礼乐文明的架构里完完整整熏陶的。虽然后来大脑是西方民主自由的那一套，但并没有真正落到他的根上去，没有被"转基因"。

但是我们现在的孩子不一样，他们是从小当"宝贝"的第一代。中华民族有史以来，没有哪一代的孩子，像他们出生的时候，地位这么高，刚好又赶上独生子女一胎化。总的说来，一胎化是次要原因，主要原因还是西方个人主义的价值观，两个东西迭加起来，就一发不可收拾了。他们一生出来就很"凶险"，在家宠着、被"平等"对待着；到了学校，也是以儿童为中心，老师要尊重孩子，要培养独立的人格，等等。

在这个形势下，个性要不带偏性很难，眼里要有人也很难，能够活得好更难！因为，他们都习惯了当中心，当中心是被别人看见的，是不需要看别人的。当西方这一套心理学的东西、个人主义的思路，以及教育心理学在体制内全覆盖时，我们的孩子就不太好过了。

站在这样一个历史的角度，回过头去看我们的传统，才知道我们到底要什么。

孔子在《论语》里讲的最关键的字叫作"仁"。"仁"，首先是两个人，是人跟人之间。在孔子的思维(准确地说，是咱们五千年来老祖宗的思维)之下，我们都不是所谓独立的个体，我们没有平等不平等的问题，是各正其位的问题。父母亲不是跟孩子平等的，父母亲不需要蹲下来跟孩子说话，父母亲也不需要动不动就跟孩子说"请，谢谢，对不起"；孩子做对了一件事情，不需要夸奖孩子；孩子帮你做一个事情，不需要跟孩子说"谢谢"；你打了他，骂了他，也不需要跟他说"对不起"。

孔子在《论语》里讲："弟子入则孝，出则悌，谨而信，泛爱众，而亲仁，行有余力，则以学文。"学文，是把前面全部都做得差不多了，才来学习文化。而且更根本的前提是，要知道自己有一个身份叫"弟子"。只有知道自己是弟子，才有办法入则孝，出则悌、才有办法跟人产生联系、才有办法"仁"。这个"仁"，才有办法像种子、像果仁譬如杏仁、花生仁那样，成为生命的最核心，拥有生生不息的能量。这是孔子给我们最关键的一个任务。

这跟我们今天所奉行的个人主义，完全是颠倒的。知道我的第一个身份叫作"弟子"，就不是独立的个体，也不是一个大写的我，就不需要问我是谁——"是你爹娘的儿子"；不需要问我从哪里来——"是你爹娘生的"；也不需要问我往哪里去——"往祖宗牌位去"。

这一切都很清楚，中国人从来没有西方个人主义下的那些困惑，因为他眼里有人，跟人有亲。

所以孔子讲仁，是生命的核心，也是生命的密码，他给了我们后代子孙定海神针，让我们的孩子像个弟子。一个孩子，在家里会看脸色，该干活时，会喜滋滋地说："好嘞！"这样的孩子就好！我们小时候许多人都是这么被大人教的，所以我们还沾了中国礼乐文明那一道光。

其实教孩子不复杂，就是让他们接上老祖宗的礼乐文明。做人该做的事，做一个懂事的孩子就可以了。

学习做个弟子

有一次，我坐飞机，飞机刚刚起飞时，从八百米上空看东海，波涛汹涌，浪潮翻滚。半小时后，飞机飞到海拔八千米高空，我再低头看，风平浪静，天光云影共徘徊。为什么会差别如此之大？高度不同，因此风景有别。

我们中国的老祖宗就有这样战略眼光的高度，站得高，因此看得远。这个高度的视角使得我们面对人生的很多事情可以波澜不惊。在人类历史上，中国礼乐文明承载着一个长寿民族的生机，庇荫我们世代子孙。当我们在整个大时代浪潮裹挟之下，丢失了这个高度和视角，首当其冲影响最大的就是我们的孩子。

过去的教育是礼部管的，没有专门的教育部，也就没有专门谈教育的学科。礼乐文明的框架之下，是不需要特别专门来讲教育的理论。这就是我们祖先的高度和大局观。

比如，起名字。古人起名是非常朴素的，圣贤如孔子，他的名字"丘"，就是小山包的意思；他也没有给儿子起什么了不得的名字，只是叫"鲤"，北方极常见的一种鱼而已。苏轼的"轼"，就是马车上的横木，弟弟苏辙的"辙"，就是车辙的意思。

圣贤如此，百姓也是，特别是孩子的小名会故意取得比较贱，如"狗剩""石头""丫蛋"。看着是特别不尊重孩子，甚至有人觉得是侮辱孩子。

可如果我们站在更高的角度来看，这是从小修童子功呀！我们的祖先觉得人生这样低开，会比较吉祥。如同中医的治未病，这是治精神的"未病"，这就是中国文明智慧的地方：让孩子刚来到这个世界上就习惯低下的东西，从小不把自己太当回事，这一辈子会比较吉祥。

吉祥，不同于我们现在常说的"好坏是非"，而是比是非对错有更高的视角和维度。比如，史记里陈婴母亲对陈婴说的"今暴得大名，不祥"就是从天道视角看待事情。再比如，身体出现了问题，不是件好事，但如果因此找出自己生活习惯的某个反逆自然规律的地方，从而调整过来，反而能化险为吉，那就不是件坏事。

大人在尊位，小孩在卑位，就吉祥。小孩子的性情平正，这一生会比较吉祥。

回过头再来看看现在我们给孩子起的名字，或极尽华美，或优雅高贵，或气宇轩昂，唯恐自己的孩子得不到最好的。这就容易以孩子为"中心"，把孩子托举到高位。看着特别在乎他，可如此高开，就难免会低走，等到孩子去了学校，他就会遭遇无数个"中心"的相互碰撞，那么小的孩子便开始有了人际交往问题，就觉得不被重视、不被理解了。

所以，教育孩子不能只盯着他，而是离不开整个家庭礼乐文明的建构。

养孩子哪有那么难？家里只要位正了，父亲有父亲的位，母亲有母亲的位，孩子有孩子的位，小孩自然就知礼，知礼就吉祥。过去，老一辈中国人，家里都是四五个孩子，当妈的也没学过教育学心理学，孩子长大多半都像样。靠的什么？就是礼和乐。

以前的爹娘，一个虚、一个实。娘忙前忙后照顾家庭，孝顺老人，照顾孩子，操持家务，爹在外挣钱养家糊口，家里的日常之事由娘决定，大事则由爹裁定。可家里能有多少大的事？所以爹就"尝独立"，甚至独坐，并非爹孤独，实则爹清静无为。爹娘各正其位，把分内的事做好，孩子自然就安分守己，呈现孩子该有的样子。

我们现在是太过关注孩子，加上基本都是小家庭，不和老人同住，受到西方影响，怕老人宠溺孩子，又不让老人带孩子，有些妈妈甚至不想孩子和老人接触。家庭里不能只向下看，还须向上与老人、与祖先链接。我们过度看重孩子的同伴关系，而没有意识到和长辈的关系，同伴关系是横向的，而和长辈之间的关系则是纵向的。孩子的世界里不能只有同伴，他们的视野就会扁平化。

作为家长，我们应该避免说"让孩子过得快乐就好"，这将会成为诅咒，因为没有机会让他积累自己的德，福就薄，家中又以孩子为中心，德不配位必有殃，孩子还怎么吉祥？

作为父母，如一味强调，让孩子自己过得快乐就好，那么孩子在成长过程中，就容易以自我为中心，没有学会在长幼有序中找到自己的位置，没有在亲情中养成自己的家庭责任感，而凡事以自己是否快乐为标准，不给看手机、玩游戏就想不开，骂重几句就不高兴，父母察言观色孩子，小心翼翼行事，唯恐爱得不够多，唯恐伤了他，但孩子依然抑郁，而西方心理学却一味地告诉你，是孩子缺乏爱，这就犹如饮鸩止渴。

我们这些做父母的，给孩子说过的自以为很高尚其实是特别傻的话就是："我以后不用你管，不增加你的负担。"看似为孩子好，其实是害了他。孩子身上没了担子，就容易活得轻飘飘。难道没有发现现在躺平、佛系的孩子愈来愈多吗？好像没有什么可以激发他们的热情。

要让孩子参与到家庭的日常生活来，让孩子做事情，多干活，不仅仅是干活，还要带着一份"敬"干活。不要做了一点点事情，大人就说"你真棒呀"，更甚至还说"谢谢你"。我们要把孩子做家务看作是一件再平常不过的事情，做得好是正常的，做不好还要教训他几句。在这份"敬"之下的干活，就是学习做"弟子"。

我们还要让孩子一起照顾老人，也让他照顾我们自己，做家长要给孩子这个机会。孩子给父母端茶送水，给祖辈敲背捶腿，也要让孩子有机会看到你是如何和老人相处的。要让孩子知道我们需要他们，甚至要依靠他们，这是给孩子生命增加一份厚重感。

再比如，家里吃饭，看看谁坐在饭桌的中心呢？孩子是不是等长辈先动筷子自己才动筷子呢？这里面就有一个"位序"在。心中有"位序"的孩子，清楚地知道自己的分量，做事会有分寸，不会过分自我中心，眼里有事，心里有人，位序就如一个保护网一样，保护他们。

如果不能站在合适的位子上，只靠"爱"来灌溉，短时间来看似乎是好的，但是到了一定年纪就有风险。

抛开自己父母的身份，选择与孩子做朋友，那是风险巨大的。父母之爱，本来就有，何须多说？亲人之间哪有不爱的？中国人，是超越动物本能的爱，是站在爱之上看待孩子的。我们的这份爱，需要被调和、被平衡，要加上一份责任，把我们自己和孩子都放在更高更大的礼乐文明架构里，向上看到列祖列宗，向下还有子子孙孙，而不仅仅是我们自己本能的爱。

所以我们古人不教孩子爱父母，而是教孩子敬父母，对长辈、老师，都是如此，这就是教他"弟子入则孝，出则悌"。这份敬意，会对孩子有个收摄的力量，时间长了会保护这个孩子，让他们不容易按照自己的意愿没有边际地任意妄为。

把应该让孩子们承担的还给他们，他们肩膀上扛的东西愈多，以后的日子就能愈过愈安稳，而不是待在不属于自己的位子上，上蹿下跳，不得安宁。

礼是位，是我们的保护膜，立在自己的位上，做好自己该做的，人就安稳。在中国的礼乐风景里，不需要成天被关注、被看到，只要回到弟子的身份，就吉祥。

中国的祭祀、婚礼、葬礼，都是礼的表现；戏曲，高台教化，就是乐的承载。所以在民间，即使不认字，有礼有乐，也能养出性情平正活泼有礼的孩子。

《左传》有云："国之大事，在祀与戎。"一个国家最重要的两件事：一是祭祀；一个是打仗。为什么有的孩子会抑郁，为什么有的孩子会自杀，因为他们没根。西方个人主义背景下的"以儿童为中心"，只是一个原因。另外一个原因是，我们主动把他们的根给切断了，把他们独立起来，上没有祖宗没有根，下没有子孙没有传承，这样的人像孤魂野鬼，轻飘飘。

如果你的孩子逢年过节，该跟祖宗祭扫的祭扫，该跟长辈磕头的磕头，你看你的孩子会不会抑郁？你看你的孩子会不会跳楼？

和祭祀、扫墓这样有"礼"的事情相反的，是我们给孩子过生日这件事。

我第一次看到过生日吃蛋糕，是我小学的班长。我们全班五十个同学，他是当时唯一过生日的。他请我们到他家里去，我看到他很认真地对着一个蛋糕双手合十，喃喃自语时，我是很吃惊的，因为在这之前，我们只会对着祖先牌位或者神佛合十行礼。我们这代人，很多人几乎都没有过过生日，可我们却长得都不错。

现在孩子的生日成了一个必备项目，每年一次，规模也愈来愈大，不仅仅有生日蛋糕，还要有气球、有宴会，带尖尖的生日帽子，反正那天，他就是全场的中心。他哪里还能记得父母的生养之恩？

传统做法，这样大张旗鼓的寿辰宴，是应该给老人办的。至于孩子，《红楼梦》里，即使是最被宠爱的宝玉，在他生日那天，也是先去祖宗祠堂叩拜祖先，然后去给贾政和王夫人磕头，最后才是收姐妹们的一些贺礼。孩子生日那天，煮一碗面放在祖先牌位前，告知祖先孩子又大一岁了，让孩子上香跪拜，然后给母亲磕头，最后把这碗面吃了。

如此简静而又有礼，孩子在这个过程中，自己的位是清晰的。

对此，江苏的刘丹分享说：我是江苏沛县人，刘邦后人，家里是有族谱的。我的奶奶是典型的中国二零后老太太，从来不懂得给我们这些孙子孙女什么鼓励和赞美，也说不出几句文雅的话语。我爷爷卧病在床多年，可家里有好吃的，奶奶就会先拿去给爷爷吃。平时奶奶说话，开口闭口"你爷爷说的"，我小时候的志向，就是长大了要当爷爷。因为爷爷可以吃好吃的，爷爷说的话最重要，爷爷躺床上都是威风凛凛的。

我们现在的孩子就没有几个人想当爷爷奶奶的。现在爷爷奶奶把所有的好东西全部给孙子吃，然后孙子每天在嫌他们，"爷爷，你闭嘴！"，"奶奶，你不要说话！"那爷爷奶奶省吃俭用，把所有的好东西给孙子吃。然后爷爷奶奶可以被呵喝，可以被使唤。所以这些孙子将来长大了，没有一个想当爷爷想当奶奶的。可是人家刘丹从小就胸怀大志，她就想当爷爷。我们现在是把孩子那个盼头切断了。

孩子想当爷爷，首先就得先当爹，那就得先结婚、生娃，而且还得好好地养。将来他才有机会当爷爷。当爷爷有那么容易吗？孩子他就知道他得一步一步来。他有个盼头。等到他当爷爷的时候。他终于等到了。他人生的轨迹，他的高光时刻是在后面。愈到后面，愈高光。

我们应该时常让孩子和长辈相处，聊天、做事情，这叫"曲意承欢"，这就是弟子的模样。孔子讲："弟子入则孝，出则悌。"做中国人，第一件事就是学习当一个弟子，这是做人的大根大本，而这件事是在家里和村子里解决的。为什么我们中国人这么强调孝道？因为孝道是感恩。我们讲孝道，不是因为父母做得有多好我们才孝顺他，而是因为，他是你的父母。

西方心理学讲，要"和父母和解""原谅父母"，在我们中国人是不能想象的。我们父母会有做错的时候，但是没有所谓的孩子去原谅父母，回到礼，父母居上位，不是西方那种做朋友的平行位。

我们以前当子女的跟现在当子女的最大的差别是以前我们当子女的我们都要想尽办法理解我们的父母，可是我们现在子女可能没有那个驱动力，要去理解我们这些当父母的，只有这些当父母想尽办法要理解我们的孩子。结果我们就乱了，孩子就出事了。

现在中国许多家长都学着当"舔狗"，孩子几年后就多半不像样了。孩子不是如同西方人说的需要多少陪伴、多少爱，而是要感受到家里亲人的位。父母亲的位摆正，孩子自然而然就能长大。中国礼乐文明讲的就是这个东西。

教育的目的是获得能量

中国礼乐文明的基地是在家庭，天地君亲师，亲在师的前面。

作为父母，谁不想把孩子培养好？可为什么读了那么多教育学、心理学，孩子还是该逆反的逆反，该抑郁的抑郁？孩子，教是教不好的，只能化。庄子说："无听之以耳，而听之以心；无听之以心，而听之以气。"这是中国人学习的一个重要方法。听之以耳，讲道理是没有用的。听之以气，你家里得有那个气。

宋明以后，读书人之所以老在讨论知行的问题，正是因为他们离气、离真正的礼乐文明远了，宋明以前的读书人听之以气，根本不存在知行不合一的问题。中国的礼乐文明是建立在听之以气的基础上。

中国所有形而上的东西都能通过形而下的形式体现出

来。庄子说"听之以气"，一个家里平安喜气，父母自在安然，孩子犯了错，该打打该骂骂，也没有什么不妥。反之，如果这个家有形无气，甚至貌合神离，剑拔弩张，孩子十有八九是要出问题的。"气"对了，你打他，他说，妈您别生气了；"气"不对，你骂他，可能他就去跳楼。

整个中国现代化遇到的比较大的痛点是什么？是我们脱离了中国人自古以来那种相对松弛、有喜气的那一块。所以我们跟古人比较起来，变得比较正经，而且是太正经了。一个人正经不是坏事，但太正经可能不是好事。因为当你太正经之后，总是爱说教，整个人就会崩坏。因为我们整个人是绷着的，孩子的许多问题，就随之而出。

当然，也有很多人把这个"松"理解成散养、不管，这也是有问题的。因为，中国可以散养孩子的时代已经过了。如果你小时候被散养过，基本上属于被散养的最后一代。为什么那时候可以散养？因为那个时代还维持了一定程度中国礼乐文明的框架。

譬如说你小时候在村子里面干了坏事，任何一个大妈都可以收拾你。然后你肚子饿了，任何一家的饭你都可以吃，你还可以盖百家被。这是我们礼乐文明那个架构还在。孩子靠教是教不好的，要有环境、有村子去"化"。

化，即养阳扶正，而不是直面惨淡的人生。我们在教化中一样能看到种种缺陷与不如意，却不纠缠、不聚焦于问题。西方心理学的核心困境之一，即在于其不少理论是与问题较劲而非和谐共存与超越。正气足了，自然邪不胜正，问题自然而然就不会再对我们产生困扰。

教育现在太着重教了，教的都是知识、技能，但这些只是敲门砖，等你找到工作之后，人生的种种麻烦问题都还在前头等着呢！"教"是有形，"化"为无形。"教化"二字，重点在"化"，如不能"化"，所有的"教"都容易踩空。

一个人身体健康，不是因为吃了多少营养丰富的食物，而是因为化的能力强。吃再多的营养品，身体不吸收，猪肉变不成人肉，只会变成负担，成了拖累。在教育孩子中，教是知识、道理，是嘴巴说出来的，而化可以是无声的，对于孩子来说，化的能力才是他这个人将来最重要的根基。

教育的目的，是获得能量，而不单单只知道很多的道理。

教育脱离不了文化的熏陶。这种熏陶不能只是言语上的，而应该是行为和环境氛围带给孩子生命中潜移默化学习的。我们小时候的大家庭和村子，就是孩子最好的礼乐文明的熏陶场所。

可是现在这个架构已经慢慢不见了。

当我们左邻右舍谁都不认识谁，孩子做了不对的事情，没有人敢出手收拾他。我们整个家庭除了一家三口，其他人几乎都没有往来的时候，你的孩子倘使要散养，也会被资本主义背后那一套叫作"个人主义"的东西给取而代之，比如网络、比如游戏，慢慢就会把这个孩子教到六亲不认，愈来愈与真实世界隔绝。然后到了某个点，他该反逆就反逆，该抑郁就抑郁。讲得更严重，他该跳楼，也就会跳楼。

孩子最重要的基本功，不是背多少经典，更不是学多少知识，而是先学会做弟子，学会端正听话，端正故能简静，听话故能与人如实无隔。

现在有些家长想把孩子往乡下带，可去乡下真正的重点并不是抓鱼摸虾，也不是看羊玩狗，而是在于人跟人之间的关系。以前村子的孩子纯朴，是礼乐文明熏陶出来的，不是鱼虾熏陶出来的。

还有些家庭热衷旅游，尤其热衷带孩子去博物馆、去名胜古迹、去那些没有去过的地方，觉得那是让孩子见世面。其实，这对孩子的生命状态和性情并没有想象中的那么有帮助。最大的人间世面，是去见那些在中国礼乐文明下那些活得好的人，那些通情达"礼"的动人风景。

一度风靡甚广而今却轰然倒塌的儿童读经运动，其问题的核心，就在于那些孩子从小都是"听之以耳"长大的，可事实上，十二岁以前的孩子必须靠"听之以气"，尤其是和气、喜气，这样才吉祥！"万人抱"的杨二姑娘不就是吗？

那些打小就开始在学堂大量读经，除了读经，还是读经；接触的人，除了老师，就是同学，实际什么生活经验都没有，格物基础没打好就开始致知，这样的本末倒置，不出问题才怪！孩子从小就要边看边学大人做事。从来教孩子不是先教书本里的道理，而是像大人一样学着做事情。

中国高明的教育是"多说不如少说，少说不如不说"，不轻易把话讲清楚，话中有话，孩子才会琢磨、才会去悟。学习必须要有困惑、糊涂的过程，凡事都讲清楚就没有空间了。现在小孩被教育得聪明、即时反应快，但琢磨的能力很弱。

从前的人，先要在小时候学会对长辈察言观色、学习洒扫应对，而不是思考人生意义。等有了一定人生阅历后，自然就会有所领悟。西方式的思考是逻辑性的、一环扣一环的，中国人的"悟"则是飞跃，是从实践中生出来的。

格物，自己之外都是"物"，可以让"天涯"变成"比邻"，用《易经》的话来讲，感而遂通，不仅有感，还必须通了。先感后通。

格物与致知，在西方变成了感性与理性，两者相互对立、无法交汇，因此产生了二元思维。二元思维影响当下中国最深的是：个体的独立性。每个个体是独立的，本质上没有关联的，使得西方文学、艺术开始思考一个问题：孤独。可中国没有这种二元思维，因此也不强调个体的独立性；中国人有礼，因此，人与人之间能亲。

孔子谈致知，同时都并举着格物。孔子把格物称为"仁"，把致知称为"知"。"知者乐水，仁者乐山。知者动，仁者静。知者乐，仁者寿。"。一说"知"，便说"仁"；一说致知，便说格物。"仁"是"杏仁""花生仁""核桃仁"，是种子，是最根本的东西。格物就是格本质，而"智"就是致知，没有格物的致知犹如一栋没有地基的大厦。

"格人"是最重要的童子功

人之所以为人，就是拥有感而遂通的能力，这也是作为人最本质、最核心的能力。有了这个能力，就能生生不息，文明的延续就是靠这个仁。

光看这个"仁"字，二个人，格物就是从二个人之间开始格的。人可以跟植物有感，可以与动物相通，但这都不是本。根本是人跟人的无隔，格物是要"格人"，最重要的童子功就是"格人"。

现在的家长常常啥都给孩子说得清清楚楚的，那孩子就麻烦了。以前是逢人只说三分话，余下的那七分得自己去格、去悟，格出来的东西就是自己的东西，就是一辈子都受用的本领了。

中国的致知是建立在格物的基础上，始终是要回到格物的，格物和致知从未分开，因此有了阴阳，是阴阳和合，各安其位,于是有了生生不息的礼乐文明。

中国文明大道至简,好比吃饭一双筷子就够了,不需要动刀、动叉那么复杂。

以前教孩子,不讲那么多大道理,重点培养孩子格物致知、感而遂通的能力。有些孩子可能可以考上清华北大;有些孩子可能会去体察别人的状态;有些孩子可能两者都有,但不多。如果只能选其一,那宁愿选后者。孩子在十二岁以前,如果没有被培养出这种能力,可能一辈子都很难再培养出来了。

中国教育不讲"真善美",太过纯粹的善良,会失去面对危机的能力。把孩子放到无菌的、纯净的环境里长大,等到哪天面对真实的世界时,孩子会变得脆弱,随便一件小事,都是毁灭性的。

让孩子和我们一样,生活在真实的世界里,过真刀真枪的日子,一切都是真的,这是最初步的格物致知。现在很多二十多岁的年轻人,很善良,却没有生活能力,人情世故也不懂,幼稚得很,立不起来。这和他们从小生活的环境过于纯净是有关的。

老祖宗的教育不是放任孩子,而是给他一个氛围自然地成长。给老人多些关注,就给了孩子一个很好的氛围。

我三个孩子都与爷爷奶奶亲，与爷爷奶奶同辈的人说话聊天也半点没隔阂。让孩子多听大人聊天，他们就成熟懂事。所以别太费心在孩子身上，别太多的刻意，别太多的安排，只要大人整体氛围对了，孩子自然能在其中熏陶。

我们小时候有什么事情不开心了，哭一会儿，没事，倘使一直哭，你娘就来收拾了，你有完没完？小吵小闹问题不大，但别过分，别一直闹啊！传统的教育就是让孩子不能老在情绪里。又或者他正做件事，大人要他停，可拽他拽不动；譬如玩得特别起劲，娘叫他干嘛，他没搭理，他就得被收拾了。

事实上，即便读书也一样；娘喊吃饭了，因为闷着头读书，久久都没反应，估计也要被骂的。读书有什么了不起啊？！这个是一个特别重要的态度。既然为人，肯定有好恶、有情绪，但是有好恶、有情绪的同时，还得要能从中出得来。

出入自在，中华民族一直把这当成是特别关键的事情。并不像现在西方心理学说的那套，有情绪的时候，要被看见，要被倾听，结果孩子逐渐深陷其中而不能自拔，最后成为抑郁。

我们过去也不讲"独立人格"，但很多孩子从小就成熟懂事；孩子也不需要被迎合，读所谓的儿童读物，而是直接看经典名著；也不看所谓的儿童剧，而是直接看京剧《四郎探母》《平贵别窑》……

在中国民间，戏曲一直都是高台教化。不仅给予百姓仁义礼智信的教化，也培养出中国人光明喜气、出入自在的好性情。

戏曲里的故事都不复杂，但是包含了中国文化种种的价值观，比如哀而不怨、乐而不淫，又比如孝道，《龙凤呈祥》戏里的孙权已经是一国之君，却对老母毕恭毕敬。戏曲里最后的大团圆结局也不是媚俗，而是对人生的一种好意。

观众虽然已经对情节滚瓜烂熟，但是每一次看戏，都是和戏里人物的一次共振，也是被戏里的气息又一次滋养。滋养永远不嫌多，所以中国的戏迷可以看那些骨子老戏百看而不厌。

有些人觉得戏曲吵闹，那是因为现代人阳气不足。戏曲的能量很高，听着、唱着，容易打开心里的郁结。我们多跟着哼哼唱唱，即便唱得完全不着调，依然可以愈唱愈兴致勃勃。

中国人是讲究"虚虚实实"的，戏曲舞台上"三五步走遍天下，六七人百万雄兵""扬鞭以代马，摇桨以代船"。中国人是要"出入自由"的，所以传统戏曲是不会让人陷入到某种强烈的情绪中去，无法自拔的。因此"坏人"不会坏得很彻底，甚至还有点搞笑，让人恨不起来。

中国人是平和从容的，所以戏曲的节奏是悠缓的。除了部分取材于历史、传说，还有很多是讲述平常人的平常事，它不以反映残酷的现实为目的，它只是在讲述一个个普通的生命个体在面对挫折、困境时是如何平平实实地"尽人事，听天命"的。

戏曲，有着一种教化的力量，教化我们如何保持一颗平常心，成为一个光明喜气的中国人。

回到各自的位置上

我们无锡课堂组建了一个舞龙队,上课期间有一天,看同学们舞龙。那天,我看见舞龙队队长陈爷拿着龙珠在前面跑,他儿子陈功举着龙头紧跟其后。

出生于1974年的陈爷几圈跑下来,已经气喘吁吁,十四岁的陈功举的龙头也分量不轻,但爷俩还是卖力地挥舞着中华龙。那一刻我是被打动的,这是中国父子该有的样子。

我们在父位上,上要对得起列祖列宗,下要想到子子孙孙,当爹要有当爹的样子,而不是想着要和孩子做朋友。孩子多了一个伪朋友,却失去了一个父亲,这是很凶险的事情。我们在父位上,有些事情,就不能做了,这叫"克己",克己之后,回到自己的位置上去,这叫"复礼"。如此"克己复礼",才能有生生不息的能量。

孔子说"克己复礼为仁",克的到底是什么?要克的,不仅仅只是简单的所谓负面的欲望，其实还有些一般意义下认为是好的东西也必须要克。某些过多的责任感要克，某些没必要的亏欠感也得克；克己是要与"位"匹配，要以礼作为标准来衡量。

《大学》说，"自天子以至于庶人，壹是皆以修身为本"，"克己复礼"就是修身的基本功。

孩子要长得有人样子，就要学礼。中国人学"礼"，首先就要学怎么喊人。

现在的孩子可是愈来愈不会喊人了，与之对应的，与亲人的关系也愈来愈淡漠。这样长大的孩子是孤零零的。

此外，有些孩子为什么早恋？也是因为他内心没有真正在意的亲人，通过早恋来弥补内心没有"亲"人的缺憾。但是找一个跟他一样有问题的人来早恋，一般结果都不好。

克己复礼为仁，孔子所说的仁，是生命最核心、可以生生不息的那个能量。有了这样的仁，人与人之间就会无隔，相处起来融洽，就像一颗盐巴投入了水里瞬间融在一起，最后不分彼此、搞不清楚这颗盐到底去了哪里？

仁是最本质的一种好，让人舒服，不会产生竞争嫉妒之心，这才是最健康的。我们现在培养孩子的好，要不就是竞争式的好，要不就是显眼包式的好，都不健康。真正的仁，是你的好能让人家看得舒服，没有掺杂什么羡慕嫉妒的那种舒服的感觉。

孩子小时候常常参加比赛得名次，其实是有凶险的。他竞争心重，得失心也重，很难性情平正。从小愈优秀的孩子，长大愈容易在某些困境里被堵住。孩子小时候要学习平常心面对自己，自己的才能既不重要也不是不重要。如果是"学渣"，要让他学会不妄自菲薄；如果是"学霸"，要让他看到"学渣"的长处。

当下社会如此内卷，家长都有很深的无力感！怎么办呢？其实，有一些事情我们解决不了，但是，我们却可以避得了。如果没什么根本的解决之道，先避过了再说。劫难来时最重要的是避。每个时代都有人被时代巨轮给碾压，那没办法，天地不仁，以万物为刍狗，可关键是，我们的孩子要有避得过劫难的能力。

《易经》有剥卦，剥为剥落，侵蚀的含义，又剥卦为五阴一阳，代表的节气是霜降，草木凋零，落叶纷飞，天地间的生气被剥。剥卦，所有外在装饰出来的美好不会太久，小人即盛，万物零落，小人壮而君子病。

现今，抑郁的人看心理医生，孩子教育出了问题去找所谓的教育专家，其实是找制造问题的人来开解药，台湾的说法是请鬼开药。应对这样的大环境，最好的办法要藏，复卦什么时候会来，不知道，比如此时是霜降，只要迎来冬至一阳来复，就好了。

我们给孩子一个正常的环境，将来孩子就会吉祥。大环境这样，至少我们可以把自己的家庭环境弄好，把身边亲人朋友的环境弄好。只要我们把这些环境给弄好，生活到处依然可见芳草鲜美、落英缤纷。

最好的生命状态就是有"兴"

"感"和"诗情",以前是我们整个中国学问的根本。

孔子以前讲:"兴于诗,立于礼。"第一个就是兴于诗,你要有那个兴,那个诗情。

兴是什么?

当年,我的一个老朋友生了一个小女孩,才一岁多,每次抱她到外面,她只要看到花,就特别兴奋,那种开心,那种好感的状态,就是兴。

你们一定遇到过这样一些人——年纪明明不大,可是整天暮气沉沉,走路低着头,做什么都没劲。

这种人就是没有兴。反过来讲,一个人最好的一种生命状态叫作有兴,兴就是他对任何事都有好感。每天都过得神清气爽。禅宗有句话讲,"日日是好日"。

"日日是好日"就是即使你哪天跌倒，爬起来，你还会开心地"呵呵呵"。那种人就是有兴。他会有烦恼，他可能也会有挫折，可是他觉得没什么。可是一般人会把小烦恼变成大烦恼，大烦恼会变一个不可收拾的大灾难。

我以前教书的时候，有一个学生有一次走路走到一半，有一只鸟在上面大便打到他头上。结果他因为鸟大便在他头上，整整不高兴了一个礼拜，看到谁都不高兴。

什么是修行？修行就是鸟大便到头上，我把它擦掉，然后转过头来跟别人说，刚刚好好玩哦，我刚刚头上有鸟大便。说一说自己还笑起来，这就是有兴。

修行要修到什么程度呢？修到看别人好像看自己，修行更高的境界是看自己好像看别人。取笑自己好像在取笑别人，这个人境界就高了。

今天的教育少了诗情，少了修行。人的一生要活得有分量，就要有这两个东西。

一般来讲，年轻的时候很容易有诗情。今天这个时代如果没有太多压抑的话，每个年轻人都是诗人。像"五四运动"的时候，很多年轻人都会写诗，即使写得不好，可是你就觉得看起来有朝气。特别有种青春的美，青春的诗情。

人在青春状态有诗情是非常正常的。所以一个人在青春的时候半点诗情都没有，说实话，这种人无趣得很，最好少跟他来往。他脑袋里面可能都是算计——几年后要达到什么成就，几年后要考研成功，几年后要读博完毕，几年后要赚进第一个一百万……

他们的人生规划得清清楚楚，好像一张非常清晰的设计图。这种人就是完全没有诗情。

什么是诗？诗的第一个特色就是说不清讲不明。说得清清楚楚明明白白那就不叫诗了。

中国是一个诗的民族，所以中国人的表达方式跟西方比起来，通常是不清不楚的。我们自从"五四运动"之后受到西方的影响，就觉得这是中国人非常大的一个缺点，可是我必须要告诉大家，从某个角度来讲，这是中国人非常大的优点。

中国人就是因为很多东西不清不楚，所以才能人跟人之间保持一个最大的弹性，才不容易把事情做绝。凡事呢，我们都彼此留有余地。

所以将来，大家记住，夫妻之间相处最好的状态叫作不清不楚。千万不要两个人一吵架，就说我们坐下来好好谈，无论如何都想要讲清楚说明白。

夫妻相处，最好的方法，就是"不清不楚"，具体的操作原则就是睁一只眼闭一只眼，蒙过去算了。以前我不懂这个，所以夫妻关系常常在紧张状态。到底是她错，还是我错，一定要把它讲得清清楚楚，"这个明明就是你不对嘛，你还要怎样怎样"，然后她的反应一定是，"那你自己呢，每次都只会讲我"，然后就进入清算斗争的状态。

讲到清算斗争，你们知道对方有一个很强的能力，就是很会翻旧账，一翻旧账，我就突然发现自己"恶贯满盈"。后来我慢慢发现，只要我不跟她算账，她也不会跟我算账，得饶人处且饶人。最后都是我感觉到她好像内心深处已经有了一种想要放我一马的准备的时候，我就主动求饶。

当然，我们不能做得太难看啦，毕竟要装出一个男人的尊严。所以我最常采用的方法，就是冲一杯茶，然后拿到房间里边，"喝个茶吧"，她不理，我就再讲一句，"这个茶还不错呢"，等到她把茶端起来喝的时候，我就知道，她已经"赦免"我了。

也许你会说，"可是问题还在呀"。我必须要讲，夫妻之间，不是把话说清楚讲明白之后问题就可以解决的，夫妻之间所有的问题，是这一次，你容得下，下一次，换她容得下，彼此之间愈来愈容得下之后，所有问题就全部解决了。

这个就叫修行。

你容得下别人，然后，别人才会容得下你。所以，修行，千言万语说到最后其实是一句话——看到自己，很清楚地、明白地、完全没有遮掩地看到自己。

这里"自己"的概念，不是西方哲学说的那个"自我"，是看到自己有缺陷，有局限。譬如你很好胜，譬如你有很多习惯，你曾经以为你这个习惯叫天经地义，其实根本就只是你的偏执。

大家都知道，很多夫妻会为了一件事情吵架，就是挤牙膏怎么挤，对不对？有的人习惯从中间挤，有的人习惯从尾巴挤。从中间挤的他就会告诉你，你从尾巴挤不是很奇怪吗？从尾巴挤的就说，你从中间挤不是很浪费吗？你怎么会有那么怪的习惯。然后可以吵到不可收拾。

这件事说到底是什么？我们每个人都有我们的习惯，都会把自己的习惯看成是理所应当的，可是实际上，它从来没有那么理所当然。也就是说，我们之所以会看不到自己，其实是因为我们每个人都有一个很强大的能力，尤其书读愈多的人，思维愈发达的人，理性逻辑愈强大的人，愈有这个能力。

什么能力？骗自己、欺瞒自己的能力。那种很会讲道理的人，就特别有这种能力，你常常会发现他特别偏执。

所谓修行，就是让生命状态愈来愈放松。

当你自己的生命状态放松了，然后，你对于她所有的缺陷你也开始愈来愈看在眼里，然后你心里面也放下，你也知道其实她就是这样啦，要改其实也很难，你也就不会心里面一直说想要她改成怎样。

当你心里面的状态愈来愈是这样子的时候，你自然会宽，会松，然后呢，你就会意识到，今天换成是我们，我们要改自己能不能简单哪？你们一定常常觉得说自己有很多糟糕的地方想要改，结果你发现改变自己太难了，改不了，最后的结果就是后悔和懊恼。

如果我们能够看别人像看自己一样的时候，你就可以知道，对啊，改我们自己明明都已经那么难了，那你要人家改，谈何容易，对不对？我们心理上就自然会产生一种不忍苛责的心情，我们就会有一种最起码的体谅，会有一种同理心。

最有意思的事情是，当你开始看别人好像看自己，开始踏上修行第一步的时候，当你已经放弃改变她的想法的时候，隔个几年你回头一看，你会发现，不知不觉中她已经在变了。

人的状态就是这样，你愈想要改变她，她就愈会改变不了，而你压根就没有想要改变她，你的状态是松的，宽的，她会自己慢慢往比较好的状态去调整，这个很重要。这个时候你才会知道，老子的"无为而无不为"是什么意思。老子也讲过"大化无形"，真正最根本的改变是没有痕迹的，你甚至没有这个念头。

篇后

十二年后
——儿女回响

花开心也开

一

甲辰年建水游学托管班，我带孩子们唱《四郎探母·见娘》一段。

"儿在番邦一十五载，每年间花开儿的心不开……见母一面愁眉解，愿老娘福寿康宁永和谐无灾。"

这段唱，我们仨小时候常唱，用途广泛。既可以是平日玩闹讨娘开心用，也适用于母亲节表衷心，更是娘生日的经典祝寿曲目。

每年娘的生日，都是薛家三个孩子的头等大事。其实那并非母亲真正的生日，只是当年报户口时，外婆记不准，随口一说的日期。但这并不妨碍它被我们三个孩子牢牢记着。

"福寿康宁"唱了好些年，我们渐不满足。寻思着，古时老太太做寿，最显身份的事儿，便是请一台名伶唱堂会。正巧家里现放着三个小戏迷，虽然专业性难入行家之眼，但足以彩衣娱亲、搏娘一乐了。

于是决定，给娘亲唱一出堂会。

三人勉强能凑一台戏，但戏码实在难选——既要有角色穿插，还要唱做俱备，最好贴合我们这外行水平。平时唱的《武家坡》太寒碜、《断桥》太苦情、《二进宫》太单调……找来找去没有合适的，索性自己编吧!

于是由我执笔，三人编写了人生中第一出京剧，讲的是北宋年间，杨排风(薛以婕饰)和某将军(薛朴饰，时隔多年已忘此君名姓)比武斗智，巧遇仙人(薛允和饰仙女)，最后三人合力大破辽军的故事。我们动用了所有床单、浴巾和扫帚杆，经历数周排练，终于在母亲寿辰当天唱响了这场堂会。

那年生日，母亲很开心，并不在意我们的荒腔走板及稀碎身段，大大地鼓了掌。

二

娘的生日必须隆重。而我们三个小萝卜头的生日，嘿，别惦记了。

约五六岁时，有年在茹茞老家，正值我生日，随祖母去逛菜场，说起隔天是元旦，我不经意提了一嘴"今天是我生日"，祖母有些稀里糊涂地说："是吗？"——她向来只记农历日子。我说，是阳历生日。一旁小贩怂恿，你孙女过生日不买蛋糕啊？祖母便买了个蛋糕。

我也稀里糊涂的，不明白过生日为什么要买蛋糕？不过有蛋糕吃，总是开心的，蹦蹦跳跳拎着蛋糕，拉着祖母的手回去。结果父亲一见蛋糕拉下了脸，说："不要给小孩子过生日。"

忘了那蛋糕最后吃没吃，反正记得父亲的黑脸，从此我对过生日再也没有兴趣。

当时在小学里，其他同学过生日，总会带个大蛋糕分给全班。在那天，那位同学会成为全班的焦点，成为所有孩子的"好朋友"，受到老师的瞩目和祝贺。

蹭同学们的蛋糕，我还是挺开心的，只是心里暗暗觉得过生日还挺亏，这么大派头，花了不少钱，但隔天就失去了所有光环："好朋友"们又恢复成普通同学，上课该被罚站还是被罚站。不过，他们还是很享受一年一度的主角时光就是了。

由于家里不给过生日，我从来没有带过蛋糕去学校。偏偏我的生日很容易被记起，同桌问："你今天怎么没吃蛋糕呀？"我想了想决定不说"我们家很穷"，而是做鄙夷貌道：

"你不知道蛋糕吃多了得糖尿病吗？"

"可是生日是庆祝你出生的日子呀，就是应该吃蛋糕。"

我从小就喜欢教育人："老师说，妈妈生我们非常痛苦，生日又叫母难日，有什么好庆祝的？"

至今还记得小同桌傻瞪着我的样子，他肯定不记得老师说过。

我记得。那是一堂语文课，听到老师说"母难日"时，九岁的我有种多年之谜被揭开的感觉——第一次有点明白，为何家里不给小孩过生日。

之后好多年生日，都在平淡中过去。偶尔母亲会做点好吃的给我们尝尝鲜。后来长大，会下厨了，父亲就规定我们生日要负责做一桌菜给娘吃。

好嘛，这生日真是不过也罢。

上大学后，有了一群好朋友，自然免不了互相簇拥着过生日。一开始觉得挺好，但后来，欢声笑语的背后，却总觉得轻飘飘的，好像缺点什么——总觉得生日不应该是这么过的。

虽然从小不过生日，却也从来不知道正确的做法。后来是父亲开始讲学，接触了天南地北的同学，才知道传统应该是什么样。前年我生日，正好放假在家，父亲说："你给妈妈磕个头。"台湾西化，没有给长辈磕头的习俗，但很神奇的，我没有任何不习惯，双膝一跪"咚咚咚"就来三下，还觉得挺舒服。母亲微笑着，然后我就坐下吃我那碗长寿面——这也是近两年才有的"仪式"。

不得不说，老祖宗定下的"礼"就是如此妥帖。三个头磕下去，一碗面吃下去，觉得此后一整年都踏实了。

再往后的一年，生日时不在家，磕不到头，百爪挠心。想来想去，给爹娘打了视频，"云磕头"磕了三下，嗯，觉得今后一年有着落了，很安心。

《三家店》里秦琼唱，"儿想娘身难叩首"，那真是世间最大的不幸。

弟、妹哀怨道："大姐起了这个头，以后每年生日不在家，我们也都要视频磕头了。"哎，大姐不就是起表率作用的嘛！其实他俩也只是嘴上抱怨，到了生日时，照样磕得毫不含糊。

一年年的头磕下去，相信我们都会愈来愈吉祥。

三

至于父亲的生日，其实我们也都记着，只是您老人家素来低调，故而每年草草而过。

一如他的生日，父亲于儿时的我，也是重要却模糊。几乎不记得小时候和父亲有过什么交流，说得最多的就是——"爸爸，来吃饭了！""好！"

每天背书给父亲听倒是固定功课，背得如何他也不太管。有阵子背《易经》很偷懒，父亲有天像突然发现般瞥了我一眼："背这么少啊？"我心虚地应："嗯。"但他也没说什么。后来我就不敢再那么偷懒了。

有阵子背《孟子》，特别来劲，能一口气背下一整篇。父亲也只是淡淡说："背这么多啊？"我有点得意地说："嗯！"但他还是什么也没说，也没夸我。

有阵子背《诗经·大雅》，先秦文字晦涩，没有注释的诵读本背得我痛不欲生，到了睡觉时间还没背完，我就忍不住哭。父亲只说："别哭了。"让我去睡觉。我说："可是我还没有背完。"

那么小的我，就对很多事有执念。玩具一定要放在固定的位置，没写完的作业一定要写完，没背完的书非背完不可。但父亲只是说了一句让我至今犹记的话："有时候，没必要今日事今日毕。"

确实，睡了一觉，隔天很快就背下来了。父亲依旧是淡淡的。

在课堂听他讲孔子"尝独立",我们暗笑,父亲自己真就是如此。在家中很少言语,总是独自站在书房的落地窗前,远眺窗外的青山白云,一言不发。偶尔喊我们过去,指给我们看层峦叠嶂间若隐若现的一线白痕,那是雨后山里的瀑布。

是一直到长大后,有了迷茫和困顿,才知道父亲平时不言语,却有本事在我们最无助之时,娓娓一席话说得人愁云顿散,柳暗花明。

近几年我常给父亲艾灸。有天,父亲问我艾灸时的"灸感"。我说是一种感应。

想想觉得有些不着调,补充:"虽然听着有点玄乎,但是真的。"

没想到父亲说:"一点也不玄乎。"

身边朋友常抱怨难以和父母交流,他们的父亲嘘寒问暖,想和孩子做朋友。而我那"尝独立"的父亲,却一下子听懂我在说什么。

四

甲辰年夏天,我的心很开,而且很定,因为和父母在一起。

在建水游学，母亲课堂分享时说，她就是薛家的厚土。

印象中的母亲，是风风火火的女强人，是精明能干不服输的新女性。在学校教书的她，校长都要让三分。现在，她要辞去工作。她给自己的定位，是薛家的厚土。

天哪，这是什么魔法？

朋友常因我漠视女权而痛心疾首，她们不解，你就愿意当个贤妻良母？

其实我也渴望长成参天大树。但现在我知道，有朝一日如果需要，我比她们更有底气委身成为厚土。因为我的娘就是这么做的。

游学期间，母亲回了台湾一趟，几天后返程。彼时天色已晚，我帮父亲艾灸，室内一片寂静。忽地一声"我回来了"，像春风拂过大地，花儿般的母亲进了屋，整理行李、捎爷爷奶奶的消息、关心厨房杂事……一下子屋里就热闹了起来，弟妹围着她说笑，父亲在艾灸烟里好像也更放松了。

满室生香。

真是"花开心也开"了。

甲辰年秋天，父母来北京，住在一个小公寓里。那天我正好放假，去机场接机，看父亲穿着红布衫，头发刚理过，虽然花白却十分齐整，额头泛着光，面上带着笑，想来最近应是休息得不错。看到这样亮堂堂有精神的父亲，便一下子安心了。

回到小公寓，我把事先准备好的排骨熬上，放进玉米和萝卜。植物根茎特有的清甜融在猪肉厚实的气味里，很快就在屋子里弥散开。然后再焖上米饭，和父亲一起等着母亲回来吃饭，就好像这小公寓是一个真正的家。

那顿饭真是令人难忘，汤饮下肚是如此熨帖，连一口白米饭都可以香气隽永。原来在北京也可以吃到如此有滋味的饭菜；原来重要的不是吃什么，而是和谁吃。

长大后的姊弟仨，仍是一派光明喜气。

写至此，甲辰年已至岁末，又是一年生日过去，刚磕完头，视频里父母笑意犹在眼前。父亲又一次说起公元2000年我出生时全世界放烟花的事儿，母亲又一次说我瘦了——明明入冬后才胖了些，可能在母亲眼里，永远都是"见面怜清瘦"吧！

又是一年过去，我们在长大，他们在老去。"父母之年，不可不知也，一则以喜，一则以惧"，幸好三个孩子都学医，起码面对父母的身体健康，可以有一份底气。

在托管班教戏时，我对那些孩子们说，离家后方觉，不在父母身边侍奉，那真是"千拜万拜也折不过罪来。"

台下一双双稚嫩迷茫的眼睛望着我。我知道他们不懂，也很羡慕他们还不懂。

只愿，每年花开时节，双亲仍能硬朗康健，那就是为人子女最大的开心了。

薛以婕，甲辰年（2024）腊月于北京

人皆养子望优秀

在我本科毕业的前一年，与我同届的两个女孩轻生了。

我与她们并不相识，但学校小，内情很快传开。她们放弃生命的原因，并不是狗血的情感纠葛，而是升学的压力——尽管这两个同学既往成绩都不错，但可能不足以让她们顺利保研。面对未知的将来，她们选择了最极端的逃避方式。

众人感慨，怎么就因为这些小事，放弃了如花年华呢？我和友人聊起，一致认为，这些事只不过是压死骆驼的最后一根稻草，而此前千千万万的稻草，已使她们不堪重负。

但，只不过是稻草而已，怎么就不堪重负了？同样一所学校，也有很多人，逃学挂科，甚至差点毕不了业，但人家却也活得挺好。看来，环境也没有那么严峻嘛！

那她们是怎么了？稻草在她们身上，就变成了不可承受之重。

或许，她们是无法面对自己的不优秀。可以想象，从小被捧在手心里的掌上明珠，成绩出众，自己还很努力，在家在学校都被夸优秀。高考进入一所排名还不错的学校，在别人还在混日子的时候早早有了觉悟，争取保研。但在一番竞争后，别人更优秀，自己不再是拔尖的那一个，甚至可能失去保研的名额。这样窝囊的后果是她们无法承受的，于是学了五年治病救人之后，选择了自杀。

来到北京，算是开了眼界，这里的学生有台湾见不到的"狼性"，有近乎极致的内卷。同学一个赛一个聪明努力。绝望

2024年6月，以婕大学毕业。

就是这么来的——当发现自己既没有天赋，还不如别人勤快的时候，如果还继续追求优秀，周围永不停歇的步伐，会带来一种人生注定失败的悲哀感。

我们学校的情况不是最严重的。那些名校轻生的学生人数也许更多。且不只是大学生，中小学生抑郁的形势也愈发严重。无论是中医还是西医，都对青少年抑郁给予了前所未有的重视，从各个维度尝试治疗，学校更是大力推动心理辅导，效果却未必尽如人意。

当大家都想成为那百里挑一时，百分之九十九的人注定要郁闷。

曾看过一篇文章，提到为何女子称夫君"良人"而不是"优人"？从现在的评价体系来看，"良"并不是最好的，"优"才是第一。为何退而求其次呢？

"优"最开始的意思，《说文》言："优，饶也。"是充裕、富裕的意思。后来则引申出"胜过、超过"之意，"别优劣也。"

胜过、超过，背后的思维是竞争，是对立。随之而来的，是锱铢必较，是自私自利。

"良"在《说文》则解为："良，善也。"而在《诗经》里有和睦之意——不需要出类拔萃的"优"，只要和和美美，便是一生的良人了。

"优"字还有一个意思，即"优伶"，是演戏的人。"优"是演出来的，最高境界的"优"，是演到极致，演到连自己都相信，演到成为观众眼里完美的存在。

我们追求优秀，崇尚自律，认为自律带来优秀，高喊"自律即自由"。

但自律了，真的自由吗？

是自然生长的自律，还是违背本性演出来的自律？

我们迷失在优秀的盼望中，扭曲自己，超越别人。

可怕的不是优秀，是自认为优秀——"人设"不能丢。就像偶像会有包袱，优秀的人，包袱也重，人也拧巴。一旦发现自己不优秀了，人设崩了，那会是一种掉进深渊的绝望。

优秀很耀眼，但也很凶险。

我从小是个不甘落后的性子，虽然天赋平平，但还是逃不过向往优秀的陷阱。那是人性骨子里一种向上的本能，但把握不好，就会变成执着和贪念。

在过去二十多年里，父母对我看似漫不经心的教育，其实是帮助频频落入凶险境地的我，一次次逢凶化吉。

我们读的是农村的小学校，身边同学都是上山抓野猪、下田干农活。对于我们家三个能舞文弄墨的孩子，老师简直视若珍宝。我那时有点小聪明，还有点小矫情，写作文洋洋洒洒，总是被推荐去参加比赛。我家爹爹一概不许。让我跟老师说："我们家很穷，我要帮我爸卖牛肉面。"

就这样，优秀的幼苗刚长出来就被掐断了，我无缘那些奖项，平凡度过了童年。虽然我还是年年拿第一，但父母对我的成绩一概漠视之。他们只在意我家务有没有干好，有没有准时早睡、按点早起，早上有没有记得打电话给爷爷奶奶问安。

初中三年，我们姐弟仨在家自学。每天就是干活、做饭、唱戏，学做一个弟子，晚饭后陪爹娘在田野间散步吹风。现在想来，那段日子着实令人怀念，虽然当时觉得没什么，但现在想起来，是给我们定了性情，帮我们三个孩子都纠了偏。

我较真、追求完美，但在日后的种种竞争、内卷、拼搏中，总有一股无形的力量在牵引我，不让我一往无前。想来是那段日子的"无所事事"给我带来的保护罩。

本来性格比较散漫的阿和，可以保持高中三年不被同侪影响染上什么坏习惯，上了大学之后可以有滋有味"沉迷学习"，是那段清朗的日子给她带来的向上朝气。

薛朴在我们三个里面是个比较追求"自我"的小孩，曾经有点受到洗脑，但最终还是被拉了回来，回到一家人共同前

姊弟仨学戏唱戏的日子，欢乐总比烦恼多。

进的队形中，那是那段日子——礼乐文明的日夜熏陶唤醒的基因回归。

是的，三个性格不同的孩子，在同样的一段路程中获取到了不同的养分。我们学的不是单一的知识，而是"损者益之，不足者补之"。在家自学的那段日子，我们既悠闲，又充实；既安静，又热闹；既学中华传统的经典，又学现实人世的应对进退。

每日早晨五六点钟起，先把米淘了，粥熬上，然后出去晨跑。虽是晨跑，但我们跑着跑着就变成了散步，在池上的水田间走走停停，看晨光从山脉间散出，照着刚插的秧苗绿莹莹煞是好看，照着环村的水圳波光粼粼。沿着水圳一路走，就能到我家后院，远远望见正在浇灌菜蔬的父亲，我们便会战术性跑起来，假装气喘吁吁向父亲挥挥手，跑过家门再恢复散步模式，晃悠悠一大圈再回家。

还是那个后院，冬天梅花盛开，风吹花瓣似雪，带着暗香落在水里纷纷而去，常引游人一阵惊赞；父亲会剪下一枝早梅，供在瓶里，放在厨房饭桌前。梅花的清冽和灶头的油烟都是家的气味。

自学的生活也是这么又雅又俗的。早上我们读四书五经，背诗歌词曲，背完了就去灶下摘豆角、炖排骨；午饭基本是我掌勺、弟妹辅助。我的厨艺一般，但是对于厨房的掌控能力，却是扎扎实实被练出来了：冰箱有什么，家里几个人，要做几个菜，都要考虑；父亲喜欢吃软的米饭，而母亲喜欢硬一点的，所以在蒸米饭时就要把水面稍微倾斜，这样就可以同时兼顾；哪个菜凉得快，哪个菜需久炖，油的温度、火候的大小……很多东西没有人告诉我，都是琢磨出来的。后来发现，我学会了"全局观"，能按部就班安排好一堆琐碎的事，我想这部分得益于当时的"厨房训练"。

到了高中，回到体制内。一开始功课跟不上，但我很努力，被公认为班上最认真的人，走路都在背单词，成绩一点点提上去，眼看着排名进入前十、前五、前三……身体却没养好，人瘦得不像话。爹爹很严肃地找我谈话，叫我成绩不要再进步了，把身体养好。当时很憋屈，也无法理解，怎么会有人不希望自己的孩子更加优秀？但父亲的话一向就是命令，我还是乖乖照做了。

后来父亲在课堂上说："为什么要她优秀？我只要我的女儿活得好。"

好多人对孩子说爸妈多么爱你，在这句话面前，实在轻如鸿毛。

其实当年我拿到高考分数时并不满意，有些懊恼。但回想起来可真是万分庆幸，这个不够满意的分数，促使我与中医结下一生的缘分。在很多人开始萎靡的大学校园里，身体变好，元气一年年足起来。今年在建水游学时舞龙、打镲，被托管班的刘霞老师笑言："能量挺足呀！"

后来，也正是文章开头那一年，面临本科毕业，我开始思考今后的去向。身边绝大多数人选择了读研。那些考研或者保研的同学，开始陷入了长达一年的焦虑，焦头烂额。

有的同学，不想读研，但家里希望他读，只好不甘愿地顺从，选了个轻松的专业，混个文凭；或和家人反目，闹得彼此不欢；我自己想读，父亲其实不太赞同。但尽管如此，也并没有太坚持。最后我考上了，他们也就同意了。

听起来很不可思议，在这种人生道路的选择上，父母就这么半放养着。但这是家里给我最大的松弛。我在考研那一年还每天去练拳、写书法，社团的师兄师姐说，以婕怎么看起来一点都不着急。

或许这就是父母给我的底气。我无须担心辜负了他们的期待，无须害怕自己不够优秀让他们失望，只需要考虑他们的身体是否康健，关系是否和睦。父母就只是父母，在所有人都用社会价值来相互衡量的时候，家人是唯一的例外。

很庆幸我的生命能有这样的例外。父母教育下的平正之气，让我在卷天卷地的大学里可以波澜不惊，让我在遭受误会挫折时可以不觉委屈。让我在面临毕业和升学时，不被稻草压垮。

我体会过优秀背后的虚假和拧巴。要演一个不像你的自己，要踮起脚尖往上探，那是一种不安于位的状态；因为想要更优秀，所以会变本加厉地索求，那是一种贪婪。由贪而生怨、生嗔痴心，近乎无明。更可怕的是，所得到的荣誉和夸赞会让人飘飘然，慢慢地看不起其他人，慢慢地，与世间就不亲了。你以为是走向神坛，其实是飘起来，然后坠入深渊。

感谢父母一直拉着我，教我做与世间亲的弟子；还要感谢弟妹，在大家都夸我优秀的时候，只有他们知道我又凶又爱哭。总用一些幼稚的游戏，和毫不庄重的笑话，把我拉回欢快的平凡人生活。

我有一个好友叫亚轩，她说"亚"的意思是不要争第一，是她爷爷取的。她亦人如其名，不争不抢，很安然。我们关系很好，我喜欢她那"不要争第一"的名字和性格。可能内心深处选择朋友时，也隐隐有对自己的一份警醒。正如当年我的父亲提醒我一样。

安于其位就很好。现在的我并不优秀，却躲过了不知如何凶险的祸灾。

薛以婕，甲辰（2024）冬至于北京

当我不再过敏

我是个很严重的过敏体质，虾蟹海鲜从不敢碰，被蚊子咬一口，皮肤就要红肿痒痛好几日；鼻炎一发作，鼻涕就像水龙头似的止不住。

身体如此，性格亦然。我从小早熟，感知敏锐，能够迅速捕捉别人和自己的情绪，并将其无限放大。天生就有很强的自我意识和边界感，与人亲不起来。

大约十年前，我生了一场大病，直到现在学了医，还是无法解释那是个什么病。究其根底，大约是"过敏体质"在作怪吧！

这种病，可以名为"过敏性人格病"，与当今层出不穷的过敏性身体疾病遥相呼应。在这个浮躁扰动的社会，许多人的身心都是这样一种高敏感状态，稍有扰动，便反应激烈。

西医将过敏性疾病归咎于免疫、遗传、体质，无法根治。

这种观点看似科学，实则非常不负责任。中医则认为，人体有先后天两部分，先天固然已经干预不了，后天却仍大有可为。过敏性疾病，如果治疗得当，是可以通过规律作息、合理饮食而治愈的。

同理，对于过敏性人格而言，固然有的孩子天生细腻敏感，但后续如何发展却是人为的。如果放任其自由发展，任凭个人主义将其合理化，不加以干预，那过敏将愈演愈烈。而如果正确干预，其实也可以通过摆正位序，通过人世的亲，进行"过敏原耐受治疗"，让人不再过敏。

前不久，在网上看到一位家长分享自家"高敏感"的孩子，才六岁的孩子，会正色跟妈妈说："我感受到了你对我的不尊重。"而做母亲的会诚恳道歉，小心翼翼地保护着她的洁癖，忍让着孩子的无理取闹，甚至自豪于孩子的"高敏感"。

细思极恐，孩子如果连母亲都过敏，那将来如何在大千世界活下去？

其实，所谓的过敏，不过是对自我感知的无限放大，对外界干扰的过度免疫；最好的办法，就是把自我缩小，让一切归于平实。

"以无厚入有间，恢恢乎其于游刃必有余地矣。"

感谢父母给我们三个孩子打下童子功，建构起礼乐文明的屋顶，那是个需要把自己缩得很小才能生存下去的屋顶。我们没有自己的房间，白天挤在一张餐桌上写作业，晚上挤在榻榻米上睡觉，没有宠爱和自由，三个孩子谁也不单独"被看见"（我们也不想"被看见"，因为那往往就是要挨揍的时候）；细腻敏感如我，也没有什么"顾影自怜"的机会，因为整天有一双吵吵闹闹的弟妹在身边，一口一个大姐叫着，先把他俩顾好再说吧！

但是我的过敏只是改善，没有被治愈。因为我乖巧听话，父母打骂得还是少，挫折磨难也几乎没有，我一直待在舒适区里，一直没有根除过敏体质的机会。我骨子里还是喜欢读纤巧的文字，会因为轻微的责骂而掉泪。

过敏体质造就了我的自律和完美主义，太过干净的内心世界容不下一点尘埃。

潜伏在深处的邪气一直深藏着，直到十四岁那年爆发出来。

那场过敏大发作，是突然对这烟火人间起了怨气，我开始经历一场身体和心理的大调适。那时交感神经极度兴奋，特别烦躁易怒，仿佛是要把过去的我打碎，很多从来没有过的、之前想都不会去想的、一些"离经叛道"的想法开始莫名其妙地浮出：我开始看弟妹不顺眼，开始质疑为什么自己要承担这么多的责任，开始想要否定我前十几年平淡而安稳的生活，开始想要重塑一个自己……

　　其实就是个人主义在作祟，我把自己放得无限大，于是一点小事都可以对我造成剧烈扰动。那是一种极度别扭的状态，经常莫名其妙地发脾气、毫无预兆地悲伤哭泣。我性情大变，人瘦得脱相，那个忠厚稳重的大姐，变成了一个幼稚、刁钻、易激惹、爱发脾气的小姑娘。

　　其实现在我依然无法理解当时的自己，只能大致归结于过敏性格作祟：那个小姑娘不想再过礼乐文明位上的生活，以自己的身体健康为要挟，把家里闹得天翻地覆。

　　由于身体孱弱，生活几乎无法自理，大部分的家事被弟妹承担。我原本以为自己会轻松的，因为终于不用承担姐姐的那些责任了。但事实是，我很无措，我失去了十几年来姐姐的那个位。我把自己的身体搞得这么差，甚至没有力气去扫地、去做饭，弟妹像照顾一个病人一样照顾我……难堪、内疚、无所适从，还有失去立身之位的空虚。

　　我病得这样重，父母却也不焦躁，对我的病既不是强行压制，也不是放任不管，只是一点一点给我固本培元：吃最烟火气的食物，过最平凡的生活，犯错了该打就打，该骂就骂，以最平常之心来处理这些问题。当时家里，我经常崩溃破防、情绪失控，而父亲总是波澜不惊，就像石头扔进大海，溅不起一点水花。

溅不起水花，我便慢慢缓和下来。我意识到，过敏让我很难受，想摆脱我在世间的这些位，但实际上，失去了女儿的位，失去了姐姐的位，我就是个漂泊无依的游魂。原本嫌弃的这些"位"，以为是过敏原的这些"位"，其实是我的保护罩，是让我走偏时可以回头的拉力，是让我跌跌撞撞但仍可以不断向前的能量来源。

过敏并不是远离过敏原就会好的，而是需要去找到根底的那份安稳；最大的安稳，就是做好自己位分上的事。认识到这一点，绕了一段弯路的我，终于又走回屋顶下，做自己该做的事，逐渐好转。

《锁麟囊》里薛湘灵遭遇天灾，家破人亡，她说："这也是老天爷一番教训！""他叫我收余恨、免娇嗔、且自新、改性情。"

祸福相依。这场发作，正是老天爷给我的一个教训，也是给我的一次根治的机会。

慢慢地，我不再过敏。表面上好像恢复了幼年的那个安稳的自己，但又有些地方不太一样——潜伏的邪气被赶出来了，我变得比以前迷糊，忘性大了一些，变得更爱笑爱玩，和人世又更亲了一些。

甲辰年建水托管班里，很巧合地，伙伴们都年纪稍小，于是

在建水游学的日子，以婕成了大家的大姐。

我又成了所有人的大姐。大姐不是那么好当的呀！大姐眼里不能只有自己，要能看到所有人，上要看到长辈，下要顾及弟妹；要能在各种状况前波澜不惊，要稳稳地带着弟妹们往前走。

阿和给我微信备注是"大大大大姐"，好吧，藉她吉言，我努力成为一个配得上这么多个"大"的姐姐。

五年前，我写建水游学心得，是个旁观者的视角，写人、写景，写得像一幅画，被说"像仙子一样"，其实不好。今年我写托管班、写父母、写我的弟子位，多少应是落地了一些。

嗯，那个敏感纤弱的女孩一边去吧，还是"大大大大姐"这个位置比较适合我。

到了现在，我的过敏不说治愈，至少也是好了大半吧！近日在医院实习，被患者刁难："能不能换个正常一点的大夫来！"我却也不觉得难过或委屈，平静地继续把活干完。

不再过敏，我有了不管在什么环境下都可以活得很好的底气。

疫情期间，学校被封，我们被隔离在宿舍里，连厕所都要分时段才能去。这种无异于关押的生活让很多同学都破了防，校园网上充斥各种负面的声音。但我当时在和家里汇报完之后，心就定下来了。把自己缩小来看，疫情局势如此艰难，那点不自由算得了什么？我隔绝掉那些负面信息，每天除了读书就是看戏，再有时间就打扫打扫屋子，甚至还织了一顶毛线帽，室友们都惊异于我的平静。

我才不要再让过敏发作呢！只要心是安的，那就没有过不下去的日子——可能我说这个话还嫌稚嫩，但我相信家里给我的养分，足以让我在今后每一个"人生难预料"处，最终都可以是柳暗花明。

过敏原到处都是，人生不如意十常居八九。既然避无可避，那就固本培元。

薛以婕，成稿于2024年10月，就读于北京中医药大学研究生一年级

我赏戏曲的角色

一、活泼泼地《闹天宫》

若说最受中国老百姓喜爱的人物，非齐天大圣莫属了。

戏曲里有一系列"猴戏"，一直以来都是最卖座的戏码之一——热闹、好玩、门槛低，特别吸引观众。其中《闹天宫》这出戏，尤为受欢迎，从清末演到民国，乃至于到解放后，在戏曲舞台传唱不衰。直到现在，各大京剧院一贴武戏，必演《闹天宫》。

"猴儿戏"如此叫座，但是以前科班培养武生演员，却不准孩子一上来就学猴戏。因为一般武生的动作是舒展大方、豪气干云的，但演猴子却要把身形缩起，有时还需抓耳挠腮。一入门就学猴戏，会把身段给带偏了。

只有把正经武生戏学好，打下一定基础，身上规范了，才能去模仿猴子独有的一些特质。民国时期著名的文武老生李少春先生，在拜师余叔岩之后，他的老师便不允许他再唱猴戏，怕会影响余派老生的身段和气质。

可知，《闹天宫》这出戏，虽然看似简单，人人都演，但真要把握好其中的分寸，其实不易。很多演员演孙悟空，不是太正经，就是太不正经。有些武生演员演起来一板一眼，武功棒、动作规矩，但却演不出那种可爱活泼。而另一种极端，则是模仿猴子过了头，浮夸、毛躁，甚至把孙悟空演出了猥琐油腻的感觉。

真正的齐天大圣应该是什么样子？裴艳玲老师的《闹天宫》，便堪称演猴戏的范本。老一辈总说，演孙悟空不仅要演出"猴味儿"，还演出"仙气儿"——裴老师，就是演出了大圣那份独有的"仙气儿"，既有猴的特色，但又不完全照着真正的猴子模仿。这种"似猴非猴"的讲究，符合戏曲的一贯特质，也是演孙悟空的最高境界。

裴艳玲版《闹天宫》片段。

戏中的《盗丹》，一上场先是醉步踉跄，表示刚从蟠桃会上大醉而来，旋即又恢复敏捷灵动的本色，耍起手上的口袋——戏曲的规律是，但凡拿在手上的东西，都能耍出花儿来。

裴艳玲版《闹天宫》剧照。

　　裴老师身段非常"圆"，看着轻轻巧巧，其实都是几十年的腰腿功夫。接下来，唱昆曲曲牌《刮地风》，可以注意听听裴老师的音色，很饱满，和伴奏的唢呐搭配特别和谐，所谓"声声入耳，无吃字之弊"。之后看到葫芦，偷吃金丹，表情非常生动好玩。吃完之后，离开两步复又回身，在桌上又摸索几下捡一粒吃掉，惟妙惟肖。自己也知"此祸闯得不小"，于是"带我走了吧"，后面连着一串"走、走、走"之中加上了一个"嘿嘿"，后面又接"哈哈哈哈"，一个简单的下场，都来往反复、跌宕有趣。

每次看裴老师的《闹天宫》，总是想起建水荷花池"活泼泼地"四个字。真正的中国戏、中国人便是这个样子的吧！无论遭遇何事身处何境，都可如孙悟空那样抽身而出，落一个欢喜自在身。

二、《报菜名》里的丑角

《报菜名》这种把一大段词儿念得有节奏、有腔调，一气呵成的念白形式，称作"贯口"，可以说是戏曲、曲艺中的老传统，也是丑角演员、相声演员的基本功。

《报菜名》有很多不同版本，现更为人所熟知的应是相声里"蒸羊羔、蒸熊掌"一段。这个版本很长，有几百个菜名，一套整个报下来得有两三分钟。

而《武松血溅鸳鸯楼》里的这段丑角戏，柳怀却只报了二十秒左右。为什么不报个长的呢？是演员不会吗？肯定不是。是因为没必要报那么多。快活林只是个小酒馆，如果像相声里头满汉全席全报，那就是为了表现而表现了，拖沓了整部戏，与剧情也不贴合。

再者，留神听可以发现，柳怀报的这些菜，什么"包子饺子打卤面，烧饼烙饼卷鸡蛋"，都很平实，很接地气，与市井小酒馆的设定特别匹配。

《报菜名》片段。

京剧里头有很多技巧性、程式性的规范，包括唱念、身段、武打。练得好了，是"绝活儿"；但若是过火了，那就是炫技。

真正的绝活儿是在人物、剧情、乃至于背后的文明大框架里去体现的。悖离了这个大框架的前提，技巧再怎么厉害，也称不上一流。

演戏，不管再怎么露"绝活儿"，都得要在戏里头。

看这段《报菜名》还看什么？除了内容好玩有趣，更值得一品的是演员的"气息"。不是一口气报完，而是有快慢、有气口、有留白。单单为这份不急不躁，就该为这位演员喝个彩。最后一句"往里头请呐——"中气十足，分外响堂！真要见功底，一句便足够。

列位看官，要想仔细体会，不妨张嘴试着跟着练习几遍，简单的几样菜，要报好可真没那么简单呐！

三、《凤还巢》里的丑角

《凤还巢》讲的是一个"错中错"的故事。

程侍郎将次女雪娥许配与穆居易，但遇朱千岁贪图程家二小姐的姿色，冒穆居易之名顶替成亲。恰好程家那头也不安好心，程夫人偏袒大女儿(二女儿乃侧室所出)，便将大小姐程雪雁冒名嫁了过去。假新郎碰上假新娘，于是有了这段欢闹的结婚戏。

这一段两个丑角结婚，剧情和人物设定本身有趣，要演出笑声不难。但演丑角，最怕演得低俗恶心。

包式先、赵春亮版《凤还巢》片段。

视频里的这个版本是天津两位老演员，并不刻意搞怪搞笑，分寸拿捏得很好。

饰演朱千岁的是包式先先生，在拜完天地之后，笑得合不拢嘴，说："天怪热的，别闷坏了。"把做新郎的欢喜、对美人的疼惜刻画得很准确，让这个人物很立体，虽是个抢亲的骗子，却也有几分憨憨可爱。

饰演新娘的是赵春亮先生，揭盖头时，新郎一揭，新娘水袖随之就遮住了脸，配合十分巧妙。赵先生的妆容也很有意思，眼眶两腮抹了厚厚的胭脂，其他部位涂白，跟新郎正好形成一对明暗阴阳——现在扮演程雪雁，大多只是普通的俊扮，这种传统的彩旦妆已经很少见了。

相见之后的舞台走位，两人或分或合，基本上都是朱千岁偏动，程雪雁偏静，既符合各自的身份，看着也比较不乱。到了结尾，程雪雁唱"但愿得咱二人齐眉共枕"后，配合着锣鼓点快速甩了一连串水袖，这几下实乃神来之笔，全在小锣点子上，干净利落，最后一下整幅水袖全放出去，非常漂亮。

《凤还巢》原是正经梅派青衣戏，但戏里这两位丑角的穿插让整出戏活色生香，尤其这段"洞房"，与最后男女主角正式的《洞房》一场遥相呼应，很有意思。

梅兰芳先生一生排过很多个人新戏，《凤还巢》是别具意义的一出。在此前，梅先生排的多是《嫦娥奔月》《黛玉葬花》这类古装美人歌舞剧。这些戏走的是飘逸出尘的路子，很雅致，但是很无趣，很"瘟"。而从《凤还巢》往后的新戏，唱腔身段开始由繁复变为简单，唱词从文雅变得通俗，剧情变得世俗热闹，取消了布景道具，头面也从创新的古装头改回传统的"梳大头"。

还有很重要的一点，便是小花脸的戏份大大增加。这是梅先生经过摸索、尝试及沉淀之后，真正把握住了戏曲的本质。此后排的新戏，无论是《生死恨》还是《穆桂英挂帅》，都是从老戏里头"长"出来的，故每排一出，皆成经典。

四、《红娘》：花旦的媚与妖

《红娘》这出戏，乃"四大名旦"中的荀慧生创作，以红娘为主人公，是荀派的代表剧目之一。荀派擅演花旦，在表演上，更多地体现人物的可爱、活泼、俏皮。

关于乾旦，很多人应该都欣赏过梅兰芳大师，他展现的是青衣的端庄娴雅。而《红娘》这一段，则可一窥荀派花旦的风采。《红娘》的扮演者是荀派传人宋长荣先生。宋长荣先生被观众称为"活红娘"，在恢复传统戏后，数年间演出达上千场。在那个乾旦已经逐渐没落的年代，又身处地方剧团，能得到这样的认可，属实不易。

荀派《红娘》片段。

《红娘》视频是一段中秋晚会的录像，老先生身着便装，没有扮上，不算正式演出。但透过身段、表情，我们还是看到了一个栩栩如生的红娘。与之相配的张生，是著名昆曲小生岳美缇，这是一段"乾旦坤生"的组合，两人演来不愠不火，配合默契，传为一段佳话。

相对应的是，一位青年演员饰演的红娘，便与老先生相差甚远了。表演时表情夸张，看着造作。妆容迎合时下审美：大眼睛，长睫毛，小尖脸，一出场就耸肩嘟嘴，看着不像红娘，倒是活脱脱的网红。

宋老一出来，分明是个汉子，但一颦一笑就让观众接受这是红娘，这是好演员。现在许多演员都丧失了这种与角色接上的能力，总让人觉得出戏。

从唱而言，宋老小嗓清丽，气息通透。而那位青年演员的唱，发声位置很靠前，听起来腻味。还有一个比较原则性的错误，在于"辙口"的咬字。这段唱属"人辰辙"，京剧唱腔是湖广音中州韵，有一个最基本的规律，便是所有发后鼻音"ing"的字，都需唱成前鼻音"in"。但那位演员在唱这两段时，很明显把京音混入其中了，很多归韵，如第三句的"静"，后面流水的"请""行""情"都归成普通话的后鼻音。基本功如此不讲究，令人叹息。

京剧行里形容荀派是一"浪"字，原是指其可爱欢脱、不拘一格的表演风格。但"浪"过头，就让人腻味了。

从宋长荣和青年演员的表演，可以看到时代的变化。老先生们演旦角，特别能把握住女性那种含敛之美：演贵妃，那就多含着点，少露一点；演红娘，那就娇媚可爱露得多一点，但基本底色还需含敛。

这点从宋先生很多细节处可以看出，包括眼神的流动、一笑之后收嘴角等等，媚而不妖。而青年演员演来，就有妖娆之气。

什么是真正的美？并不是妆容浓重，服饰绚烂，更不是一个劲儿抛媚眼、卖弄风骚。有时这不是演员个人的问题，而是整个时代审美改变所造成。

五、《龙凤呈祥》里的"味儿"

《龙凤呈祥》这出戏，讲的是三国时期，东吴设下美人计，诓骗刘备过江招亲，却不幸弄假成真的故事。

史书中这一段，其实刀光剑影，尔虞我诈；但落到戏里，孙刘之争却被模糊化，小老百姓爱看的，是太后操心女儿的婚事，是乔国老管闲事当媒人，是张飞拜见新嫂嫂。

于是这出戏的重点，便落在了这段有些戏剧性的婚姻上，被赋予了《龙凤呈祥》这么一个喜庆的名字。再后来，由于戏名实在太过吉利，成为逢年过节讨彩头的必备剧目，可以说是京剧舞台上最常见的戏码之一。

太后、乔玄、孙权的三人戏，由一句导板"青辰宫气坏了吴太后"开始，三人轮流接唱。三人分属老旦、花脸、老生，行当不同，声腔各异，板式从导板、原板到乔玄后面接的流水板，安排得错落有致，既不死板，又很和谐，非常好听。

《龙凤呈祥》片段。

这出戏的头路（主角）原是刘备，但在京剧里，主配角的概念是十分模糊的。"角儿"演哪个角色，哪个角色就有"好"。最早把乔玄演出"好"来的是马连良先生。虽然乔玄全剧只有这么短短一段唱，但被马先生一唱，遂成经典。

经典之好，不在于声腔的华丽，也不在于字句的冗长。许多骨子老戏，包括被奉为圭臬的"十八张半"唱片，里头的唱段都是少而精的。与那些动辄几十句的样板戏、新编戏唱段相比，这些传统唱段字句少得可怜，腔调也都非常朴素，没有大起大落的旋律编排。但正是这些朴实简单的唱段，被一代代人传唱而历久不衰。因为，戏曲里的唱，辞藻旋律从来都是次要的；戏迷们爱听的，是内在的那股子"味儿"。

"味儿"是什么，比较不好描述。里头的门道，可是够演员和观众琢磨一辈子的。简单来说，只要听了觉着舒服，那就对味儿。若要具体来谈，一般来说，京剧的唱，会比较关注"劲头"和"尺寸"。

劲头，广义来说指演员透出的精气神，狭义来说则是指唱的力度，以及力度在整个唱段里到底"露"多少——不能从头到尾都用力（如样板戏各大唱段），也不能自始至终都有气无力。

这出戏里三个人的唱，老旦相对来说稍显单薄，而花脸就稳当得多。至于裴艳玲饰演的乔玄，声音虽然高，但是很稳，劲头很足。并且整段唱随着旋律有不同的轻重抑扬，和王

裴艳玲版《龙凤呈祥》剧照。

鹤文先生胡琴搅在一起，就格外地摇曳生姿。另外还有裴老师的念白，虽然只有短短几句，但其中的变化非常丰富，这就是戏曲的"无声不歌"。最后一句"将计就计结鸾俦"，把髯口一摊，满脸舒展，神采飞扬。

尺寸，则是指节奏，也就是"缓急"和"顿挫"。戏里这段，三位演员的整体节奏是很舒服的。现在很多京剧演员把握不好尺寸，要么过快，快板要得字都没咬清；要么太慢，拖腔没完没了——说白了，都是为了炫技求掌声。

最后说戏词。

裴艳玲老师这段，唱的是老词儿，相对于现在流行的版本有所出入。比如"大破黄巾兵百万"，后来由于某些原因被改成了现在流行的"鞭打督邮气冲牛斗"，但对于张飞而言，鞭打督邮这种火暴脾气其实并不值得表扬。此外，现在流行的版本在多处都添了字，如"靖王后"改成"中山靖王的后"、"白马坡前诛文丑"改成"白马坡前斩颜良、延津诛文丑"等，字数多了，便可以多安几个小腔，让整段唱听起来更俏、更花哨。但是此类迎合观众之处一多，便易流于油滑。马派被人诟病之处也正在于此。

其实，不光是唱念，从演出第一个鼓点子敲响开始，演员和文武场就要不断在各方面去寻找那个过犹不及的平衡点，既要有看头，又不能沦于媚俗之品。大师们达到的，就是那个恰到好处又不露痕迹的境界。

六、《群英会》里说小生

京剧行当"生旦净丑"，生行为首，正派端庄的男性角色多归类为生行。其中，老成稳重的角色为老生，如《甘露寺》的乔玄；武艺高强的角色属武生，如《夜奔》的林冲；而当需要表现人物的年轻英俊时，则由小生应工，比如许仙、周瑜、吕布等。

长久以来，京剧小生一直是一个被边缘化的行当。小生一行，在京剧算是三路角色，不像昆曲或者地方戏里，才子佳人剧目多，小生也多。这些爱情戏里的小生，多是柳梦梅、张生这类软糯喊"小姐"的白面书生，很多人对小生便停留在"娘娘腔"的刻板印象里。

但"娘娘腔"，绝非京剧小生真正的面貌。很多人听不惯小生捏着嗓子的发声方式，实际上这是老一辈艺人为了模仿青少年变声，创造出的独特效果。真正好的京剧小生，能藉着这种小嗓，诠释出少年人独有的阳刚挺拔、朝气蓬勃。就如同吹唢呐，音调虽高而不显刺耳。

京剧小生翘楚当属叶盛兰先生，是京剧历史上第一位，也是唯一一位以小生行当挑班的人，只是叶盛兰先生留下的视频资料很有限，下面欣赏一段《断桥》，更能看出叶先生的许仙是"活"的，眼神一直没有离开过白素贞，拱手低眉，神情可怜，有几分面对蛇妖的怯懦，更多的还有夫妻之间倾诉的恳切。并没有哭天抢地的夸张表演，而是一派真情实感，令人动容。

相比之下，现代的"许仙"像个AI工具人，站得离白素贞远远地，昂头挺胸，摇头晃脑——这些演员在演他们自己，而不是在演许仙。

叶盛兰版《断桥》片段。

叶盛兰的《断桥》很精彩，但他最拿手的还是"雉尾生"戏，也就是指角色头上戴了两根"野鸡毛"——行话叫"翎子"。《群英会》里的周瑜便是其中典型。

周瑜水军大都督的气势，叶先生从几个方面来刻画。

一是嗓音。京剧小生唱腔讲究"龙虎音"。"龙音"指的是运用头颅共鸣形成峭拔高腔，产生气冲云霄的效果。"虎音"则是运用胸腔共鸣，把音色放宽，在小嗓的基础上产生一种厚实感，摆脱了柔媚和阴阳怪气。正如叶先生本人在教学时经常强调的："唱小生要有老生气，最忌脂粉气。"

二是眼神。叶先生台下高度近视，但台上的眼神活动却是无比灵巧。比如迎接蒋干时，眼含笑意却又心怀鬼胎，虚实之间恰到好处；再比如夸耀满营将官粮草时，眼随手动，同时又捎带留意着蒋干的反应。通过眼神，传递出周瑜的胸中韬略，而非现在舞台动辄大笑大怒的幼稚形象。

三是做派。从翎子、水袖、脚底下的台步，看似浑然天成，实际上"台上一分钟，台下十年功"，都是反复琢磨并苦练而成的。周瑜的两根翎子，控制好了是潇洒气派，控制不好则会四处乱晃、平添狼狈。且看叶先生这两根翎子，从头到尾稳稳当当，该立就立、该落就落，这就是功夫。功夫若不到，气势也就无从说起。

看叶盛兰的周瑜，便一点不觉得"娘"。这样的威武雄壮、英姿勃发，才是京剧小生该有的面貌。

七、《群英会》里的丑角

列位看官肯定留意到，除了周瑜演得好，与之配合的蒋干也十分出彩。这位蒋干，就是《贵妃醉酒》中饰演高力士的萧长华老爷子。

老爷子演这出《群英会》时已是八十高龄，唱念却仍中气十足，演来毫无滞涩，惟妙惟肖，被称为"活蒋干"。

萧长华版《群英会》片段。

蒋干属于丑角中较特殊的一种类型，不能过于夸张搞笑，更不能撒泼无赖。蒋干是个正经的谋士，演来不能有市井气，而要有几分"文气"。包括念白，老一辈演蒋干讲究的念法是念苏白而非京白，就是要使这个角色不流于庸俗化。

但这种"文气"，又易与丑角活泼好玩的底色相冲突。因此，如何在正经中带着几分不正经、在诙谐中又自有端庄，其中分寸的拿捏，就非常考验演员功底了。

这段戏有几个看点。一是老爷子的唱，气韵很足，嗓子是有功底的。此外，在咬字和字尾收韵处，许多时候并不唱得十分完整，而是俏皮地收住，透着那么点不正经，但仔细听仍在规矩里。这种虚实交错，既好听，又和老生的正经唱段区别开了。

现在多数丑角在唱念时，用的是日常说话的大白嗓，呆滞不挂味，这是不对的，丑角的唱，其实可以很有味道。

另外，老爷子还有很多"虚"的小细节，特别妙。比如前面说"待我看书消遣"之后，随意哼着小调，透着那份儿松弛，真绝!

还有念到"荆襄降将蔡瑁张允……",一惊的同时反射性地趴到桌下,蒋干胆小怕事又有点见不得人的形象瞬间就立起来了。

还有一处,是在偷看完书信之后,说完"岂不是我蒋干大大的头功",从鼻子里挤出一声"嘿!",那股子唞瑟劲儿简直神来之笔,一下子就演活了蒋干那种自以为聪明的愚蠢,却不令人生厌,反而觉得特别可爱。

丑角是戏曲里的魂。看似只是给观众逗个乐,但"逗乐别人"这件事,其实很不容易。记得某次我在课堂上唱崔禹史纪,那些诙谐的话要说出口,却是千难万难,就像一道高高的门槛难以迈过。后来我发现,要演好崔禹史纪,首先要把自己松下来,要忘掉自己——要让他人欢喜,首先要把"我"放下。

萧长华老爷子,就是这样一个可以随时把"我"放下的人。老爷子数十年来在"富连成"科班担任总教习,不求名利,多次自掏腰包资助科班;平时唱戏挣的钱买了几处"义地",专为死后无地埋葬的穷苦同行预备。一生不争不抢,自奉甚俭又笑口常开,得享高寿,被称为"梨园老寿星"。这样的松弛敦厚,这样的"放下自我",成就了一代丑角名家。

看蒋干如此可爱,我们除了哈哈一笑之外,也顺带沾一沾老寿星的福气，学一学老爷子的松弛欢喜！

八、《辕门斩子》

这出《辕门斩子》，按理来说主角是杨延昭。扮演杨延昭的是李和曾先生，他唱得非常棒，高腔迭出，听着很过瘾。但看这个版本，注意力却会一下子就被花脸焦赞给吸引——实在是太好玩了。

《辕门斩子》片段。

梨园行有言："千生万旦，一净难求。"老生、旦角的戏码多，演员也多，一直以来都是人才济济。花脸(净行)则不同，成角儿特别难。因为花脸应工的多是些"豪杰"角色，无论是唱腔还是表演，都需要有一股特别足的"气"在里头托着，才能撑得起这些刚强的人物，唱出黄钟大吕的味儿。

现在，具备这股雄强之气的演员愈来愈少，一个好的花脸，已经是可遇不可求了。

花脸行当分为"铜锤"和"架子"，前者指以唱功为主的角色，比如包拯、姚琪等，需要有一条浑厚的好嗓子。而"架子花脸"则更注重人物的做表、念白和身段，表现出人物粗豪的性格，比如张飞、李逵等。

好的花脸难得，好的架子花脸更难得。没有了唱腔的保驾护航，只凭着念和做，要把角色演活，更不容易。本戏中的焦赞，就是架子花脸应工，最重要的是要把焦赞的"好玩"演出来。

先来说说李和曾先生饰演的杨延昭，其中有几处也非常有意思。比如杨延昭听到穆桂英之名时，吓得匍匐在案上，这里头有个小细节：李和曾抱住脑袋，悄悄把纱帽往下拉了一点，覆住前额，再抬起头来便是冠帽不整的狼狈模样，让杨延昭的窘态更加入木三分。

李和曾先生以嗓音高亢嘹亮见长，但在唱到"吓得我心中害怕"时，特意走了个婉转的低腔。所以焦赞笑他："嗓子眼都吓细啦！"

再看焦赞。饰演焦赞的是吴钰璋先生，吴先生演其他戏时可能略有争议，但在此处确是当之无愧的"活焦赞"。首先，花脸最具特色的就是脸谱，这脸谱勾得漂亮！脸谱画得像是含着笑，焦赞和孟良，一黑一红，一动一静，未出声就让人看了嘴角上扬。

焦赞好看，因为吴老把架子花脸这种特别阳刚的气质，演出了"妩媚"的反差感来。有特别多的小细节、小动作，但又很有条理，不显混乱。粗中有细，这是演花脸的高级境界。

比如，吴老每次去问话，都要有意无意拨弄一下穆桂英的翎子，有点狎侮人的味道，却又不过火，非常自然。现在的演员在台上，站得离穆桂英远远的，绕着走，就怕碰到那个翎子。这些小细节处，就体现出差距了。

《辕门斩子》这出戏是清末由梆子腔改编而来，保留了很多梆子的特色，包括许多高腔、疙瘩腔，还有大起大落的情绪表演，再加上喜闻乐见的剧情，都让这出戏格外带劲。

曾有演员想走"清冷风"，去掉高腔，强调表现人物细微的内心，按照精致的唱法来唱这出戏，结果就是"瘟了"，内行不认可，观众也不买账。戏，还是要热热闹闹的，看着杨延昭和穆桂英你来我往，看着焦赞插科打诨，嘿，忍不住都想随着焦赞蹦跶两下呢！

薛以婕，定稿于2025年3月

静待花开

　　和姐姐聊起小时候，她和弟弟在青春期，都曾因为成长时走了些弯路，被爸爸胖揍过。而我，唯一一次被爸爸狠狠揍过，是在小学三年级，偷吃饼干死不承认，被爸爸狠狠打了一顿……

　　不像姐姐的早熟，不像弟弟早早有了"自我意识"，我小时候处在一种稀里糊涂的状态。

　　迷糊也就罢了，做事还懒散，譬如干活态度不端正，随随便便，草草应付，"事情不是有做就好，要做到好！"妈妈的耳提面命，我总当作耳旁风。

　　再譬如学习，小学的时候，学的东西简单，初生之犊，对学习还有几分好感。到了初中，姐姐生病，爸爸开始大陆台湾两头奔波，妈妈则是工作家务蜡烛两头烧，都无暇顾及我的功课，我见缝插针，开始懈怠。到了高中，每况愈下，藉着"天生迷糊"的由头，假装自己学不会，实则就是不想学。

班上也没啥学习氛围，倒是都挺能玩儿，不学无术。我适应环境的能力虽好，但也易被周围影响。

高中读的是女校，女孩子好像天生就有很多情绪，需要依托着什么。"当医生、当律师"这种远大的志向，在我们班几乎没有。

无处安放的情绪便会自己找地方。有的"积极入世"，关心各种议题；有的依托于明星；有的依托于爱情；有的依托于自己的容貌；文艺一些的，则寄情于文学。更有甚者，则在二次元里寻找归处。我不想依托于此，但不知道自己应以什么作为支点。

但是即使再忙，每周都要回家一次，偶尔一两次回不了家，妈妈就会开车几十公里，和我们吃个饭。印象最深的一次，是爸爸刚周游归来，刚好遇到我生日，妈妈开着车去机场接爸爸，便来学校陪我吃了个饭。爸爸一般不太说话，听我吧啦吧啦地说学校的事，最后给出一两句评价。而妈妈则絮絮叨叨地让我吃饱穿暖，怕我在宿舍饿着，给我带来各种生活补给品。

就像白天茫然失措的小船，入夜后，还有一个港湾可以依靠。

后来高考，考得一塌糊涂。爸爸让我重考一年。考前几个月，开始醒悟，若是继续如此，前途堪忧。

那是我第一次想拼命向上生长。但人生不如意事十有八九，前几年的荒废，又岂是一朝一夕能补全的，成绩稍稍有点起色，考前几天，因为一点小事，心态崩了，又一次考砸了。

那年过年，在老家二楼哭得肝肠寸断。

考试没考好是一回事，不知道自己以后何去何从才是焦虑的源头。

曾经一直想学画画，从事艺术类的工作，高中时我们学校有美术班，想考，爸爸说了什么忘了，大体就是台湾的艺术圈乱七八糟，不让我去。

贼心不死，高二时，我们有个"多元课程"，美其名曰为给学生"多元发展"，开了几门课，让我们按照兴趣选择。

选了一门素描课，刚开始兴致勃勃的，但上了没几次，就感觉不太对。

我们学素描的教室在一楼，教室里几乎没有窗户，常年黑漆漆的，只有许多画架、冷冰冰的石膏模型、一块块的白布和上面细碎的光影，一派清清冷冷，冷冷清清，凄凄惨惨戚戚，怪阴森的。

画了一学期的素描，学期末了，老师问我要不要考虑走艺考，我连连摇头。

后来高考结束（台湾高考在冬天），有半年的闲暇时光，爸爸四处上课时就把我带在身旁。

去了上海，在维莹阿姨的幼儿园当"实习老师"，老师们善解人意，小孩儿淘气可爱，考完试那些愧疚和低落，终究被三月申城的春风给吹散了。

离开上海后，爸爸带我去金华见了他的朋友——均音阿姨。均音阿姨的字、画都好，爸爸让我住在均音阿姨家，跟着学习、生活。

跟着老师，每天早上去市场买菜，回来后坐在桌前，先写毛笔字，一笔一画，端端正正地写，老师说：书法是国画的基本功，中国的东西都是相通的。下午画画，从基本的树开始画，一棵树，三棵树，到七棵树。

晚上吃过饭后，老师、我、老师的女儿小静和，我们三个人会一块去散步，绕着小区走，或是去浙师大的初阳湖边看大鹅。

偶尔老师会指着路旁的树让我看看它的姿态，更多时候，就是单纯地走，一路走，一路看。

那一个月，具体地感受到了中国的艺术，是生在柴米油盐里，长在人间烟火中的。至此，我也就没再想过将画画作为专业，在寻常日子里，偶然画上几笔，便觉得很好。

说回我不知何去何从之时。

爸爸说，姐姐学中医学得挺好，至少，身体好起来了，便让我也学。

从小根本没想过要学医，在我的规划里，我可能会学文学，也可能当个幼儿园老师，反正对于我这种靠直觉生活，数理化烂得一塌糊涂的人而言，医学好像跟我的未来从不沾边。

但最后还是学了中医，姐姐说：这种时候，听爸爸的话一定不会错。

选学校的时候，在山东中医药和成都中医药之间选择，后来爸爸拍板"少不入川，老不出蜀"，尤其是我这样散漫的人，是万万去不得巴蜀的。事实证明，爸爸还是非常有远见的，这是我成长路上十分正确的一条路。

其一，来到山东，山东人好客热情，和我的性子十分相合。高中时的朋友，好归好，总觉和她们相处不是特别自在。山东的姑娘大多爽朗、大气，和她们在一块，都觉得自己更开朗了。

其二，自己一人在山东，没有人可以依赖，只能自己摸索着长大，一个人骑车去银行办卡；疫情期间，一次次地去医院问台湾身份可不可以开核酸证明；作为学校极少数的台生，自己去教务处找老师核实课程、学分。偶尔的丢三落四，也要自己替自己收尾。

大学大学，大人之学，对我而言，在大学里的第一课，就是开始一点一点给自己开窍，开始把脑中一团一团的混沌东西梳理清楚，开始把自己的生活打理得稳稳妥妥。

其三，我们学校的学风很好，走廊里，餐厅里，随处可见的小马扎，随处可闻的背书声，在学校的这几年，耳濡目染，

认真做事的阿和。

深受其益，也开始，有几分好学之心。

大三时，我们社团考核，考核前一天晚上几个小师妹向我求助，我临时带他们把知识点过了一遍，讲了两个小时，喉咙有些累，但那种能把脑子里的知识用自己的语言输出的感觉让我十分兴奋。

那个迷迷糊糊的小姑娘，终是开始走在了一条对的、向上的路上。"很开心，喜欢那些向阳而生的过程。"

"十五而志于学"，我整整比别人多走了五年，但幸好，终是走到了。

莫道桑榆晚，为霞尚满天。

至于干活进步这事儿，不是在学校里面，是在爸爸的课堂里。看到一个个阿姨干活利利索索，不禁心生向往，看到比自己小的孩子干活比自己积极，难免心生惭愧，便也开始想好好干活儿。

先从把自己的宿舍收拾整齐开始，再到妈妈每次叫干活不拖延不散漫，最后是回老家时开始可以从奶奶手里抢活干，一点一点，开始发现，干活能让我长出许多的能量。

现在偶尔又开始懒散时，我就会把宿舍整理整理，拖拖地，刷刷衣服，晾在太阳下，顺便把自己也晒一晒，就又有力气继续"沉迷学习"了。

幸好，这一路上，爸爸妈妈从未失偏颇，有态度问题时，该打打该骂骂，绝不心软，但遇到有些确实是我能力不足时，却又轻轻翻过。

学习、干活、待人处事，一点点地都回到了正轨。原来，在礼乐文明里，长大不是狼性的内卷，不是所谓"长成无聊的大人"，而是欣喜的，带点诗意的，像春日的小芽，生机勃勃。

所以呀，少年不惧岁月长，时间会开出花儿来，我也会在这亲亲人世里，按时长大。

薛允和，成稿于 2025 年 2 月

那一路的盘缠

一

从济南回到台南老家，大概要十二个小时。

去年因为参加比赛，暑假只短短的回家待了几天，后来比完赛，第一件事就是请假，回老家看看爷爷奶奶。早早地请了假，上课路上哼着歌蹦蹦跳跳的，去找班长告假：班长我要请两天假，我要回家啦。班长笑盈盈地看着我：真好呢！

下课后我马不停蹄地赶赴地铁站，先坐高铁再转飞机，最后再搭一次高铁才能到老家。一路上想着奶奶小小的身子，忙忙碌碌的四处张罗，想着爷爷坐在门口翘首张望的样子，更加归心似箭。

上大学后，假期闲暇，就回老家待着。每天的任务大致如下：

帮奶奶干活。奶奶闲不下来，且行动力十分惊人。

"走，我们去四楼洗水塔。"说完下一秒，我们就吭哧吭哧上楼接水。

陪爷爷散步。爷爷偶尔来了兴致，和我们聊天，趁机撒个娇，搞个怪，惹爷爷展颜一笑，便是一场十分圆满的"陪聊"。

还有一些突发事件，例如奶奶用方言说了一个专业术语，薛朴听不懂，就需要我去跟他一块合计（因为我也听不懂），两个人商量半天，商量出一个错的结果，被奶奶笑骂一翻。

每天鸡飞狗跳，吵吵闹闹，但是好安心。

那天奶奶心血来潮，讲了好多我们小时候的事儿。

讲不识字的她背着姐姐，抱着我一个人坐火车；讲我幼时总是哭，她拿着棍子吓唬我，小小的姐姐就在旁边求情；讲爷爷晚上去工作，就白天骑车带着我和姐姐到处溜达，偶遇熟人，会热情地打招呼，然后转头让我们跟着叫人。路过哪户人家，爷爷会说："他们以前对我们很好礼（方言），我们也要对人家好。"

思绪又飘回到儿时颠顸场景。那时奶奶会带着我们去拜太阳公公，一步一步爬上台阶，拿着三炷香，庄重而平和。香烟清袅，天上人间，好像真的和历代祖祖辈辈有了连接。

那时的日子好长，海风吹过，咸咸的，是童年里最无忧无虑的一笔。

每次要离开老家前，行囊总是满满当当，零食、水果，装在饭盒里的午饭……奶奶总怕我们路途中吃不饱穿不暖，但她不知道，在我们很小的时候，她和爷爷，早就给了我们人生路上最厚重的盘缠。

二

从小认识的人都说，我和妈妈最像，但殊不知，我小时候，是最常惹妈妈生气的那个孩子。

很小的时候，每次被妈妈骂，最后的收场就是妈妈怒气冲冲，一声令下：你去三楼找爸爸！我就会一边拖着我的小被子，一把鼻涕一把眼泪地爬去三楼找爸爸。那个阁楼铺满榻榻米，爸爸一般坐在书柜那看书，看到我上楼，也不说话，给我指一块榻榻米，那就是我晚上的栖身之所了。

后来初中、高中阶段的学业问题、态度问题，从没让爹娘省心。

今年(2024)建水托管班孩子们唱《四郎探母》里的段落"见娘"。教的时候，姐姐和小朋友们说，杨延辉不能在爹娘身边尽孝，让爹娘担忧，所以千拜万拜也拜不过儿的罪。孩子们眨巴着眼睛，似懂非懂，我在旁边听着，一次次地红了眼眶。为着自己的不懂事，为着自己总是惹娘生气。

宁波课堂上，妈妈和阿姨们下课聊天，说起爸爸辞职那段时间，妈妈一个人担起全家的生计，旁边的阿姨默默地说"师母好强大"。而那时的我，却看不见娘亲的不易。

看不见爹娘的辛苦，看不见自己的横冲直撞，就是最大的罪过。

幸好，我看见了。看见了，便想快一些长大。长大了，就能多承担一些。

妈妈有一件橘色衬衫，去年给了我。

有一回，小组作业需要上台汇报，主讲人临时有事，托我上台替讲，十分临时，所以有点紧张。

没想到，穿上了妈妈的那件衬衫，真是福至心灵，报告异常地顺利，同学在底下给我拍了照，嘿，真像妈妈。

后来那件衬衫就变成我上台报告、社团讲课的"战袍"。穿着它，就像娘在身边稳稳地托着一般，如此地亲，如此地安稳。

三

如果说人是一个点，爹娘是纵向延伸，那兄弟姐妹间就是横向的支撑。向外的支点愈多，我们就愈容易踏实。

童年印象最深的，就是我们仨一块，时不时地，唱着京剧段落。

我们仨玩的时候会自己编一个故事，然后按着故事情节过家家，一般大姐负责家里杂活，我负责烧菜，薛朴一般扮演上战场的将军，偶尔客串一下反贼。大乔、小乔、迷你乔就是出自于这个时期。

阿和与大姊。

我们会办园游会，把自己的小玩意儿（垃圾）拿出来卖，然后再买下对方不要的小玩意儿（废物），最后喜滋滋地分享各自的收获。京剧，是我们三个最大的爱好。我们会在晚上背完书的时候，齐聚在厨房（我们家电视放在厨房），轮流选自己喜欢的京剧盘片。我们还钟爱电视遥控器"重复"的功能，会重复某个喜欢的唱段，一遍遍地唱；重复某个有趣的地方，笑得乐不可支。晚上的厨房里，闹哄哄的，一派光明喜气。三个人，合纵连横，各种花样，怎么都玩不腻。

我作为家里的老二，既是妹妹，亦是姐姐。

我和姐姐的相处模式基本都是姐姐主导，我负责追随。尤其是到这几年，姊姊作为长女，不仅把我们俩照顾得好好的，家里好多事情，也都能料理得妥妥帖帖，我在一旁看着学着，只希望可以早早追上姐姐的脚步。

至于我和薛朴的相处方式，可不是三言两语可以概括的。

小时候对有个弟弟这件事没什么概念，只记得家里有个小人儿，迈着短短的腿走来走去，还会在客厅里随意大小便。

后来，这个小人儿长大了一些，竟是个奸诈狡猾之人，看准了我是家里智力和武力最弱的一个，便开始屡屡挑衅。

我可不是什么宽宏大量之人，每次一点就着，然后两人爆发冲突，战火偶尔波及大姊，最后惊动爹娘，双双被罚。也是有几分有福同享，有难同担的意思。

当然，我们也有友好的一面，但那一般都是闯祸的时候，就不多做赘述。

大学时在一个类似社团的组织里负责后勤杂事，后勤需要干许多体力活，所以男孩多，我的师哥师姐们忧心忡忡"这么小的小姑娘怎么能管得了这些男孩子"，对师弟们告诫"不准欺负你们允和师姐"。

我在心里暗笑，殊不知，和薛朴斗智斗勇的这几年，早已把我历练出来了，这点小猴头，我还是驯服得住的。

若问我有弟弟的好处是什么？呵呵，有个弟弟，能让人"元气满满"。

如今，我们仨有一个微信小群联络沟通。例如其中有一个回了爷爷奶奶家，就会实时播报爷爷奶奶的状况："阿公今天穿了新衣服！""阿嬷这两天血压不太稳定"……诸如此类。

"阿嬷今天火气很大，一直骂我，呜呜呜"（来自薛朴）；

"阿公阿嬷吵架了！"（来自我），晚上姐姐电话就打了过来，宽慰爷爷奶奶。

"爸爸跟妈妈吵架了，你们去耍宝调解一下"（来自大

姊弟仨长大后，总是想法设法陪在阿公阿嬷身边，嬉闹自在。

姐），滴滴滴，拉响一级警报，一人发了几张秋天好看的风景照片到家群里，我夹带私货，发了一张早上吃的煎饼果子，嘿嘿，好吃。

我们三个就这样，遇到事儿能商量，彼此扶持着，一点一点，慢慢承担起更多。

小时候散步爸爸妈妈在前面走着，我们仨在后面跟着，蹦蹦跳跳的，月光撒下，影子拉得好长好长。如今亦然，爹娘在前方，安稳地走着，我们在后面，欢喜地跟着。

薛允和，就读于山东中医药大学针推专业四年级

手足·担当

池上家，门前院，植着三颗桂花树，承阳光、立厚土，灌木的品种，生生地长到二楼高。

三株姿态各异。单看也好看，不过合将起来，才是那熟悉的一院蓊郁，满庭醉人。

兄弟姊妹，是一份特别有意思的关系，同根而生、分枝而长，曼出花叶各般。有亲近、有恭敬、有照拂、有责任，还有难以避免的摩擦，以及相互滋养，成全。

从小，三姐弟生活在一个房间，几方榻榻米铺上，睡觉也是一起。记得某次二姐段考数学前夕，被我踢到头，此后，每每考试失利，都会归咎于那深夜夺命一脚。

房间挺大，一半榻榻米，一半木地板，给我们玩耍。玩耍，比如爬行竞速。爬行状态下来回一圈，先至者获胜。妈妈一声令下，大姐遥遥领先，二姐紧追在后！我眼见落后，没爬两下当机立断起身奔跑，小步流星追上姐姐，二姐见状也是起身追来，独留大姐一人嗷嗷大哭，但还是边哭边爬，坚持爬到了终点。

　　除却这种无厘头的游戏，大姐还会带我们扮戏。拿出她漂亮的小毛巾，往腰上一裹，再背上我珍藏的竹棍们，好戏开场了，大多戏码是进京赶考，她们俩考文状元，我考武状元，于是我护送她们一路进京。至于路上种种跌宕曲折，自然由最近看书看戏和新闻的剧情而定。

　　能玩耍，自然也得干活。

薛朴小时候
日常洗菜。

印象中，家务大多是我们在做，三个人好分工，三餐碗盘；厨房、廊道、客厅。大姐做家务特别卷，洗完碗还把灶台清理一遍，扫了地附赠拖地。精益求精的干活态度自然不得不使我们看齐，于是薛家洒扫队就在大姐的带领下，实力愈发坚强可靠。等大了些，也开始学做饭，从切菜、洗菜，到简单的煎、煮、炒。

　　还记得，学的第一手菜，是炒丝瓜。那时大姐已是经常掌勺，教的我：大火开锅，转中火，淋两圈油，下丝瓜，先放约莫半碗水，盖锅盖焖至半软，入两勺"黑美人"（池上和茄茭老家常用的一种调味料），再视情况加水，焖到烂软，接着就是碧玉妆成、连汤带水的出锅。

　　我学做饭的过程是快乐的，不用自己摸索；不用烫伤、切伤，自有娘亲、大姐示范一遍，再把着手让你做出一道漂亮的菜；也没有压力，因为姐姐总是做得比我好，基本轮不到我来做；还能像个美食家一样去评判、去研究，偶尔兴致来了，吵着要做几道，平常时就打打下手、干干杂活。

　　学做菜如此，做弟弟好像也是这样。

　　要说什么是最幸福的成长，那莫过于有个强干又会照顾人的大姐，还有个能吵架、能比较的二姐。虽说我们家从没有快乐教育这一说，但我应该是家里过得最快乐的一个孩子了。属于小辈的责任，到了我这，已很淡很淡，因为大多数情况下，两个姐姐做得很好了。

这学期生化教授在课上最常讲的一句话，就是"生活中百分之九十五以上让你愉悦的食物、行为，都是不健康的"。快乐本身或许就是一种失衡，通过付出获得快乐，又或者快乐后承受代价，都是平衡之道。

但，长时间、无条件的快乐，无法带来安全感、松弛感，或许更可能让人沉溺于追求更低成本的快乐，忘掉了向上的志气，忘掉了该担负的责任。

虽然我没那么堕落，但也确是这样的状态，任性有余、肩膀不足。这些问题，或多或少能够自知，但真正能够感受到并有些微改变，我想，是从今年当了师兄开始的。

我的大学，和大姐同一所，也被拉进了她的社团，一个练太极、读医经的社团。每天晨练，教拳、学拳、练拳。冬练三九、夏练三伏，就如我们师父说的，没有血海深仇，谁会练武练那么勤？

大一当师弟时，三天打鱼两天晒网，练得敷衍。但大二成了师兄，感觉实在是不一样，十来个师弟指望你领着入门、还以你为标杆时，实实唯恐立身不正、功夫不精。于是大一一年都培养不了的早起，一个星期就训练出来了，每日早晚，教拳之外自己得额外练拳，要不功夫没法进步。依靠了别人十八

上了大学的薛朴
跟着姐姐学拳。

年，居了十八年"卑"位，如今要在某些人前正正地守着"尊"位时，才明白那一份诚惶诚恐，明白了位—责任—能力之间的直接关系。

这些片隙领悟，由知而行，由行而心，可能还要花一段时间、多吃一些苦吧。

欲知后事如何，且待下回分解。

薛朴，成稿于2024年

行行走，走行行

前　言

这般年纪就要回忆青春童年，起初觉得好笑。十九年行行走走、跑跑跳跳，不时，也有跌撞磕绊。自己低头走时，只觉一人开荒拓土，蛮了不起。

这回写文章时，这么回首一望，才觉，所走之路，不过是绵亘了数千年，被前人一步步踩平，一脚脚踏实的。古道悠悠，怪不得瞎跑乱跳没崴着脚，跌了跤也能被厚土托承。纵有泥泞坑洼，不过是下了场小雨，地面湿了点。太阳出来时，自又是，前路坦然。

一、童子功

小时家里生活特简单，起床，吃饭，上学，回家吃饭，散步，背书，睡觉。

有所变化的，无非是散步要去池滨还是田畔、晚饭要在家里煮抑或出去吃、背书背得快些就能多看会儿戏。

终日混沌，就如同池上的朝雾流云一般，自在悠然。

家里电视盒子没讯号，唯一用处，就是放光盘，主要放京剧。记事起就爱看戏，但翻来覆去，就看那么几出也不腻。裴艳玲老师的《闹天宫》，王立军老师的《挑滑车》《长坂坡》。《闹天宫》热闹，好玩。赵云、高宠，大武生那个帅气，乒乒乓乓打得十足好看。

"得一粒仙丹成大道，老孙呵，只当作炒豆儿嚼一饱，唉，嚼一饱。"

小时没啥玩具，也没卡通。娱乐，就是看戏，以及看完戏后幻想自己是美猴王、赵子龙。外婆送的一只玩偶，赐名阿斗，每天抱着他，拿起竹棍，一长一短，长的是龙胆亮银枪，短的是照夜玉狮子，眼前桌椅权当万千曹兵，就在客厅里哗哗乱跑，舞枪花、劈个岔，都不在话下。临了，还不忘来一个假摔："一时不妨，中曹军绊马索矣。"

戏，就好像仙侠小说里的天材地宝，直接且纯粹地往我生命里注入了一股丰沛能量，还顺带巩固了修为灵根。从小和同学们虽然都处得好，但总觉深处有些隔阂。后来也是了然，看《哆啦A梦》、听《两只老虎》长大，和看齐天大圣、听锣鼓丝竹长大的，好像确实不大一样。

有意思的是，对戏曲的感情，也随着心理不同发展阶段有些变化。小时混沌，整日开心，几乎每天看戏，文戏武戏(自然武戏多些)、生旦净丑，也没什么鉴别欣赏能力，就是喜欢。到初二初三，嗓子坏了，也上学了，京剧离我好像也就远了，觉得有点俗气，没啥好听的。一直到高中，都是这样认为。不讨厌，但也不算多么喜欢；不爱唱，觉得丢人；也不听，倒去听流行歌。

上了大学，没了英数理化，多了内经伤寒，戏，忽然又开始爱听、爱唱了，花脸、老生、青衣，又拾起了西皮二黄。生命中，复苏了这一份能量。眼下大二课多，每周的乐趣，就是周一下午选修课，教室和楼道离得近，总会提早十五分钟开溜，跑去没人的楼道，放上杨宝森的《击鼓骂曹》，吹吹风，散散步，分外有番惬意。

"平生志气运未通，似蛟龙困在浅水中，有朝一日春雷动，得会风云上九重……"

从四五岁起，要背书。首先是背《唐诗三百首》，字认的不全，就看注音符号，一遍一遍地念直至背下。一开始老难了，对于满脑子只有孙悟空的我而言，静静念书简直酷刑。刚开始背不下来就哭，尤其姐姐们背完书，都去玩后，更是煎熬。但困难总要面对，小时心也没那么多乱七八糟的念头，哭着、念着，过了几星期，慢慢有感于诗中音韵，琅琅诵之，也能专心背下几首。

唐诗背罢，《论语》又是一关，《论语》不似诗的韵脚格律自成条理，小时连白话都解之不全，更遑论文言。某次和娘亲诉苦，娘给我讲了释义，听罢茅塞顿开，那天背得特快，父亲知道后，却叫妈妈以后还是别给我解释了，让我生吞就行。当时虽然还是想听解释，但父亲都发话了，只得生啃。于是又傻傻地，《学》《庸》《孟》《老》《庄》《易》……，一个个硬背了下去。

虽然硬背，但小时脑子好，记得牢。虽全然不解，但埋在心底，埋得实实的。

随着年岁渐长，或读书之际，或处事之时，偶然灵光一现，某几句话就冷不丁地自脑海深处蹦出，进入了心里。"噢，原来老夫子们是这个意思啊！"

也渐渐明白，父亲要我这般背书，就好像，把田犁好了，埋进种子，理理土，浇浇水。不灌激素肥料，且放它慢慢积淀，待得时来气至，天地俱生，万物以荣时，自会发芽展叶，凝华累实。

如此耕耘的作物，收获最无效率，但也最是华实丰满，生机蓬勃。

二、天伦，笑语

今年春节，回老家茄芷，除了不变的安好外，小小渔村还添了份额外的喜气。隔壁的伯母得了外孙。每天都要抱出来遛一遛，甫一出门，"佑佑，佑佑"，姨婶婆祖，一拥而上，有捏脸的，有随手摘下门前果子逗弄的，小孩子少哭，常笑，每每一笑，就能倾倒众生。

看着，不禁恍然。幼时在茄芷待了一年半，虽在襁褓而无记忆，这回看着，不禁想：自己生命中那一点安稳和自在，一定和这段时间有大关联吧！每天睁开眼，不是阿公阿嬷的疼爱，就是街坊们的温厚善意、清朗笑颜。这般浇灌，长大怎会愤世嫉俗，怨天尤人呢？

高二高三，终于长得比阿公还高后，每次回去，阿公总会说，不要再吃那么多饭了，再长就太高啦！每次听到阿公有点开心地说这句话时，总会想起从小到大，打电话时，阿公总特别和我说一句："要吃饱，才可以快快长大！"这或许是一份小小的，小小的，对他的长房长孙的偏爱吧。

说起偏爱，还有个更大的偏爱。区别于堂兄弟，阿公阿嬷对我们三个会管教。早上会把我们喊醒，使唤我们去做饭、洗碗、给神明奉茶，会叫我们不要老看电视，去看书。还有，这几次回茄芷，陪阿公喝酒，阿嬷总不厌其烦地说一句："在家里没事，但在外面千万不要随便跟人去喝酒，知道吗？"每回说，每回应。她不烦，我也不烦。

从小，每天要和阿公阿嬷打电话，内容无非就是吃饱了没，天气如何。到了大些，虽不能天天打回去问安，但也三四天一通。总会牵挂他们，也知道，他们会牵挂我们。

小时每个月大概就要回茄苳一趟，那时回去，只觉得很开心，可以尽情地玩，还有好多好吃的。后来，健朗的阿公生了场病而变得封闭、沉默，无所不能的阿嬷也会开始说起腰痛、腿疼。看着一年只能回两三次的大姐每次回茄苳都腾出几乎所有的时间陪在阿公阿嬷身边，帮阿嬷打理家中，陪阿公散步。

慢慢到了我也一年只能回两三次，才真正有了那一点牵挂的滋味。十一假期一个人回去，开始学着娘、姐姐怎么照顾二老。代替阿嬷上蹿下跳、陪阿公散步、把阿嬷架出厨房，虽然饭菜煮得有点灾难，但是阿公还是很给面子地夸赞了几声。

每回茄苳，时有隔壁的阿婆会来串门子，有些阿婆是阿嬷的闺密，会跟她聊菜价、八卦。有些呢，是孤单的阿婆，讲的多半是，她的儿子给她买了什么很贵的东西，她最近如何通过饮食和运动达成减肥。阿嬷一般坐在藤椅上，有一搭没一搭地回应着"真羡慕啊！""真不错！"一边呢，享受着二姐的推拿，叫大姐去看看药煮好了没，还不忘骂我两句，"洗个碗拖拖拉拉"。

三、父母，亲敬

对父亲的记忆，最小最小的，是一回出去，想拉大便，于是父亲就把我领到一个小树林里解决。

虽然第一个记忆有点奇怪，但父亲于我，于我们三姊弟，还是很威严的。虽然不是老板着脸，但确实是说一不二的。平常不在客厅便在书房，不是看书就是写文章。平常也不会问我们要吃啥、去哪玩，都是父亲一句话，我们就开开心心地出发。

我们仁小时候睡榻榻米上，有段时间睡前老吵闹，滚来滚去，于是父亲就会在我们旁边看书，监督我们。虽然不敢吵闹了，但也睡不着了，总感觉一股无上的威压笼罩整个房间，只好装睡，等父亲走了，才得以入眠。

和娘，从小就亲，小时候娘每次下班回家，总要冲过去抱着她，挂在她身上。后被父亲禁止。

识字之后，晚上背完书，看了戏，就会跑去娘的房间，看书。娘的房间里不似父亲书房，没有圣贤书，都是一些植物、理化、中药、经穴，对我来说很有趣的书。

从小大多规矩，是娘教的，比如什么长辈该怎么叫，什么时候要闭上嘴，等等。而父亲，一般就是犯了大的错直接出手。比如半夜和二姐打架，被父亲抓起来，两个一起罚跪。

于是乎，父亲可敬，老娘有亲，多么美好的童年。但是每个小孩都有的、最最幼稚的念头，便是快快，快快长大。

可是啊，随着年纪一点点增长，首先出现的，很少是懂事和肩膀，而多是躁动，质疑，还有挑战。

一直到初中前，大致都是简单地过着。

从小背书，看戏，对于学校那些为小朋友打造的学业内容，自然掌握得轻松。烦恼唯在学校打架打不赢讨厌的人、放学回家时腿短跟不上姐姐的脚步。及至三年级，父亲让我们

薛朴在母亲面前总是
最放松的。

在家自学，也没大事，无非自己做饭，多背些书。总之生活简单，心思也简单。

及至六年级、初中之际，开始有了些不一样，原因种种，最核心的，是接收了些不一样的思想。当时虽然在家自学，但也不封闭，总会听到有人谈起自由，谈起叛逆。

不知何时起，"叛逆期"成了个时髦词，仿佛孩子到了一定年纪，本能自动觉醒，反感父母，漠视父母，白眼相对，恶言以向。并，种种行为被无限地合理化，"孩子长大了出现了自我意识，开始挣脱父母的窒息式控制，为争取自己的自主权而奋斗"，如此这般，一套复一套，在这样的言论氛围下，父母底线一退再退，决定给小孩更多空间，而换来的只有孩子的气焰更加嚣张，行为愈发离谱。

这在以前，也没这么多剖析解构，总归一句：忤逆。

但这些说法实在吸引人，典型的西方文明产物，严谨而绚丽。家教如此，我还是傻傻地跳下去，幻想自己勇敢地反抗，争取平等自由。

一开始是和娘顶嘴，老膈应她，但还不敢太过放肆。一次，一次，愈来愈觉得自己的声音应该被重视，愈发努力争取。

初一暑假，那时还在自学，妈妈要求我写联络簿，类似于每日日记，但最不擅也不喜的就是写记述心得，每每拖沓，拖不下去于是谎称册子丢了，但显然这般伎俩混不过去，某天中午，被叫去书局买一本重写。

　　骑车路上，愈觉愈委屈，愈觉愈不甘，于是，热血上涌，决定离家出走！！于是就骑着小破车，哗啦啦一骑绝尘，骑出约莫三十公里，实在累了步行，才又骑了回来。回到家，也不觉做错事，一副无所谓的样子，就和父亲说心情不好不想回家。于是乎，不出意外地，被狠狠抽了一顿。

长大后的薛朴能主动博得父亲的欢心。

从小没少挨打，但都是犯了错，被叫去说了清楚，在手上、屁股上，吃痛不留伤地来个三五下。这回不一样，父亲真的火了，直接把我揪起来，按在地下猛抽，猛猛抽。抽了十数下，才拉起来骂，骂完接着抽。抽得昏天黑地，鬼哭狼嚎。

但是"优秀"如我，一顿抽肯定不够，当时被吓住了，那股混蛋劲还没过。两天后傍晚，和姐姐出去运动，他们回去时不等我，本是闹我玩，但当时，痰蒙心窍，外加肝火上炎，当即冲上去，猛猛推了大姐一把。

回到家父亲知道后，也没说什么，把我叫上楼，问我怎么回事这几天。我一边生气，一边哭，说你们都不在乎我，我也是需要被照顾的……，忘了父亲说了什么，总之驳得我哑口，无理之下，只能奋声一吼："对，我就是任性！我就是不懂事！"

当我以为这一下能有点气势时，啪，父亲的耳光瞬息而至，"谁教你这么跟你爹说话的？"从小到大，第一、唯一一个耳光，一下就把我扇老实了，这一下出手罢，父亲也没再骂我打我了，说了几句就叫我下去吃饭了。

一顿抽、一巴掌，就这么打碎了我那可笑的叛逆期。自此，虽然偶尔还干些混蛋事，但也知道分寸，不敢再搞得鸡飞狗跳。

待得懂事一二，幼稚稍收，知道父母辛苦，也开始学着

"格"一格父母，应对父亲，哄好母亲，摸索并担起人生第一份责任，做好一个弟子。

今时常将叛逆归结于"独立之自我"的形成，乃产生对抗。看似冠冕堂皇，但总令人不禁疑惑，如此高尚之"自我"，竟不能和父母好好说话，容不下那生你养你十余年的人。那这"自我"要它做甚？

为万世开太平吗？

薛朴在北京课堂上。

　　教养不惑

就一己观之，许多小孩所谓的"自我"，不过是用以包装自己，好放纵自己的欲望，任由资本炒作出的五花八门一点点蚀去心智。不能和长辈有效连结，不能照顾父母的心情，不能沟通外界，不能管好自己。于是，叛逆、社恐、躺平。

君不见，那份自我，在内外合力的鼓动下，愈发鼓满胀大，进退无地，转圜不得。义无反顾地甩开身边的阻碍，一个一个，看似独一无二，却又千篇一律浮肿丑陋的"自我"，乖乖排排站好，有序跳进那看似万华千彩但也同样起于黑暗、归于黑暗的深渊中。

写这段时，实在汗颜，现在来看，种种行为想法当然幼稚十足，但那时那刻，若没有那一份果断有力，只怕也难不被卷入其中。

整篇文章写下，还有好多好多写不出来的感想，正如同，还有好多好多的担子没担起来，好多好多的志气还未生发。

多喜，前路漫漫，还有父母扶持、祖宗庇佑。也多愿，同父亲所愿，能有愈来愈多的人们，踏上这程古道，不做时代的尘埃碎片，做父母的、祖宗的、中华千秋的，堂堂好后生。

薛朴，成稿于2024年11月，就读于北京中医药大学中医专业二年级

眼里的祖父母

父亲《八分之一大于一》这篇文章，前半部分讲了我出生时"三千宠爱在一身"的故事。

对此，我其实半点记忆也没有了，但提起这段故事，还是有几分赧然。所幸，我从那个众星捧月的位置上跌落了下来，不再拥有独宠和偏爱。祖父母依旧很疼孙子，但孙子回到了自己的位上，与他们有了真正的亲和敬，与常见的单方面疼爱讨好，还是有本质上的区别。

文中写了我小时候的娇纵，写了弟妹出生后我的"失宠"。失宠后，爷爷奶奶眼里不再只有我一个孙子，于是我的眼里开始有了他们。

我们姐弟仨，和祖父母很亲。祖父母不会说普通话，我们每日上学前，都要打电话用方言"问安"，内容无非吃了没、下没下雨之类，但通过那根弯弯绕绕的电话线，祖孙之间的亲便这么被联系起来。这项例行任务保持了十余年。

2014年，爷爷突发脑梗，得到消息，全家人第一时间往老家赶。

医院急诊室里，护士来来往往，人声杂沓，爷爷往日强壮的身躯蜷缩在病床上，意识不清，曾经有力的手臂吊着点滴，心电监护滴滴作响，奶奶在一旁抹眼泪。我们走到床边，奶奶说："快睁眼看看你三个孙子。"但爷爷只是含混地说着胡话，双眼紧闭。

那是我第一次对亲人离别有了恐惧与惊惶，这场事故像一把锁打开了某个开关，我突然意识到，小时候背的"子欲养而亲不待"，戏里唱的"要相逢除非是梦里团圆"，那都不是大人的事，而是真真切切就在面前。我已经不是小孩子了。有些事，再不做就来不及了。

那段时间，每天随着奶奶到家里的祖宗牌位前祈求，到庙里烧纸，保佑爷爷可以平安度过这一关；我还编了一段用于祷告上天的戏词，在没有人的时候偷偷唱。老天有眼，还给我侍奉的机会。爷爷终于醒来，顺利出院回家。从那之后，每当回老家，我就跟前跟后，端汤送药，做一点自己力所能及的事情。

我把自己当作爷爷的"贴身丫鬟"，只要回老家，他去哪我都跟着。祖父很固执，有时候不肯吃药，但如果是我端去，他就不好发作，会皱着眉头把药喝下去；脑梗后，他还是喜欢小酌二两，我们不忍剥夺他仅有的乐趣，只是控制住量，不让多喝；有一年回漳州老家祭祖，薛氏宗亲齐聚一堂，爷爷很是开心，酒一杯接着一杯，众人苦劝不听。眼看劝不动，爱哭的我只好又偷偷抹眼泪。爷爷看了没有哄我，只是默默把酒杯放下，宴席上夹菜吃肉，酒杯却再也未曾举起过。

好吧，小时候我曾用哭闹来要挟爷爷，这么多年过去，我还是只会这一招。只不过，背后的心意不一样了。

那几年做得最多的，是陪老人去散步。中风之后的祖父，损伤到大脑意识语言区，不太愿意与人交流，因词句的磕绊让他觉得失礼。只有在散步时，海风湿暖，树影婆娑，或许是运动后气血活畅了，他会开心起来，谈兴大发，给我讲故事——闽南话叫"讲古"，讲那些古早的人和事。

祖父讲他小时候的贫困，讲那个肚子都填不饱的年代，只能用番薯果腹；那时的番薯不像现在的甜，而是那种粗糙寡淡、淀粉带着纤维的口感，加水和一点点米煮成番薯稀粥，直到现在他仍非常讨厌喝稀粥；那时的爷爷体力劳动多，却又经常吃不饱，有时会偷偷把家里其他人的饭给吃掉，这个时候就会被曾祖父一顿狠揍，爷爷跳着叫着从家门口蹦出来，仗着腿脚灵便一溜烟逃跑，曾祖父就在后头骂着脏话追着……

老人说起那段日子，并没有怨或恨，反而神采奕奕，一脸顽皮，甚至还浮现几分当年的狡黠。

讲他服兵役时有一个好朋友，是乡尾饼店卖白香饼的老头，他们家做的饼特别香。一直到现在，祖父还会领着我们去买饼，那位爷爷总是会多塞两包饼给我们，乐呵呵地说："我们是五十多年的交情。"

讲起当年托人与奶奶家说亲，说他远远看过一眼，觉得挺好——"就是个子小了点，不过没关系。"两人凭着媒妁之言就这么结了婚，祖父说："你奶奶命苦啊，嫁给我这个穷小子。"一穷二白的爷爷娶了奶奶，日子很苦，但夫妻俩都是要志气的人，一个人兼好几份工，干到双手弯曲变形，就这样拉扯起三个儿子。

讲起在海边盐田晒盐，那时候父亲尚在稚龄，无人照养，每日抱着他到盐田里，父亲傻乎乎地拿着未加工过的海盐就要往嘴里送。祖父讲起来这事乐呵呵的，父亲在他的脑海里永远是那个傻儿子。

我就这样跟在祖父后面，听他讲古，讲那些时光里的故事。幸好海风还没有把这些故事吹散。

现在我在北京，每次跟家里视频时，爷爷会说："今天我去散步时,走着走着回头一看,以婕怎么没有跟在后面?"

我就哈哈地笑,鼻子酸酸的。会的爷爷,我会跟上的,只要您还走得动,讲得动,我会一直跟在后头。

再说说祖母。

祖母敦实的身材,土气的做派,与"温柔"二字实在搭不上边,但她却是我见过最温婉的、与戏曲舞台上大青衣形象最相侔的女子。

祖父有时对她发火,她受了委屈却是反过来好言抚慰祖父,转过身去继续洗衣做饭,把祖父伺候得稳稳当当;曾祖父曾祖母逝世多年,她每年祭祀毫不含糊;每逢家中有点心果品,第一个想到的便是给姑婆送去,姑婆也总爱到我们家来,亲亲热热喊"二嫂",对爷爷说:"你要好好对我二嫂。"

《芦林》里张继青饰演的庞氏唱:"爹爹敬我一杯酒,嘱咐言词两三声。一来要孝顺公婆,二来要敬重丈夫,三来妯娌要调和。"

我的祖母可谓这段话的彻底践行者。温婉不在形貌,不在气质,而在这份谦卑和顺,在这份毫无私意的厚土之德。

祖母每日到巷口的小庙晨昏定省,敬茶两次。那座小庙供奉的神明叫作"日月星君",后来才知道这位"日月星君"是明思宗崇祯皇帝。那个在历史书上刚愎自用、褒贬不一的皇帝，在边陲海岛上，还有一群并不识得他的百姓在供养着香火。街头巷尾的人们并不清楚、也不在意他是谁——历史自有人评说，百姓需要的只是香火虔诚延续起子子孙孙。

除了"晨昏定省"，还有大大小小的神明诞辰、祖先祭日、酬神唱戏，都是要张罗的。祖母最看重祭祀，除了鱼肉酒水，还要有籼米或糯米做成的各种"粿"，或甜或咸，花样颇多。这些粿多有成品贩卖，但奶奶还是坚持每年亲手做，做好了，还要念着四邻亲友，拣大的好的一一分送。这些粿子，衔接起天与人、子孙与先人、新时与旧岁。

我最喜欢跟着奶奶前前后后张罗这些祭祀的事，看她娇小身影在厨房里穿梭忙碌，把日子用这些一个个的"礼"交织起来，岁岁年年都如那些粿子般蒸气腾腾，清香绵长。

老家的三楼是个神明厅，供奉着神明和祖先的牌位。每天需要供清茶三盅、清香一炷，这个任务爷爷不假旁人，八十多岁的他每天拎着一壶烧好的茶水，颤颤巍巍爬上三楼，供茶上香，再搀着扶手走下楼。

孩子们看着不忍心，提议把神明厅挪到一楼，以免去攀爬之苦。爷爷却一口拒绝："拜祖先就是应该这样爬，哪有为了偷懒把祖先挪下来的道理？我也就是这样每天爬，祖先才保佑我身体还硬朗！"

是呀，这样一级级拾阶而上，那是老一辈人刻在骨子里的"敬"。

太极拳拳谱开宗明义第一条："学太极拳，不可不敬。"有了这份敬，所以爷爷中风后还能一步步爬上三楼，所以奶奶在祭祀里活得那样清扬和气。

幸运的是，老天让我还能继续跟在他们后面。他们的眼里有祖宗，孙子的眼里有他们。

薛以婕，成稿于2024年10月，就读于北京中医药大学研究生一年级